Manual de Outsourcing

Guía completa de externalización de actividades empresariales
para ganar competitividad

César Miranda

Si está interesado en recibir información sobre libros empresariales, envíe su tarjeta de visita a:

Gestión 2000
Departamento de promoción
Comte Borrell, 241
08029 Barcelona
Tel. 93 410 67 67
Fax 93 410 96 45
e-mail: info@gestion2000.com

Y la recibirá sin compromiso alguno por su parte

VISITE NUESTRO WEB
www.gestion2000.com

Manual de Outsourcing

Guía completa de externalización de actividades empresariales para ganar competitividad

Robert White - Barry James

 **GESTIÓN 2000**

Título original: *The Outsourcing Manual*
Autores: Robert White y Barry James
© Lucidus Ltd. 1998. Traducido por acuerdo con Gower Publishing Limited. Gower House, Croft Road. Aldershot, Hampshire GU113HR. Inglaterra
© en lengua española, Ediciones Gestión 2000, S.A. – Barcelona, 2000
Traducción: Carlos Ganzinelli
Primera edición: Enero 2000
Depósito legal: B-48.120-1999
ISBN: 84-8088-370-7
Fotocomposición: Pàgina 98
Impreso por Limpergraf, s.l., Barberà del Vallès (Barcelona)
Impreso en España – *Printed in Spain*

Índice

SEGUNDA PARTE / PREPARACIÓN - CLAVE PARA UN BUEN TRABAJO

CUARTA PARTE / LA PERSPECTIVA DE LOS PROVEEDORES: TRES ESTUDIOS DE CASOS

Introducción

Bienvenido al mundo del outsourcing, al que nosotros definimos, de una forma bastante aburrida, como 'una relación contractual entre un vendedor externo y una empresa, en la que el vendedor asume la responsabilidad de una o más funciones que pertenecen a la empresa'.

Expresado así, el outsourcing puede parecer árido y poco interesante, cuando en realidad puede ser muy atractivo. Tanto es así, de hecho, que una predisposición mental tipo 'Indiana Jones' puede resultar útil para embarcarse en una aventura de este tipo. No esperamos, sin embargo, que usted comprenda claramente la analogía hasta que haya experimentado la sensación de montaña rusa de su primer outsourcing y haya llegado al fin del primer año. ¡Queda usted advertido!

Pero considere también su recompensa - un objeto que no tiene precio, o un fabuloso tesoro - porque también existe, como lo evidencia el rápido y continuado crecimiento de los servicios de outsourcing en todo el mundo. Empresas como Eastman Kodak, Hughes, General Motors, Rank Xerox, British Aerospace, Rolls-Royce y muchas otras, se han desprendido de actividades importantes, aunque no esenciales. Incluso los gobiernos lo hacen. El gobierno inglés, por ejemplo, ha contratado externamente las principales funciones informáticas de los Departamentos de Rentas Internas y Servicios Sociales, por mencionar tan sólo dos. Resulta difícil creer que estas organizaciones habrían hecho tal cosa sin la perspectiva de obtener unos beneficios verdaderos. Y lo que es más interesante, actualmente hasta pequeñas empresas comienzan a ver las ventajas de utilizar servicios de outsourcing.

Para nosotros, sin embargo, el outsourcing es tan sólo una herramienta más de las muchas utilizadas para mejorar los resultados. Si usted considera el tema en estos términos, evitará implicarse en un servicio de outsourcing porque sí. Primero hace falta tener una meta, para luego valorar el outsourcing en base a su adecuación como vehículo para llegar a ella y no como un medio en sí mismo. En ese sentido, el outsourcing es un poco como volar. Si uno se embarca en el avión adecuado, es una buena manera de llegar rápidamente a un lugar. Y si uno toma las precauciones adecuadas, las posibilidades de sobrevivir son muy altas.

¿Pero cómo saber si el outsourcing es lo que uno necesita, y si lo es, cómo se obtienen los beneficios? Más difícil todavía es saber cuáles son los beneficios disponibles en primer lugar y cuáles queremos realmente. ¿Y cómo se gestionan los riesgos, presuponiendo, claro está, que sepamos cuáles son?

Una desconcertante colección de preguntas, y todavía no hemos ni arañado la superficie. Las dificultades se incrementan por dos razones, como mínimo. La primera es que no existe un acuerdo de outsourcing 'estándar' que se pueda utilizar como modelo, ya que prácticamente todos los acuerdos se han de adaptar a las circunstancias y necesidades concretas de cada cliente. La segunda, que los acuerdos de gran tamaño y complejidad requieren la unión de una amplia gama de informaciones, decisiones, juicios y los resultados de mucho pensar, incordiar, rogar, discutir y volver a pensar. Al intentarlo por primera vez, usted se encontrará con una serie de fragmentos desordenados con los que resulta bastante imposible formar una idea coherente.

El outsourcing también da la impresión de ser un poco como un laberinto doble, en el que encontrar la entrada es extremadamente difícil y desconcertante visto desde fuera. Una vez dentro, seguirá siendo desconcertante hasta que usted haya logrado unir suficientes fragmentos. Al adentrarse en el tema del outsourcing, por lo tanto, debería servirle de consuelo el hecho de que muchos de nuestros clientes han necesitado bastante tiempo, incluso contando con una cuidadosa guía, para comprender cómo encajan los diferentes componentes de un acuerdo de outsourcing.

Por ese motivo hemos escrito este libro. Esperamos que le sirva para encontrar la entrada al laberinto y para orientarse una vez que esté dentro. El libro está dividido en cuatro partes. La primera parte le ayudará a asegurarse de que sabe hacia dónde va y que el outsourcing es lo indicado para su viaje y le prepara el camino. La segunda parte asume que el outsourcing es lo que usted busca y le facilita su encuentro. La tercera parte se concentra en hacer que todo funcione, mientras que la cuarta parte ofrece la visión de los proveedores de outsourcing.

Examinemos cada una de estas partes con la intención de crear una imagen mental o un marco para que, a medida que usted se 'pierde' en los detalles, vayan quedando suficientes indicadores que le marquen el camino. La Figura 0.1 hace un mapa con los capítulos para demostrar cómo encajan todos los elementos. Si sus requisitos son sencillos y a pequeña escala, podrá recorrer el mapa con bastante rapidez, dado que tal vez no sean necesarios todos los componentes y la mayor parte de ellos son fáciles de lograr. Son los acuerdos de mayor tamaño y complejidad los que requerirán seguir la ruta de forma rigurosa y pensar con mucho detenimiento en cada uno de los componentes.

Primera parte

La primera parte de este libro está diseñada para hacerle comenzar a pensar, y lo primero que tiene que pensar es cuál es su misión, visión, meta o destino, o como usted quiera llamarle. Por eso, el capítulo 1 se dedica a fijar objetivos claros. Parece obvio decir que sin una visión o meta clara, no hay sentido de la dirección, ni razón para saber si lo que usted está haciendo es útil y, lo que es peor, no hay forma de saber cuándo queda cumplida la misión o si ha tenido éxito. Aun así, la mayor parte de las organizaciones tiene problemas para fijar objetivos claros, con significado, y grandes dificultades para evitar las distracciones que se interponen en el camino.

Dentro del contexto del outsourcing, los objetivos que usted fije tienen una importancia crucial, porque le permitirán comprobar si está entrando al laberinto por la puerta correcta y si alguna de las muchas avenidas que se abren delante de sus ojos es la que usted busca. Existen muchas opciones: ¿quiero reducción de costes, mejora de resultados, o ambas cosas? Si quiero ambas cosas, ¿se pueden lograr sin ayuda externa? Si no es así, ¿cómo debe ser esa ayuda? Si quiero que la ayuda externa me ayude a lograr tanto una reducción de costes como unos resultados mejores, ¿a qué compromisos debo llegar? ¿Podré soportarlos? ¿Qué funciones de mi organización debo incluir en un acuerdo de outsourcing para obtener los beneficios que busco? ¿Cuánto control estoy dispuesto a dar o a perder ante el proveedor del outsourcing? Así podríamos continuar, porque las preguntas y opciones son aparentemente interminables. Parece bastante obvio, entonces, que sin una referencia fija con la cual comparar, resulte fácil perderse en el camino.

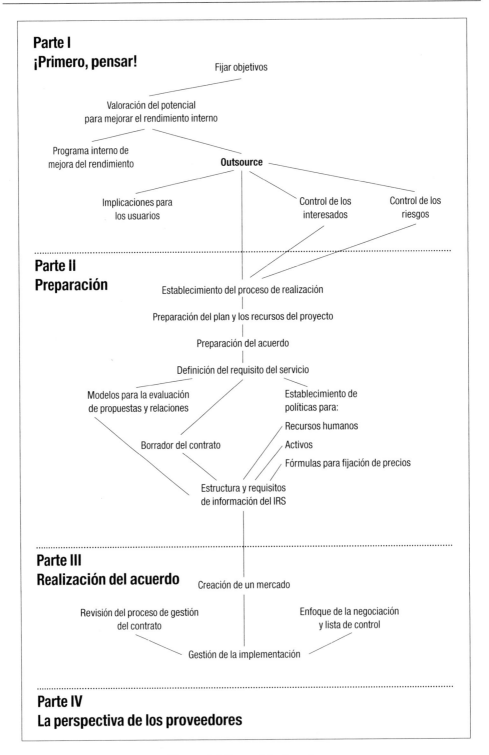

Figura 0.1 El mapa del outsourcing

También le será fácil tender trampas en las que caer, incluso años después de la puesta en marcha del acuerdo de outsourcing. Algunos acuerdos basados sobre un único objetivo de reducir costes, firmados hace entre tres y cinco años, se han encontrado con un obstáculo inesperado bastante grande. Aparentemente, la enérgica búsqueda de acuerdos de outsourcing para lograr costes mínimos ha obligado a los proveedores a ser inflexibles en la forma en que proporcionan los servicios contratados. Lamentablemente para algunas empresas, el mundo en el que operan sigue cambiando a un ritmo cada vez más rápido, y el proveedor del outsourcing no puede seguir dicho ritmo debido a las restricciones contractuales con las que se ve obligado a actuar. El acuerdo de outsourcing, anunciado en su momento como 'la solución', ha pasado a ser una limitación real al desarrollo del negocio. El capítulo 1 examina estas cuestiones para confirmar que usted comience con buen pie y evite problemas difíciles y caros en algún momento futuro de su camino.

Comenzar con buen pie no quiere decir seleccionar el camino del outsourcing, claro está. De hecho, el outsourcing no tiene ningún sentido si se pueden alcanzar las metas buscadas mediante el uso de recursos internos, ya que no hay necesidad de incurrir en los costes representados por el beneficio del proveedor del servicio ni en el coste de su realización.

El capítulo 2, 'Valoración del potencial para mejorar el rendimiento', le ayudará a alcanzar un juicio ponderado sobre la verdadera preparación de su equipo interno. Su equipo creerá, por supuesto, que puede lograr lo que usted quiera, pero sus miembros tendrán que trabajar bajo diferentes restricciones relacionadas con su nivel de preparación, el tiempo disponible para alcanzar el objetivo fijado, el coste y el tiempo de actualizar conocimientos y habilidades, y la disponibilidad de fondos, tanto de capital como de ingresos.

Es bastante frecuente que la combinación de restricciones significativas con insuficientes capacidades directivas y recursos para solventarlas lleve a la decisión de recurrir al outsourcing. En estas circunstancias, es importante comprender hasta dónde se puede mejorar el rendimiento, ya que proporciona una línea de base que sirve para valorar el coste adecuado de un acuerdo de outsourcing. Sin una línea de base, o umbral de oferta como le llamamos nosotros, se corre el riesgo de pasar un 'super beneficio' al proveedor del outsourcing. El capítulo 2 intenta ofrecer algunas ideas sobre estos aspectos junto con un medio con el cual comenzar a medir el potencial existente para mejorar los rendimientos internos.

A medida que la actividad comienza a mejorar, cualquiera que sea el medio que se use, los clientes de la función en cuestión notarán los efectos, que tienden a venir en dos formas. Primero, los activos se trabajan más, lo que significa que habrá desaparecido cualquier 'colchón' de capacidad disponible. En otras palabras, si los clientes del servicio (usuarios) siguen trabajando al mismo nivel, cualquier contingencia del servicio considerada como existente habrá quedado erosionada. Segundo, en circunstancias en las que la función de servicio depende de los inputs que vienen de los clientes para volver a dar el servicio, resulta obvio que el cliente tendrá que igualar la nueva mejor actividad de la función, porque de otro modo el ciclo se rompe y no habrá mejora del servicio.

Por lo tanto, si ha de haber unos mejores resultados de la función de servicio, lo más probable es que también tenga que haber una mejora igual por parte de sus clientes. Lo que hace aconsejable consultar con los clientes antes de aplicar el cambio. El capítulo 3, 'Implicaciones para los usuarios', trata de ofrecer algunos consejos.

Pero hay más obstáculos a salvar. El outsourcing es un tema delicado para cualquier empresa, y en la suya habrá personas dispuestas a ayudar y otras que no, personas cuya ayuda usted necesitará, y otras cuya ayuda no será necesaria. El problema es que pocas veces coincide felizmente la voluntad con la ayuda necesaria, y es frecuente que aquéllos cuya ayuda usted necesita encuentren formas de no prestarla, y viceversa. El impacto que sobre un proceso de realización de un acuerdo de outsourcing tienen las intervenciones inútiles, ineficaces o inexistentes es sustancial y debe ser controlado. Nosotros hemos inventado un proceso sencillo, el control de los interesados, para ayudar en esta tarea, y los detalles aparecen en el capítulo 4.

Para concluir la fase inicial de 'pensar', queda el pequeño tema de los riesgos y la forma de mitigarlos. Los riesgos que rodean al outsourcing son considerables, pero se pueden controlar poniendo cuidado. Recuerde que los riesgos cambian a medida que el proyecto de realización se desarrolla, y no bastará simplemente con hacer una lista de todos los posibles riesgos que podamos imaginar en una sesión de 'brainstorming' durante la que nos estrujemos el cerebro. También hará falta un proceso para gestionar los riesgos y estrategias para disminuirlos, porque ambos aspectos cambian según los riesgos antiguos desaparecen y entran en escena los nuevos y las amenazas individuales crecen y disminuyen.

El capítulo 5, 'El control de los riesgos', ofrece un sencillo proceso de gestión del riesgo y una visión de los probables riesgos a encontrar.

Segunda parte

La segunda parte asume que todo el proceso inicial de pensamiento ha acabado y que usted ha decidido seguir adelante con la idea de obtener un servicio de outsourcing. Quedan por delante muchos temas a considerar, reuniendo todos aquellos fragmentos que hemos comentado anteriormente. Es la hora de prepararse, teniendo en cuenta que un buen final depende casi totalmente de la calidad de la preparación.

Los capítulos 6 y 7 presentan los aspectos relacionados con el establecimiento del proceso de realización y con la planificación y gestión del proyecto. El proceso de realización es sencillo, y si usted sigue las disciplinas básicas sugeridas en el capítulo 7, no tendrá problemas. En cambio, la planificación del proyecto y los recursos necesarios para el mismo son una historia diferente. Prácticamente cada una de las organizaciones con las que hemos trabajado ha subestimado, en un principio, los recursos necesarios para obtener un acuerdo de outsourcing adecuado a las habilidades y al nivel de esfuerzo que se requerían.

Una organización importante con la que trabajamos tuvo el acierto de nombrar a un directivo de alto nivel para encabezar un proceso de outsourcing complejo y ambicioso. Nos preguntó cuánto tiempo tendría que dedicar al proyecto, ¿tal vez un 25 por ciento? Le respondimos que, al principio, necesitaría dedicar un 25 por ciento de su tiempo al proyecto, pero que en tres meses necesitaría dedicarle el 50 por ciento, y dos meses más tarde, el 100 por cien de su tiempo. En una traducción libre de su respuesta, diremos que nos informó de que 'cualquier dedicación que sobrepasara el 25 por ciento de su tiempo sería imposible'.

En las semanas posteriores fuimos viendo cómo su carga de trabajo se incrementaba de forma continua. Finalmente tuvo que aceptar que nuestras estimaciones eran correctas y comenzó a reorganizar sus responsabilidades. La historia tuvo un final feliz porque el directivo acabó dedicando el 100 por cien de su tiempo al proyecto, lo realizó con éxito y fue ascendido. No subestime la enorme cantidad de trabajo que se debe hacer si se quiere que el acuerdo resultante cumpla con los objetivos empresariales planteados. El capítulo 7 contine algunos mensajes importantes para aquéllos que tienen la intención de salir airosos.

Una vez reunido su equipo de proyecto y confirmado el proceso de realización, ahora tiene que ocuparse de los detalles. Antes de poder proseguir con normalidad, tendrá que establecer las fronteras exteriores del potencial acuerdo de outsourcing. En otras palabras, tendrá que definir el 'paquete' del acuerdo, y éste es un punto en el que usted puede obtener grandes beneficios o perderlos dependiendo de la calidad de su juicio. La norma sencilla para 'valorar' (fíjese que no decimos 'poner precio a') un acuerdo de outsourcing es 'volumen en el tiempo', o sea que un gran volumen de servicio requerido durante un largo período tiene el potencial de obtener los rendimientos más altos, de los que el coste unitario más bajo es sólo una parte. Por consiguiente, el 'paquete' del acuerdo es fundamental para alcanzar los objetivos de rendimiento que se hayan fijado. Cabe destacar que el 'valor' que usted busca no tiene por qué estar limitado a una simple reducción de costes. En realidad, estamos convencidos de que a no ser que haya una razón específica para buscar solamente una reducción de costes, siempre se debe tratar de obtener otros beneficios con valor añadido.

Además de los costes reducidos, los beneficios con valor añadido también pueden incluir el logro de habilidades nuevas o mejores, una cultura cambiada, el traslado de los costes de capital fuera de la hoja del balance, la transferencia de costes fijos a variables y muchos beneficios más, cuyo único límite es su imaginación y la capacidad y preparación del proveedor elegido para el outsourcing. El capítulo 8, 'Preparación del acuerdo', le ayudará a adentrarse en esta importante cuestión.

Habiendo definido las fronteras exteriores de su acuerdo, usted ha llegado a un punto en el que puede comenzar a realizar un cierto número de actividades detalladas que concluirán en el desarrollo de una Indicación de Requisito de Servicio (IRS), documento que los proveedores utilizarán como base para sus respuestas. La primera tarea es definir con mayor precisión los servicios que usted requiere dentro de los límites de su paquete de acuerdo. El capítulo 9, 'Definición del requisito del servicio', ofrece un enfoque seguro, y la seguridad es una palabra clave en esta cuestión, porque si hay omisiones o ambigüedades en la IRS que no aparecen hasta después de la firma del acuerdo, el proveedor puede tener la necesidad de incrementar sus precios por el servicio en unas circunstancias en las que sus argumentos de negociación ya no tienen fuerza. La falta de atención a los detalles mientras se prepara el requisito de servicio puede costarle a usted mucho dinero.

Los capítulos 10, 11 y 12 discuten las diferentes decisiones de política que usted tendrá que tomar con respecto a los recursos humanos, los activos y las bases o fórmulas para fijar el precio de los servicios.

Los temas relacionados con el personal y el outsourcing son difíciles, tanto para los empleados como para el patrono. Estos últimos deben moverse dentro de un abanico de difíciles temas éticos y legales, buscando equilibrar las necesidades de la empresa con las de su personal, y siempre dentro del marco legal adecuado para su ubicación particular. Para el personal, es mucho peor. Poco importa lo que usted pueda decir; los trabajadores quedarán traumatizados, y no es ninguna sorpresa. Se sentirán angustiados y enfadados porque su futuro es incierto; han perdido el control de sus vidas, y desde su punto de vista, han sido abandonados por la organización a la que han dado su lealtad. Tampoco olvide a sus familias, porque la incertidumbre se traspasa a la familia y ésta puede ejercer una influencia muy considerable. Hará falta, entonces, que determine sus políticas de personal muy cuidadosamente, y las estrategias de comunicación con el personal aún más.

El tema de los activos también es difícil, pero de una manera no tan obvia. Los activos tangibles son razonablemente sencillos a la hora de pasarlos al proveedor del outsourcing, ¿pero qué pasa cuando el acuerdo llega a su fin? Es bastante probable que lo que fueron sus activos haya quedado completamente integrado en la cartera del proveedor y ahora no se pueda distinguir de sus propios activos. Usted necesita una estrategia de salida que le otorgue ciertos derechos y confiera obligaciones al proveedor de cooperar en la transferencia del servicio a un tercero o en su devolución a la empresa. Si usted no logra negociar estos derechos y obligaciones al establecer el contrato, un día se arrepentirá. La propiedad intelectual es un tema igualmente interesante. Es obvio que usted protegerá su posición respecto a su actual propiedad intelectual, ¿pero qué pasa con la que creará en el futuro el proveedor del outsourcing en su nombre? Habrá que formular normas antes de firmar el contrato.

Las fórmulas para fijar los precios pueden quitarle el sueño por dos motivos. Son potencialmente difíciles de concretar porque son, efectivamente, la parte central del acuerdo, y si no son las adecuadas, los años siguientes serán un reto continuo. Nuestro primer consejo es evitar la trampa de la escalada de precios estableciendo la certidumbre de los mismos. La certidumbre de los precios simplemente asegura que, con independencia de sus requisitos futuros, el precio se podrá calcular mecánicamente sin necesidad de negociación. Recuerde que si la fórmula seleccionada para fijar el precio permite que se realicen negociaciones después de la firma del contrato, usted no pisará tierra firme, dado que sus argumentos negociadores habrán desaparecido con la firma inicial del contrato. Teniendo muy presente la certidumbre de los precios, usted tendrá que buscar una fórmula para fijar los precios basada en los inputs, lo producido, la relación riesgo/recompensa, o una combinación de cada concepto. La fijación de precios según inputs generalmente se comprende bien, y se basa en los costes asociados con la realización del servicio a los que se suma una contribución al beneficio del proveedor. La fijación de precios según lo producido no se comprende con tanta facilidad, especialmente en el caso de contratos basados en servicios complejos, y se basa en la comprensión clara de lo que da el servicio, cuyas actividades tienen cada una un precio unitario. Los precios fijados según la relación riesgo/recompensa son aquéllos en los que el precio cobrado por el proveedor está en relación directa con los resultados de su negocio. De esta forma se puede establecer un nexo directo entre los servicios del proveedor del outsourcing y el valor que añaden a su negocio. Este enfoque es relativamente nuevo, y aunque a primera vista parece sencillo, puede tener consecuencias escondidas.

Cualquiera que sea el enfoque elegido, la fórmula para fijar los precios resultante debe ser sencilla de administrar y supervisar, dándole a usted el control estratégico y al proveedor el control diario de los recursos, y quedando ambos incentivados para reducir los costes operativos y mejorar los resultados del negocio.

El capítulo 13 explora los componentes del contrato que serán el resultado de todo este trabajo. Será útil incluir en la IRS el borrador del marco legal que usted tiene la intención de usar, y de ahí la necesidad de pensar en ello en este punto del proceso de realización. Aunque se anticipe una relación cálida, amistosa y mutuamente beneficiosa entre usted y su proveedor, tiene que haber un documento legal que, como mínimo, establezca las 'reglas' de la relación. Debemos insistir mucho en la importancia de un documento legal construido y redactado correctamente. Resulta aconsejable, en consecuencia, contar con la participación de asesores legales desde el momento que sea más oportuno y dedicar el tiempo necesario para que el contrato sea el adecuado.

Los capítulos 14 y 15 presentan algunas maneras de evaluar las ofertas de los posibles proveedores. Una vez más, será importante incluir en la IRS la base sobre la que se valorarán las propuestas de los proveedores, así que hay que pensar en ello con anterioridad. Todo el tema de la evaluación es potencialmente muy difícil, porque entre los asuntos 'complicados' hay otros más 'sencillos', cosa que normalmente no sería un problema, pero si se exagera la emoción que normalmente rodea la realización de un acuerdo de outsourcing, de pronto puede aparecer una alarmante falta de objetividad.

La experiencia nos ha llevado a un enfoque que pone gran confianza en las referencias del proveedor. Solicitando una información estructurada a un gran número de referentes (hasta 30 en el caso de acuerdos de gran alcance), se puede reducir cualquier sesgo y basar la selección más en la experiencia real que en la propaganda comercial del proveedor. Además, hemos visto que resulta útil aplicar un gran número de criterios de selección, porque de este modo los modelos de evaluación tienden a ser menos sensibles a los pequeños movimientos que pueda tener un criterio dado.

Hay un aspecto de la evaluación al que no se le presta atención y que en el contexto de un acuerdo de outsourcing es particularmente importante. Se trata de todo lo relacionado con el establecimiento y mantenimiento de las relaciones. Lo habitual es que los acuerdos de outsourcing tengan validez y se apliquen durante varios años, y para alcanzar su máximo rendimiento, ambas partes deben trabajar conjunta y estrechamente. De forma invariable, las culturas de ambas organizaciones son diferentes y es importante comprobar la capacidad de los proveedores de formar y mantener relaciones laborales adecuadas al tipo de acuerdo requerido. El capítulo 15 presenta algunas claves para tratar este difícil problema.

Bien, una vez hecho todo lo indicado desde el capítulo 1 hasta el capítulo 15, usted contará con una buena colección de fragmentos con los que construir una imagen completa. El capítulo 16 presenta el patrón a seguir en la unión de los fragmentos, como resultado de la cual aparecerá una Indicación de Requisito de Servicio, la IRS. Cuando la IRS esté preparada, usted tendrá una idea completamente clara de cómo encajan todas las piezas, y podrá pasar a la tercera parte.

Tercera parte

La tercera parte explica cómo hacer que todo funcione. El capítulo 17, 'Crear un mercado', ofrece algunas ideas para atraer las ofertas de los proveedores de un modo que se gane su confianza, asegure su entusiasmo y, finalmente, tenga un impacto comercial positivo sobre el acuerdo. Tal vez le resulte sorprendente tener que tomar acciones concretas para crear un mercado para sus requerimientos, pero la razón es que hay relativamente pocos proveedores competentes de outsourcing. Los que sí son competentes pueden seleccionar, hasta cierto punto, los acuerdos en los que quieren involucrarse. Si usted no logra presentar su idea correctamente, es probable que los proveedores no presenten ofertas, pero si lo hacen, tal vez no ofrezcan sus mejores condiciones. Es mejor hacer frente al mercado de forma adecuada y obtener el mejor acuerdo posible.

El capítulo 18, 'Negociar el acuerdo', sugiere una manera de alcanzar un acuerdo efectivo, a pesar de todas las complejidades que aparecen en el camino. Durante las negociaciones, todos los fragmentos que hemos unido con tanto cuidado para crear un acuerdo coherente volverán a separarse para ser negociados uno por uno, y si no tenemos cuidado, volverán a quedar unidos pero con una forma diferente o con menos piezas. El capítulo 18 ofrece algunas oportunas sugerencias sobre cómo organizarse durante la fase de negociación para salir de ella al menos con los mismos elementos con los que se entró.

Entonces, una vez asegurado el contrato de outsourcing, el capítulo 19, 'Gestión del contrato', y el capítulo 20, 'Implementación del contrato', discuten las tareas verdaderamente difíciles de poner en marcha y gestionar el contrato para obtener el máximo de la relación en los próximos años.

Cuarta parte

Nuestra experiencia nos ha demostrado que la mayoría de los proveedores son honestos y en general tienen buena reputación. También sabemos, por supuesto, que tienen que satisfacer a sus accionistas y por lo tanto, necesitan obtener beneficios. Y como usted también sabe todo esto, se ve obligado a tomar una posición de, digamos, sano escepticismo a la hora de discutir la forma en que le pueden ayudar a usted y a su empresa. Este 'escepticismo' o falta de confianza constituye una verdadera barrera para una comunicación efectiva entre usted y sus proveedores potenciales. El problema es que la mayoría de las veces, usted tiene razón para comportarse así, porque lamentablemente, hay proveedores que no son dignos de confianza. En una relación convencional cliente/proveedor, durante miles de años el mundo ha desarrollado estrategias para controlar los riesgos asociados con la falta de confianza.

En el caso del outsourcing, sin embargo, una falta de confianza es más problemática, ya que un acuerdo de outsourcing suele tener vigencia durante varios años, y por lo tanto hará falta que haya una buena relación de trabajo entre las partes para obtener los máximos beneficios mutuos. En las primeras etapas de 'empezar a conocerle', un proveedor de outsourcing maduro y competente tendrá, por definición, una mayor comprensión y experiencia práctica de los temas relacionados con el outsourcing. Intentará pasarle parte de este conocimiento, como forma de ayudarle a evitar las trampas más obvias que, a largo plazo, serán un problema para ambos. Pero si usted está 'a la defensiva', corre el peligro de descartar gran parte de lo que dice el proveedor, con el consiguiente detrimento a largo plazo de la relación.

En un intento de sobrepasar esta barrera a una comunicación efectiva, invitamos a tres de los más importantes proveedores de servicios de outsourcing del mundo a ofrecer algunos consejos a clientes potenciales con la esperanza de que, a través de este libro, todos podamos seguir lo que dicen al pie de la letra.

Después del esfuerzo de llegar al final de la cuarta parte, esperamos que esté usted más informado sobre el outsourcing y sea capaz de juzgar si es lo adecuado para usted. Tomando todo en cuenta, y después de haber participado activamente en más de cincuenta acuerdos diferentes, creemos que los servicios de outsourcing juegan un papel muy importante y deben considerarse como una de las armas relevantes de las que usted dispone para mejorar su rendimiento. Pero es tan sólo un arma, y en cierto modo, usted acabará intercambiando un conjunto de retos de gestión por otro si decide usarla. El intercambio habrá valido la pena si con él usted ha obtenido acceso a recursos y capacitaciones que hasta ahora no estaban disponibles o no se podían obtener. Su nuevo reto de gestión será trabajar con su 'socio' para concentrar e impulsar los recursos combinados de ambos a fin de alcanzar los objetivos que tan cuidadosamente estableciera al principio.

Le deseamos toda clase de éxitos.

BOB WHITE Y BARRY JAMES

PRIMERA PARTE

ANTES QUE NADA, HAY QUE PENSAR

Introducción a la primera parte

El problema con el outsourcing es que se ha puesto de moda, y cuando algo se pone de moda, siempre hay prisa por comprarlo. Aunque con el outsourcing se pueden conseguir beneficios empresariales reales, la experiencia nos dice que para obtenerlos hace falta pensar mucho y bien *antes* de contratarlo y gestionarlo con mucha dedicación después.

Por lo tanto, el primer mensaje importante es *no precipitarse* en esta primera etapa. No hay que hacer nada, y menos aún llamar por teléfono al amable proveedor local de servicios de outsourcing. Todo lo que hay que hacer es pensar. Es la única cosa segura que se puede hacer, y créannos, a la larga les ahorrará mucho dinero.

La primera parte de este libro, entonces, está dirigida a permitirle al lector empezar con buen pie, lo que significa tener claro lo que se intenta lograr antes de hacer nada. El capítulo 1 ofrece algunas ideas para fijar algunos objetivos relevantes. Una vez que las metas se han identificado claramente, hay que considerar entonces si el outsourcing es adecuado para alcanzarlas. El capítulo 2 proporciona pautas para medir esa adecuación y, al mismo tiempo, si el outsourcing resulta no ser adecuado, para valorar la posibilidad de mejorar el funcionamiento interno de la empresa.

Si se decide seguir adelante con el outsourcing, hará falta conocer algunas de las implicaciones más inmediatas. El capítulo 3 presenta algunas de esas implicaciones para los usuarios de la función en consideración. El capítulo 4 incluye a todas aquellas personas que estarán interesadas en participar y que necesitarán ser cuidadosamente consideradas, y el capítulo 5 presenta algunos de los riesgos que se corren.

Si después de todo ello, todavía queremos seguir adelante, la segunda parte nos indicará cómo hacerlo, pero antes de llegar a ese punto, hay que continuar pensando.

1
Fijar objetivos claros

Por qué son importantes los objetivos

Fijar claramente los objetivos tiene un importancia extrema. Los acuerdos de outsourcing típicos cubren un período de varios años e involucran dos organizaciones, generalmente dispares, que tratan de trabajar estrechamente juntas. De forma más particular, los acuerdos de outsourcing pueden tener formas muy diferentes y también componentes muy diferentes. Nos podemos encontrar con una desconcertante gama de opciones, y escoger la opción inadecuada nos puede llevar a la sensación de una sentencia de cadena perpetua.

La naturaleza de los objetivos fijados influye profundamente tanto en la dirección como en los resultados del acuerdo de outsourcing. Unos objetivos fijados correctamente cumplirán con las siguientes funciones:

- Guiar la valoración de las opciones internas y la adecuación de contar con socios externos.
- Guiar el diseño del contrato con los socios externos o el programa de mejoras internas.
- Proporcionar la base para medir los avances destinados a la distribución de beneficios.
- Facilitar la consecución de los beneficios planificados.
- Proporcionar una referencia para poder examinar las acciones propuestas.

La ausencia de objetivos frustrará la capacidad de examinar la validez de las acciones propuestas y unos objetivos inadecuados pueden llevar a la adopción de medidas o acciones inapropiadas.

Por consiguiente, fijar objetivos con sentido y que se puedan medir es un factor crítico para tener éxito, pero se trata de una tarea más difícil de lo que generalmente se cree.

La influencia de los objetivos en el resultado

La habilidad con la que se fijen los objetivos afectará al resultado de la investigación para determinar si el outsourcing es la respuesta adecuada, y en tal caso, también al acuerdo de outsourcing resultante. La siguiente ilustración así lo demuestra.

Asumamos que se fija un único objetivo de reducir costes. El servicio resultante o los principios contractuales serán los siguientes:

- Debe haber una definición *exacta* del servicio que se requiere, ya que una definición insuficiente que excluya un componente del servicio dará como resultado mayores costes o peor servicio.
- Las rígidas limitaciones de costes significarán una observancia *total* de unos servicios detalladamente definidos, o sea que el proveedor no tendrá margen para variar el servicio, ya que éste se encuentra rígidamente limitado por la necesidad de proporcionar un servicio y al mismo tiempo obtener un beneficio por el precio acordado.
- Habrá una flexibilidad de servicio mínima y no habrá servicios con valor añadido.
- El ritmo del desarrollo empresarial puede verse limitado porque el proveedor se ve obligado a una posición en la que no puede aceptar cambios en los requisitos de servicio sin la capacidad de ver cómo aumentar los pobres márgenes actuales, o como mínimo, de no reducirlos aún más.
- Los cambios en los requisitos del servicio estarán sujetos a una negociación potencialmente difícil, porque el proveedor percibirá una oportunidad de mejorar márgenes pobres o, con una posición más negativa, procurará evitar una mayor disminución del margen.
- Los mayores costes de los requisitos cambiados se usarán para forzar al alza el margen del proveedor, de acuerdo con los aspectos más básicos de la dinámica empresarial.

- Las limitaciones presupuestarias pueden reducir el deseo o la capacidad del proveedor del servicio de responder a los cambios en el sector de mercado del cliente, dejando así al cliente a la zaga de sus competidores.

Si el proveedor del servicio se ve obligado a operar dentro de los principios definidos más arriba, su actitud probablemente será la siguiente:

- El proveedor del servicio puede verse obligado a una posición de inflexibilidad dada la doble limitación de costes o márgenes bajos y una rígida especificación del trabajo. Costes bajos y márgenes bajos pueden significar menos inversión e investigación y pérdida de continuidad, ya que los recursos están adecuados a los requisitos precisos y aquellos recursos que son innecesarios se eliminan o se asignan a otros proyectos.
- La prioridad del proveedor del servicio será mantener márgenes bajos o presupuestos restrictivos, ya que éste es el primer requisito del objetivo del cliente.
- Las implicaciones de lo anterior acaban inevitablemente en una falta de empuje para alcanzar los objetivos empresariales más amplios del cliente. Los requisitos no obligan al proveedor a tener una visión más amplia y las restricciones comerciales hacen bastante difícil que el proveedor tenga una reacción diferente.
- El proveedor puede intentar utilizar cualquier cambio en los requisitos para mejorar los márgenes, lo que, con el tiempo, tendrá un efecto debilitador tanto en la relación como en el valor por el dinero.
- Habrá un altísimo nivel de pérdida de empleo y posiblemente consecuencias imprevistas, porque la presión para reducir costes llevará a la aparente necesidad de un menor número de personas y de mayor potenciación de los activos. Por lo tanto, la capacidad de responder a variaciones ascendentes en la demanda de servicio o de recuperarse de problemas imprevistos se verá reducida.
- La aportación empresarial del proveedor será de un nivel bajo. Si los requisitos del servicio están claros y el proveedor está dando un servicio de bajo coste, la gestión del proveedor no tendrá la necesidad ni el incentivo de invertir su esfuerzo empresarial en el acuerdo.

A pesar de todo lo dicho anteriormente, un servicio básico de bajo coste debería ser satisfactorio para un solo objetivo. Sin embargo, si se fijan varios objetivos, el efecto sería bastante diferente.

Asumamos ahora que se fijan los siguientes objetivos múltiples:

- Reducir el coste unitario y minimizar los gastos de capital.
- Acceder a las modernas tecnologías.

- Alcanzar los beneficios de la nueva tecnología lo antes posible.
- Potenciar las oportunidades profesionales de los mandos directivos.

El contrato resultante tendrá las siguientes características:

- El proveedor del servicio destacará la rentabilidad de la inversión efectuada, dado que, a través del acceso a un alcance mayor y a una combinación de potencial, ahora tiene que dar mayores beneficios empresariales por un coste unitario y de capital más bajo y adecuado a la consecución de los demás objetivos.
- Desde el punto de vista del proveedor, el requisito ahora tiene un interés comercial más alto porque ofrece la posibilidad de una participación más extensa y una recompensa mayor a cambio de nuevas tecnologías y beneficios empresariales.
- El proveedor del servicio y el cliente tendrán el potencial para lograr una relación simbiótica en la que la búsqueda de metas individuales beneficie los intereses de la otra parte.
- Habrá una continua presión descendiente sobre los costes unitarios y una continua presión ascendiente sobre la innovación, porque a pesar de la presión para reducir los costes unitarios, hay una clara intención de buscar y explotar progresos tecnológicos actualizados en beneficio mutuo.
- Habrá lugar para instruir fórmulas que permitan flexibilidad en el servicio pero que mantengan la seguridad en los precios. Dado que los objetivos no implican sólo costes reducidos, se podrán buscar fórmulas que proporcionen flexibilidad.

Si el proveedor del servicio tiene que operar dentro de los principios definidos más arriba, es probable que su comportamiento sea el siguiente:

- El proveedor del servicio será flexible y se preocupará por mantener la relación porque si el acuerdo ofrece un ámbito real para el uso de nuevas tecnologías y habilidades desarrolladas, el proveedor tendrá interés en explotar dichas posibilidades.
- El proveedor le dará prioridad al logro de los objetivos empresariales del cliente y no al mantenimiento de márgenes bajos. Cuando el proveedor no tiene que concentrarse en mantener beneficios pequeños, puede darse el lujo de invertir tiempo, esfuerzo y recursos tanto en las obligaciones presentes como en las oportunidades futuras.
- Las variaciones en el servicio serán un elemento normal de la relación. Dado que ambas partes valorarán la necesidad de los cambios, y cuando sea apro-

piado, la necesidad de cambios controlados en el precio, será fácil diseñar los procesos relacionados con el cambio y ambas partes los aceptarán sin problemas.

- Habrá un bajo nivel de pérdida de empleo y una mayor participación empresarial por parte del proveedor. Los márgenes ajustados significan que la gestión del proveedor debe responder adecuadamente a las circunstancias. Con una presión financiera menor, la gestión del proveedor probablemente tendrá una visión más medida de las habilidades, utilizará la formación como una inversión y buscará métodos alternativos para aplicar a los excesos de recursos.

El proceso de fijar objetivos

Fijar objetivos parece muy sencillo pero en realidad es muy difícil. Requiere pensar mucho, tener buena capacidad de comprensión y dedicarle mucho tiempo. Pocas veces se dedica el tiempo necesario al desarrollo de un objetivo, por lo que su consecución está en peligro aun antes de comenzar. Esto sucede porque los objetivos fijan una dirección, y como resultado, proporcionan una referencia para medir los progresos que se logran y para identificar cualquier desviación. La Figura 1.1 presenta una visión esquemática de un proceso de fijación de objetivos.

Por naturaleza, fijar objetivos es una tarea imprecisa y sus resultados a menudo son difíciles de confirmar o corroborar. Al gestionar un proyecto, ni siquiera el más experimentado empresario, director o jefe lo hará bien si no hay objetivos con los que comparar y medir los avances y los éxitos. Después de todo, si no hay unos objetivos firmes y formales, ¿cómo se pueden fijar las expectativas de forma apropiada? Esta sección proporciona algunas ideas sobre posibles maneras de proceder para fijar los objetivos adecuados a un acuerdo de outsourcing.

Información requerida

Dentro del contexto del outsourcing, será necesaria la siguiente información:

- Objetivos e indicadores empresariales de alto nivel

Un acuerdo de outsourcing tendrá poco sentido si no persigue, directa o indirectamente, las metas de la empresa. En consecuencia, las primeras valora-

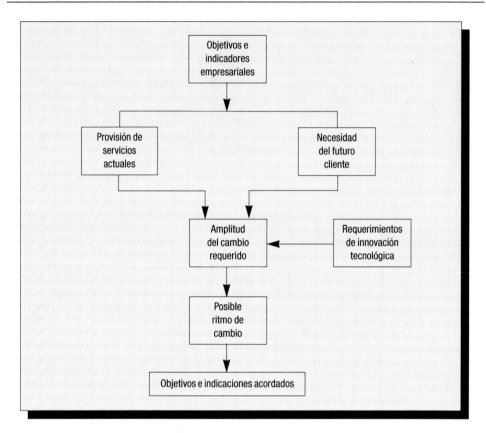

Figura 1.1 Proceso de fijar objetivos

ciones sobre la solución del outsourcing y su relevancia deben tomar en consideración las metas de la empresa e indicadores acordados.

- Comprensión de las necesidades del futuro cliente

Si no se comprenden los requerimientos del cliente, y especialmente los del futuro cliente, no será posible fijar objetivos que aseguren que el acuerdo de outsourcing esté en línea con dichos requerimientos.

- Visión de la diferencia entre la provisión de servicios actuales y las necesidades del cliente

Sin esta visión no se podrá determinar la naturaleza y el tamaño de la diferencia ni formular posibles soluciones para eliminarla en caso de que existiera.

- Valoración de la importancia de la innovación tecnológica

Dicha valoración ayudará a las consideraciones sobre la naturaleza general de cualquier acuerdo potencial de outsourcing con respecto a los requerimientos de habilidades o productos relacionados con la tecnología, su adquisición coste efectiva y su explotación.

• El probable ritmo de los cambios

Todos los sectores empresariales sufren la presión de un ritmo acelerado de cambios, pero algunos sectores cambian más rápidamente que otros. Cualquier requisito de cambio rápido pesará mucho sobre la estructura de un acuerdo de outsourcing, el tipo de proveedor elegido, el requisito de potenciar la tecnología y, sobre todo, sobre el coste, porque el "cambio" tiene un coste importante. Si conocemos con cierta claridad el ritmo de cambios, los costes potenciales se pueden negociar a un tipo unitario mejor que el que se podría lograr posteriormente mediante el control del cambio.

Una consideración muy cuidadosa de los factores mencionados más arriba debería dar como resultado unos objetivos articulados y escritos, así como los indicadores para cada objetivo. La combinación de ambos proporcionará una meta para la acción gestora y también los medios para medir los avances.

Algunos ejemplos de objetivos genéricos

A continuación se ofrecen algunos ejemplos de objetivos genéricos que pueden proporcionar ideas para el desarrollo de objetivos más específicos para circunstancias individuales.

Habilidades, herramientas y tecnologías

Objetivo

Lograr y mantener el acceso a aquellas habilidades, herramientas y tecnologías que sean apropiadas para el mantenimiento de los sistemas operativos y la consecución de los objetivos empresariales.

Indicadores

• Minimizar la inversión directa en el desarrollo o la adquisición de herramientas y tecnologías. Si hace falta, se pueden especificar unos límites financieros concretos.

- Minimizar la inversión directa en mayor formación en el uso de las nuevas herramientas y tecnologías. Si hace falta, se pueden especificar unos límites financieros concretos.
- Requisitos estratégicos y tácticos de la empresa no limitados por falta de herramientas y tecnologías adecuadas. Las medidas pueden incluir el número, la naturaleza y el coste de las limitaciones en las que el coste pueda definirse como financiero, de gestión, de comercialización, etcétera.

Coste-efectividad

Objetivo

Mantener una presión descendiente constante sobre los costes unitarios sin detrimento de alcanzar los objetivos empresariales.

Indicador

- (x por ciento) de reducción en el coste unitario de lo producido durante un período de cinco años.

Capacidad de respuesta y flexibilidad

Objetivo

Mejorar, en un (x por ciento), la identificación y la respuesta a las necesidades del cliente.

Indicadores

- Mantenimiento de una visión cualitativa y cuantitativa de las necesidades del cliente.
- Plazo para cambios significativos no superior a (x) meses.
- Plazo para innovaciones menores no superior a (y) meses.

Personal

Objetivo

Maximizar las oportunidades profesionales del personal actual.

Indicadores

- Retener las habilidades importantes para la misión de la empresa.
- Asegurar la existencia y la participación en planes de desarrollo personal.
- Evitar el paro forzoso.

2
Valoración del potencial
para mejorar el rendimiento

Necesidad de la valoración

Una pregunta fundamental

La pregunta fundamental que uno debe hacerse al considerar la posibilidad de recurrir al outsourcing es la siguiente:

- ¿Necesito una fuente de servicios diferente de la que tengo?

  — Si la respuesta es sí, ¿qué base utilizaré para juzgar la relevancia y la conveniencia de las alternativas?
  — Si la respuesta es no, ¿qué mejoras, si es que hay alguna, podría introducir en el entorno actual?

Las respuestas a estas preguntas sólo se encontrarán en un conocimiento detallado de la disposición y la eficacia del entorno actual. Sin dicho conocimiento, no habrán indicadores con los que valorar tanto la necesidad del cambio como las opciones para lograrlo.

Tres indicadores fundamentales

Conocer el potencial para obtener un mejor rendimiento proporcionará los siguientes indicadores importantes, los que, en conjunción con los objetivos empresariales, darán la base para valorar la necesidad del cambio y para examinar las posibilidades de lograrlo:

1. La línea de base de la mejora interna
   Una visión de hasta dónde se puede mejorar el rendimiento sin recurrir a apoyos externos significativos.
2. La línea de base de la mejora externa
   Una visión de hasta dónde se puede mejorar el rendimiento con el uso de servicios externos.
3. El umbral de oferta
   Si se considera que la provisión de servicios externos es apropiada, se puede utilizar la línea de base de la mejora interna como el umbral por debajo del cual deben hacer su oferta los proveedores externos.

La línea de base de la mejora interna

La línea de base de la mejora interna del rendimiento definirá, en términos cuantitativos, hasta dónde se puede incrementar la eficacia o reducir los costes, o ambas cosas. De hecho, hay dos líneas de base. La primera define un máximo teórico para las mejoras en eficacia/coste que asume la ausencia de limitaciones, mientras que la segunda toma en consideración las limitaciones para dar un máximo práctico.

La diferencia entre las líneas de base teórica y práctica está regida por aquellas limitaciones internas impuestas sobre el negocio. Por ejemplo, se podrían obtener destacadas mejoras de rendimiento como consecuencia de inversiones de capital, pero no hay fondos suficientes disponibles, o no se pueden liberar o redistribuir recursos que están infrautilizados debido a la necesidad de mantener la elasticidad operativa o de hacer frente a inesperadas puntas máximas en la demanda.

El desarrollo lógico de estas ideas revela una serie de discernimientos interesantes. El establecimiento de la línea de base teórica nos llevará a determinar el alcance de nuestras limitaciones internas para alcanzar todo nuestro potencial, lo que, a su vez, nos llevará a establecer el número y la naturaleza de las limitaciones o restricciones internas. Entender de forma cuantitativa estas limitaciones nos permitirá hacerles frente y superarlas o, en su lugar, reducir nuestro potencial teórico de mejora para determinar la línea de base para la mejora interna.

Una vez calculados los máximos teóricos y prácticos, con una visión clara de las limitaciones internas podremos desarrollar un poco más nuestra lógica. Considerando hasta dónde podemos mejorar, en un sentido práctico, nuestro rendimiento interno, debemos preguntarnos si ese nuevo nivel de rendimiento es suficiente para alcanzar los objetivos de nuestro negocio. Esta pregunta crea una prueba sencilla pero cuantificada para determinar hasta dónde resultan necesarias unas fuentes alternativas de provisión de servicios.

Si el nuevo nivel de rendimiento es suficiente para alcanzar nuestros objetivos empresariales, no será necesario contar con nuevas fuentes de servicios, y la línea de base práctica nos dará una meta clara para la mejora del rendimiento interno. Tengamos en cuenta, sin embargo, que los objetivos empresariales incluirán, invariablemente, una referencia a las mejoras en los costes y a la demanda de futuros servicios. Por lo tanto, la diferencia entre las líneas de base teórica y práctica siempre pesará sobre la decisión de recurrir al outsourcing. En estas circunstancias, siempre resultará prudente determinar si el programa de mejoras del rendimiento interno puede beneficiarse de las contribuciones externas.

Si el nuevo nivel de rendimiento no es suficiente para alcanzar nuestros objetivos empresariales, entonces se podrán hacer consideraciones sobre la conveniencia de seguir el camino de "comprar", proceso de decisión que puede apoyarse en lo siguiente:

- La línea de base teórica proporciona un techo al precio con el que se pueden comparar las fuentes alternativas de provisión (el umbral de oferta). Para que los proveedores alternativos puedan añadir valor, deben estar libres de las restricciones impuestas sobre nuestro negocio, y por lo tanto, deben ser comparados con la línea de base teórica, no con la práctica.
- El hecho de comparar los proveedores alternativos con la línea de base teórica (el umbral de oferta) evita la posibilidad de que un exceso de beneficios vayan a parar al proveedor.
- Dado que se conocen las limitaciones a las mejoras de rendimiento teóricas, se puede diseñar una solicitud de servicios libres de dichas limitaciones, y por lo tanto, se puede poner a prueba la capacidad de los proveedores de adecuarse a la solicitud de servicios nuevos y sin restricciones.

La Figura 2.1 muestra la relación entre las dos líneas de base y las limitaciones.

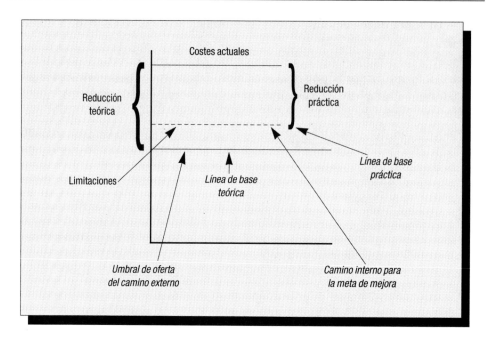

Figura 2.1 Relación entre las líneas de base y las limitaciones

La línea de base de la mejora externa

La línea de base de la mejora externa proporciona información que se puede contrastar con el umbral de oferta para determinar la posible contribución de los proveedores externos. Claro está que sólo es relevante cuando se han identificado las fuentes alternativas de provisión de servicios, y aunque no puede determinarse de forma exacta, sí es posible determinar un indicativo alcance de probabilidad. Todo esto se basa en el conocimiento del margen de beneficio del probable proveedor, en la habilidad de los proveedores para eliminar cualquier restricción identificada como parte de la línea de base de la mejora interna y en su habilidad para añadir valor más allá del disponible en la actualidad.

Eliminar restricciones y añadir valor

El trabajo asociado con el cálculo de la línea de base de la mejora interna habrá identificado una gama de limitaciones impuestas internamente. Si dichas limitaciones pudieran ser eliminadas a través de una intervención externa, quedando todo lo demás igual, habría una ganancia neta. Si, además, los proveedores pudieran aportar otros beneficios, la ganancia neta se vería aumentada.

Por consiguiente, podemos tomar la capacidad de rendimiento y la disposición de recursos de cada proveedor y contrastarlas con las características de cada restricción o limitación. Por ejemplo, consideremos que existe un requerimiento operativo de retirada de basuras de una red nacional de terminales de viajes. El sesenta por ciento de la basura de las terminales centrales ya se retira de forma coste efectiva, pero el cuarenta por ciento restante está fragmentado a través de la red y es imposible implementar ninguna otra economía de escala ni otras medidas de eficacia interna. Esto quiere decir que la naturaleza fragmentada de las terminales ha creado una limitación para que haya mayores mejoras en el rendimiento interno.

Sin embargo, el proveedor x tiene una red de recolección establecida y cubre una amplia geografía, lo que le permite incluir los requisitos fragmentados en los márgenes de su negocio actual por un modesto incremento en el coste. Considerando que se conocen la cobertura geográfica del proveedor y su modo general de operación, se puede dibujar un perfil de posibles ahorros sinérgicos. El proveedor puede hasta añadir aún más valor. Además de ofrecer una amplia cobertura geográfica, el proveedor x ha inventado una nueva tecnología para eliminar basuras en el lugar, una tecnología que no pondrá a disposición de quien no sea cliente. La aplicación de esta tecnología reducirá el número de viajes al vertedero o a la central de tratamiento de residuos, y por lo tanto, también reducirá el coste. Comprender los efectos de esta nueva tecnología nos permitirá calcular el potencial de lograr mejor valor por el dinero. Ahora tenemos una visión preliminar de los efectos de eliminar restricciones y también del potencial para añadir valor.

Todavía queda otro ingrediente importante por considerar, el margen de beneficio del proveedor. Los márgenes de beneficio varían de sector a sector y fácilmente podrían encontrarse entre el 5 y el 100 por ciento, así que resulta importante comprender la dinámica de nuestro sector particular. En general, los proveedores esperan que un contrato de servicios de larga duración rinda entre el 7 y el 25 por ciento.

Habiendo calculado los beneficios, que si los hubiera, surgirán de la eliminación de las restricciones y de la capacidad de añadir valor, bastará ahora con sumarles el margen de beneficio estimado del proveedor. El resultado, con una diferencia por encima o por debajo de un 15 por ciento, será la probable línea de base de la mejora externa, y con toda probabilidad, se solapará con el umbral de oferta, tal cual ilustra la Figura 2.2.

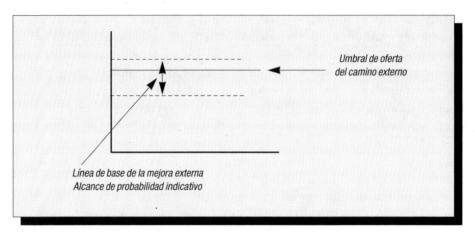

Figura 2.2 La línea de base de la mejora externa

Resumen de la necesidad de valorar

Hasta ahora hemos identificado lo siguiente:

- La capacidad de mejora interna.
- Las restantes limitaciones para alcanzar los objetivos empresariales.
- El alcance de cualquier contribución externa en el logro de los objetivos empresariales.

La información disponible debería ser suficiente para permitir el desarrollo de un abanico de opciones de mejora del rendimiento interno que apoye la decisión de recurrir al outsourcing. La Figura 2.3 muestra esquemáticamente la importancia de valorar el potencial de mejora del rendimiento.

Cálculo de las líneas de base de mejoras

Las características del rendimiento y las formas de medirlo varían inevitablemente para cada tipo de negocio, por lo que sólo podemos ofrecer consejos y principios genéricos. Tampoco contamos con mucha información empírica relacionada con el rendimiento. Para la valoración del outsourcing, no es necesario contar con un alto nivel de exactitud en la medida del rendimiento; bastará con un alcance indicativo del mismo. Una mayor exactitud requiere un esfuerzo desproporcionado, y las situaciones pueden cambiar durante el ciclo

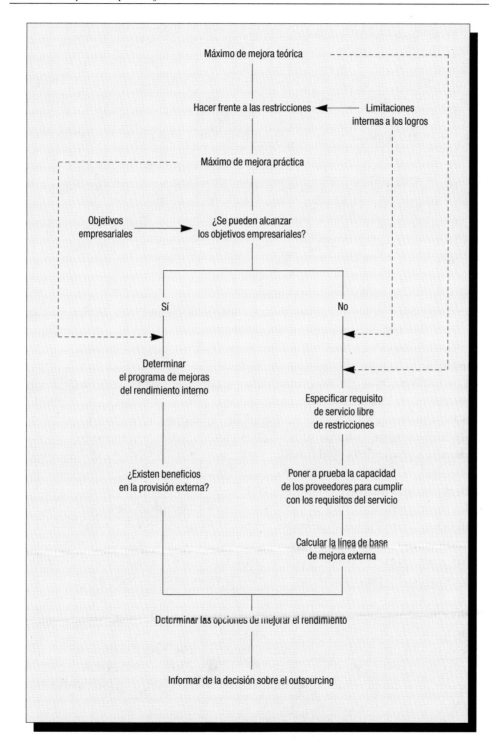

Figura 2.3 Valoración del potencial para mejorar el rendimiento

de vida potencialmente largo de la valoración e implementación del outsourcing. Además, la disposición comercial y de recursos de los proveedores alternativos potenciales es la que rige su respuesta desde el punto de vista del precio. El ciclo de vida de la decisión sobre el outsourcing significa que las respuestas de los proveedores tienen el potencial de cubrir un abanico relativamente amplio.

Existen tres componentes básicos a considerar cuando se busca calcular las líneas de base de la mejora:

- Utilización del personal interno.
- Eficacia del personal interno.
- Utilización de activos.

Utilización del personal interno

¿Qué significa la utilización del personal?

La utilización del personal es una medida de la proporción de tiempo que el personal emplea en tareas productivas. No se trata de la eficacia con que se emplea el tiempo, sino tan sólo de la proporción de tiempo empleada productivamente.

Los entornos que no han sido sujetos a un riguroso programa de mejoras generalmente utilizan productivamente a su personal entre el 45 y el 60 por ciento de su tiempo. Las "mejores empresas" que operan dentro de un entorno competitivo llegan a una cifra del 75 por ciento, dato que podemos usar como referencia a partir de la cual medir.

Valoración de la utilización del personal

La valoración de la utilización del personal dependerá de la actividad o del análisis del proceso. Tanto se pueden aplicar los tradicionales análisis de circuitos, como el simple análisis de las fichas de entrada y salida, pasando por los sofisticados modelos hechos por ordenador. Cualquiera que sea el enfoque seleccionado, los pasos generales pueden resumirse como sigue:

- Identificar el número de actividades o procesos diferentes dentro del dominio a analizar.
- Seleccionar una persona para representar cada actividad o proceso.
- Calcular el coste medio de la mano de obra de cada actividad o proceso.
- Determinar las acciones que realmente se realizan en cada actividad o proceso.

- Descubrir la diferencia entre lo que una persona percibe como su función y lo que realmente hace, y asegurarse de hacer listas de "realidades" más que de "percepciones".
- Valorar el tiempo consumido por cada actividad.

Un posible enfoque es valorar el esfuerzo durante un período de doce meses. La mejor manera de captar esta información es por vía de entrevistas y con ayuda de un ordenador. La forma será:

- Para cada actividad:
  — determinar el tiempo que lleva ejecutar un ciclo;
  — determinar la cantidad de veces que la actividad se lleva a cabo por año, anotando cualquier variación 'estacional';
  — calcular la cantidad total de esfuerzo hecho en la actividad;
  — comparar este dato con el total de esfuerzo teórico disponible (las investigaciones muestran que las personas sobreestiman en un factor dos la cantidad de esfuerzo que creen haber hecho); y
  — refinar los tiempos del ciclo y el número de ejecuciones para dar un perfil anual acordado.

- Una vez acordadas las acciones del proceso con el representante, buscar la confirmación y el acuerdo de otros colegas empresariales que estén pasando por el mismo proceso.
- Ordenar cada actividad por categorías en términos de su contribución a la cadena de valor.
- Calcular el porcentaje de esfuerzo no productivo.
- Identificar los costes que no son de personal asociados a cada actividad improductiva.
- Calcular el coste del esfuerzo no productivo con base en el dato de mejor práctica, que es el del 75 por ciento de utilización productiva del tiempo del personal.
- Calcular el total del coste no productivo sumando los dos datos previos.
- Calcular la reducción potencial del número de empleados.

Resumen

Para valorar la utilización del personal en relación a la mejor práctica:

- Determinar el coste de mano de obra para cada proceso o actividad.
- Seleccionar un representante por proceso o actividad.

- Determinar el porcentaje de trabajo productivo y no productivo de cada proceso o actividad.
- Comparar los resultados con los de otros grupos en situación similar y alcanzar el acuerdo.
- Determinar la norma para la utilización que tiene el sector, y en caso de duda aplicar el 75 por ciento.
- Calcular el potencial de mejora de resultado de la siguiente manera:

$$75 \text{ - por ciento productivo} / 75 \times 100 = \% \text{ de mejora posible}$$

- Calcular el personal potencial y las reducciones de coste.

Eficacia del personal interno

¿Qué significa la eficacia del personal?

La eficacia del personal es una medida del número de resultados útiles alcanzados dentro del período de actividad productiva determinado por el cálculo de utilización del personal. Las medidas relacionadas con la eficacia dependen sobre todo del campo de actividad, ya que cada uno tiene las normas propias de su sector.

Pautas para medir la eficacia del personal

La gran variedad de formas de medir la eficacia en cada campo de actividad hace que sea imposible dar una guía precisa. A través de discusiones informales con organizaciones comerciales pertenecientes a sectores relevantes se pueden marcar ciertas pautas para la actividad de algunos sectores específicos. Los principios subyacentes pueden resumirse de la siguiente manera:

- Identificar, en términos amplios, los resultados básicos asociados con una actividad o proceso. Si se hace con gran nivel de detalle, puede resultar un ejercicio muy prolongado. Bastará con mantener una visión de los resultados en un nivel alto, ya que sólo estamos buscando una indicación de actividad relativa. El análisis llevado a cabo para determinar la utilización del personal ayudará en la tarea. Tomar cada actividad o grupos de actividad relacionados y preguntar '¿cuál es el resultado real de la realización de esta actividad?'
- Determinar el número total de resultados producidos durante el período.
- Determinar cuánto tiempo se ha utilizado el personal para producir los resultados identificados más arriba. El análisis de la utilización del personal será una ayuda.

- Identificar los costes que no sean de personal asociados con cada resultado.
- Calcular el coste total de cada resultado.
- Calcular el coste unitario de cada resultado.
- Calcular el esfuerzo unitario del personal asociado con la producción de cada resultado.

Con estos datos, podrá usted estar en condiciones de construir una matriz como la ilustrada en la Figura 2.4. Podrá contrastar esta información con las normas conocidas del sector para obtener una indicación que muestre hasta dónde la actividad actual va adelantada o atrasada con respecto a las normas del sector, así como datos para calcular la línea de base de la mejora externa.

Utilización de los activos

El grado de sinergia entre los activos actuales y el de los proveedores potenciales jugará un papel importante en la determinación de la línea de base de la mejora externa.

Valoración del impacto

Una forma sencilla de valorar el impacto puede resumirse como sigue:

Resultado básico	Total de resultados producidos en un mes	Total de tiempo utilizado por el personal (h.)	Total del coste de personal (en unidades monetarias)	Gastos no de personal (en unidades monetarias)	Coste total de lo producido (en unidades monetarias)	Coste unitario de lo producido (en unidades monetarias)	Esfuerzo unitario de lo producido (h.)
Resultado 1	125	62	434	94	528	4.22	0,5
Resultado 2	12	526	4045	2561	6606	550.5	43.8
Resultado 3	3250	17023	127672	2147	129819	39.9	5.2
Resultado 4	1	54	830	0	830	830	54
Resultado 5	15700	2616	19620	1570	21190	1.35	0.17
—		20281	152601	6372	158973	—	—

Figura 2.4 Matriz de la eficacia del personal

- Identificar la base del activo enumerando todos los componentes del mismo. Debemos recordar que puede haber una amplia gama de activos relevantes, y no sólo aquellos directamente asociados con la tarea principal. Por ejemplo, si dicha tarea principal es la ingeniería, obviamente habrá maquinaria y otros equipamientos directamente relevantes. Sin embargo, también habrán edificios, tal vez transporte a motor y valores bursátiles de diferentes tipos.
- Determinar el grado de utilización de estos recursos, o en otras palabras, hasta qué punto existe capacidad de producción sin utilizar o si se necesita una mayor.
- Determinar a grandes rasgos los costes de sustitución y las escalas de tiempo.
- Comparar estos activos con los de los proveedores potenciales y buscar las áreas de coincidencia.

Ahora estará usted en condiciones de valorar hasta qué punto los proveedores del servicio podrán reducir el requisito general de activos o evitar un coste directo de sustitución, así como el efecto probable de todo ello sobre la línea de base de la mejora externa (ver Figura 2.2).

Ejemplo

Un equipamiento actual de ingeniería está infrautilizado en un 15 por ciento y necesitará un desembolso de capital de aproximadamente 4 millones de dólares para sustituirlo o renovarlo en los próximos dos años. El proveedor x tiene los activos adecuados pero una masa crítica mayor. Si el proveedor x asumiera la responsabilidad de la actual carga de trabajo, el impacto podría ser así:

- La masa crítica del proveedor significa que sólo se puede comprar la capacidad de producción justa para hacer frente a las necesidades exactas de la actual carga de trabajo, ni más, ni menos. Esto quiere decir que lo que hasta ahora era un exceso de capacidad del 15 por ciento, se puede liberar, y los beneficios financieros contribuirán a la línea de base de las mejoras externas (ver Figura 2.2).
- Además, no será necesario incurrir en el coste de 4 millones de dólares por sustitución o renovación, ya que éste será incluido en el precio unitario del proveedor. Es posible que la actual carga de trabajo pueda caber en la masa crítica de recursos del proveedor, lo que permitirá un precio unitario más competitivo. La masa crítica de recursos del proveedor también permitirá

que los beneficios potenciales asociados con la capacidad de producción infrautilizada se liberen, y el desembolso de 4 millones de dólares en capital se evitará.

- La combinación de estos factores puede dar como resultado un precio unitario por debajo de los costes actuales, la no necesidad de inversión de capital y un servicio más flexible y más fácil de medir. Todos estos factores se pueden tener en cuenta al calcular la línea de base de la mejora externa.

3
Implicaciones para los usuarios

Los efectos sobre los clientes de un servicio que se pasa a terceros variarán considerablemente según la complejidad de los servicios requeridos. Si la naturaleza del servicio es 'sencilla', por ejemplo servicios de limpieza, el impacto será pequeño. Si los servicios requeridos son más complejos y, como consecuencia, requieren la participación rutinaria del cliente o una mayor refinación en el tiempo, el impacto será mucho mayor. En tal caso, los efectos principales de la participación de terceros se verán en la interrelación entre una mejor actividad y unos costes unitarios más bajos, dado que los objetivos del nuevo servicio casi con seguridad incluirán la necesidad de reducir costes unitarios y de mejorar la realización del servicio.

Los clientes juegan un papel fundamental tanto en la realización del servicio como en el nivel de coste unitario, ya que ellos son los que definen los requisitos y los que pueden proporcionar la información crítica que le permita al proveedor del servicio llevar a cabo su cometido. La realización del servicio será superior y el coste unitario será inferior sólo si se da una mejora igual en la realización por parte del proveedor del servicio y también del cliente. Por lo tanto, los proveedores pueden no ser capaces de lograr los beneficios proyectados para los nuevos acuerdos a no ser que haya una mejora igual en la realización por parte de los clientes.

Implicaciones para los clientes

Trabajar los activos

Buscar rígidos objetivos de rentabilidad hará que los activos transferidos trabajen mucho más. Uno de los efectos posibles será la reducción del grueso de los recursos disponibles. Las necesidades de recursos ocuparán una posición en la que su provisión será hecha en una base 'just-in-time' en oposición a unos mínimos predeterminados. Si el cliente no logra alcanzar las fechas acordadas para sus inputs, sean estos cuales sean (por ejemplo, planes, especificaciones, datos, decisiones, inversiones, etc.), se pueden interrumpir unos mecanismos muy equilibrados para la planificación de recursos, incurriendo así en costes adicionales y en alteraciones de las escalas de tiempos. El nuevo proveedor se adaptará a las demoras que normalmente se dan en estos temas, pero los efectos sobre los recursos, el coste y los calendarios serán mucho más obvios para los clientes. Resulta aparente, por lo tanto, que a no ser que los clientes tengan muy clara su contribución a toda la ecuación, el logro de los beneficios previstos puede correr un serio riesgo.

Niveles de realización

La realización del servicio puede quedar por debajo del nivel que se ha logrado históricamente, pero estar de todos modos dentro del nivel acordado. Por ejemplo, el nivel logrado históricamente ha sido del 99 por ciento, pero el acordado es el 98 por ciento. El proveedor probablemente optimizará el servicio alrededor del 98 por ciento como su contribución a lograr mayor valor por el dinero, y podrá hacerlo porque estará dentro del nivel de servicio acordado por contrato. Por otro lado, el coste de alcanzar el 99 por ciento probablemente será mayor y, en correspondencia, el valor por el dinero será menor.

Planificación

Los requisitos básicos de recursos se establecerán dentro de las especificaciones de cada servicio y se fijarán en los niveles adecuados para alcanzar las demandas conocidas. El precio de estos recursos mínimos acordados probablemente será menor que el precio de unos recursos no planificados adquiridos al momento por encima del umbral acordado. La explicación es que el precio es una función del volumen en el tiempo (ver capítulo 12).

Siempre debería ser posible regular al alza o a la baja el nivel de recursos mínimos acordados, pero los ajustes probablemente se harán para un horizonte planificado, pongamos por ejemplo 12 meses. Bajo tales circunstancias, el valor máximo por el dinero se logrará sólo si los clientes son capaces de participar en análisis regulares y centrados en sus futuros requisitos de recursos mínimos. Por lo tanto, es posible que la capacidad de los clientes de planificar efectivamente para un horizonte apropiado afecte más directamente a la consecución de valor por el dinero.

El ciclo de servicio

Uno de los objetivos del nuevo servicio puede ser reducir el tiempo necesario para completar un ciclo de servicio. Según la naturaleza del ciclo y las demandas que plantea a los inputs del cliente, la aceleración del ciclo a través de la aplicación de servicios externos mejorados puede implicar la necesidad de una aceleración igual de los inputs del cliente. Un entorno de servicios acelerado se ve en la obligación de ser mucho menos tolerante con cualquier lapso en la actividad del cliente. La implicación evidente es que los clientes pueden estar en posición de desarrollar y refinar sus interrelaciones con el proveedor del servicio para que éste se pueda realizar con precisión y a un ritmo apropiado al ciclo acelerado.

Implicaciones para el equipo proveedor del outsourcing

El impacto general de un proveedor de servicios externo sobre los clientes será significativo y a veces sutil. En última instancia, afectará a todos los aspectos del servicio, y por esta razón, será importante que los clientes, en todos los niveles operativos relevantes, estén en posición de comprender correctamente y cuestionar las implicaciones que para ellos tendrán los nuevos acuerdos propuestos. Con este fin, el equipo procurador del servicio debería ofrecer una serie de talleres o seminarios destinados a informar al personal del cliente, en los niveles de mando apropiados, sobre la naturaleza y las implicaciones del acuerdo propuesto, y también a establecer un diálogo con los clientes que se centrará de forma más precisa sobre los aspectos del negocio que más les interesan o preocupan.

4
Control de los interesados

Uno de los aspectos más preocupantes de gestionar un programa de procuración y valoración del outsourcing es la posibilidad de una intervención inesperada de una persona o institución no directamente relacionada con el proyecto pero que tiene la autoridad, influencia o capacidad de causar demoras. Del mismo modo, pueden darse demoras en el programa si aquéllos que sí han de contribuir al programa no están preparados o son ineficientes. En consecuencia, merece la pena prestar un poco de consideración a todos aquéllos que ejercerán su influencia sobre el programa y luego compilar una lista de los interesados en potencia. A partir de ahí, bastará con un sencillo mecanismo dentro de la rutina de gestión del programa para controlar las intervenciones de los interesados

¿Qué es un interesado?

Un interesado se define como 'Cualquier persona o institución que tiene, o que cree tener, un interés directo o indirecto en el programa o su resultado, y que tiene suficiente autoridad, influencia o capacidad como para realizar una contribución significativa o infligir una demora significativa si no se le controla o consulta adecuadamente'.

¿Por qué preocuparse por los interesados?

Por definición, un interesado tiene el potencial para mejorar o dañar el programa de forma significativa. Esto quiere decir que en las grandes organizaciones que llevan a cabo grandes y complejos programas, el potencial de interferencia de los interesados es enorme.

Por ejemplo, es frecuente que a los abogados no se les consulte hasta el final del proceso, cuando se necesita un contrato con el cual proteger como reliquias los principios del acuerdo. Sin embargo, si se solicitara el consejo legal antes, tal vez no se perderían valiosos inputs, y lo que es más importante, se evitarían las probables interferencias de los abogados cuando estos comienzan a identificar una serie de temas que deberían haber sido considerados antes.

Por otro lado, dentro de la organización puede haber aquéllos que se oponen de forma activa al propósito del programa o que desean asegurar un resultado diferente. En tales circunstancias, resulta útil involucrarlos a todos en el proceso, para intentar influir sobre ellos y también para comprender sus puntos de vista y sus actividades.

Algunas personas y organizaciones pueden sentir interés por el proyecto después de su puesta en marcha, por ejemplo los auditores. Una adecuada comprensión de sus intereses afectará de algún modo la forma en que se lleva el programa, y si es necesario, hará que se creen los documentos registrales adecuados.

Identificación de los interesados

El propósito del control activo de los interesados es asegurar que el director del programa conozca de forma satisfactoria las expectativas de todas las partes. La primera tarea consistirá en crear la lista de todas las partes interesadas.

Autoridades competentes / Los que toman decisiones

Las autoridades compententes y los que toman decisiones son claramente importantes. El director del programa debe conocer la identidad de las personas que toman decisiones, y si la toma de decisiones se lleva a cabo en un comité o grupo, su composición y modus operandi.

Colegas

Pueden haber colegas que no estén directamente implicados en el programa pero que tengan intereses creados en sus resultados. Los ejemplos incluyen a aquéllos que tienen responsabilidades de implementación o de control financiero.

Usuarios

Se deben identificar e involucrar a los usuarios finales de la función en consideración para el outsourcing. La implicación del usuario podría ser como representante en el equipo de gestión del programa, como participante en seminarios o en las sesiones habituales de comunicación. De forma alternativa, el director del programa puede considerar el establecimiento de un pequeño grupo de trabajo, o de varios, con el objeto de proporcionar opinión informal sobre algunos de los elementos del programa.

Personal y representantes del personal

Si el programa va a afectar al personal de alguna manera, está claro que el director del programa deberá conocer la existencia de acuerdos para la representación del personal (ver capítulo 10).

Especialistas y expertos internos

La aportación de todos los especialistas y expertos relevantes debe estar a disposición del director del programa. Algunos especialistas y expertos internos serán miembros del equipo del programa, y otros tendrán una participación breve o intermitente. El director del programa deberá considerar cuidadosamente tal participación, dado que una exclusión inadecuada de las reuniones puede generar resentimientos y obstáculos internos innecesarios, pero una participación multitudinaria puede transformar las reuniones en inútiles o ineficaces.

Proveedores

Los proveedores actuales pueden mostrarse preocupados ante la perspectiva de tener que pasar a un acuerdo de outsourcing, por lo que el director del programa deberá mantener contacto con los proveedores relevantes si quiere controlar la influencia indirecta de estos. Los proveedores agraviados pueden causar demoras. Recuerde que el proveedor del outsourcing puede tener relaciones laborales (buenas o malas) con los actuales proveedores, una situación que puede ayudar o entorpecer. Del mismo modo, pueden surgir otras oportunidades de las relaciones entre proveedores actuales y el nuevo proveedor del outsourcing.

Organismos externos

Pueden haber organismos gubernamentales o comerciales externos que deban ser considerados o consultados, por ejemplo los relacionados con protección de datos confidenciales, auditorías nacionales, aduanas e impuestos especiales, formación profesional industrial, etc.

La lista de interesados

Identifique los interesados como se ha indicado más arriba y cree una lista, cuyo propósito será facilitar un debate regular y una valoración continuada de sus intereses en relación al estado actual del programa. Dado que la lista se habrá de revisar de forma regular, puede resultar útil incluirla como tema fijo en el orden del día de cada reunión del grupo organizador o del grupo directivo del programa. Si dichas reuniones no son frecuentes, la lista debería revisarse como parte de los procedimientos de información del programa de rutina.

Control de los interesados

Controlar a los interesados es engañosamente fácil, porque en realidad, requiere pensar con mucho cuidado y tener aún más disciplina. Si no se tiene ambas cosas en las cantidades adecuadas, la influencia sobre los interesados se verá reducida y se perderán ventajas significativas del proyecto.

Las cuestiones siguientes son cruciales para un control con éxito de los interesados:

- Asegurarse de que todos los interesados principales han sido identificados.
- Para cada interesado, determinar su probable disposición, necesidades, impacto potencial sobre el proyecto así como el momento de su intervención.

- En contra de lo establecido inmediatamente antes, preparar un enfoque para cada interesado específicamente dirigido a responder a sus necesidades o a controlar una intervención desafortunada.
- El enfoque debe prepararse cuidadosamente y ser inexpugnable.
- Comenzar cada intervención justo antes del momento natural en el que el interesado intentaría involucrarse.
- Controlar los efectos de la intervención y actualizar el enfoque.
- Comenzar una nueva intervención si es necesario y repetir el ciclo.

Durante las primeras etapas del programa, la lista de control de los interesados probablemente necesitará una revisión semanal. Una vez que los interesados estén completamente involucrados, el período de revisión puede extenderse, dependiendo de la demanda.

5
El control de los riesgos

El control de cualquier riesgo siempre debe comenzar con la identificación del mismo, pero no debe acabar allí. Los riesgos cambian a medida que los proyectos se desarrollan. Las amenazas se hacen más grandes o más pequeñas, los riesgos aparecen y desaparecen. Por lo tanto, el control o la gestión del riesgo no es un ejercicio único que se deja de lado cuando el registro del riesgo ha sido compilado. Por el contrario, no sólo requiere un registro del riesgo estructurado, sino también un proceso para mantenerlo y otro proceso para controlar los riesgos.

El registro del riesgo

La información requerida para describir, clasificar y gestionar el riesgo de forma efectiva es sustancial y potencialmente compleja, pero si los riesgos se han de controlar, entonces no hay otra salida. El control efectivo del riesgo depende de una combinación de controles eficaces, una asignación de recursos adecuada y también una asignación suficiente de tiempo y esfuerzo planificados en el proyecto. El control efectivo comienza con el registro del riesgo, lo que constituirá el corazón de cualquier sistema de control del mismo.

El registro del riesgo apoya cuatro funciones fundamentales:

- Facilita la identificación de los riesgos del proyecto y su impacto potencial.
- Proporciona información clave para una revisión efectiva de los riesgos del proyecto, y por lo tanto la facilita.
- Facilita la valoración del riesgo al proporcionar información consolidada sobre la gestión del mismo.
- Proporciona una base para registrar y controlar acciones de gestión del riesgo.

El marco del registro del riesgo

Hay un cierto número de elementos que integran el registro del riesgo y la Figura 5.1 ilustra a grandes rasgos su relación.

Descripción detallada del riesgo

Hoja de detalles del riesgo - Contenido

Cada riesgo se registrará en una hoja de detalles del riesgo que tendrá los siguientes campos:

Número de referencia
Un número exclusivo asignado por el gerente de riesgos.

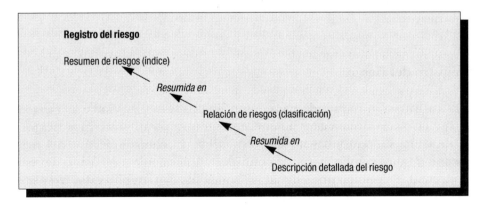

Figura 5.1 Estructura del registro del riesgo

Número de versión

La percepción de los riesgos variará durante el ciclo de vida del proyecto, y los parámetros del riesgo cambiarán en concordancia. A medida que los riesgos cambian, el número de versión se incrementará en uno para poder seguir la pista de la tendencia en el movimiento del riesgo.

Clasificación del riesgo

Resultará útil organizar los diferentes riesgos del proyecto en grupos comunes o clasificaciones. Hay unas categorías generales en las que cabrán los riesgos, como se indica a continuación:

- Complejidad

  El proyecto puede requerir que se reúnan diferentes organizaciones, componentes o sistemas, lo que representa una complejidad difícil de comprender y de gestionar.

- Interesados

  Puede ser que las personas u organizaciones que tienen intereses en el proyecto creen dificultades imprevistas (ver capítulo 4).

- Efectividad

  Las hipótesis o asunciones que rodean la dirección o la solución elegida pueden cambiar hasta un punto en el que ya no apoyen las metas del proyecto o su eficacia se vea disminuida.

- Tecnología

  Una solución tecnológica seleccionada puede ser inapropiada, llegar tarde, dar poca confianza o no estar probada.

- Capacidad de servicio

  Los supuestos relativos a la capacidad de asegurar la disponibilidad mediante un mantenimiento eficaz pueden cambiar.

- Recursos

  Los recursos del proyecto, la provisión y el cliente deben unirse todos en las cantidades adecuadas y con las habilidades apropiadas. Las deficiencias incrementarán los riesgos del proyecto de forma notoria.

- Experiencia

  La experiencia de los recursos del proyecto, la provisión y el cliente tendrán un marcado efecto sobre la eficacia del proyecto y la solución alcanzada. Cualquier deficiencia incrementará de forma notoria tanto los riesgos del proyecto como del resultado.

- Protección

  Los supuestos relativos a la protección del personal y de los clientes pueden cambiar.

- Seguridad
  Los requisitos o supuestos de seguridad pueden cambiar, o los proveedores pueden no cumplir sus criterios.
- Gestión
  Pueden aparecer o predecirse dificultades de gestión del proyecto o con el proveedor último del servicio.
- Instrumentos legales
  Los contratos, acuerdos de servicios o calendarios mal redactados pueden dar lugar a litigios y disputas.
- Plan del proyecto
  Las deficiencias dentro del plan del proyecto o los sucesos fuera del control del equipo del proyecto pueden cambiar los parámetros de su realización.
- Finanzas
  La presión sobre los fondos puede llevar a una reducción de la calidad o a descartar partes enteras del proyecto o componentes del servicio.

Descripción y nombre del riesgo

Descripción concisa del riesgo más un nombre breve que facilite la referencia.

Dominio y origen del riesgo

Mención de la organización en la que se origina el riesgo y del área funcional en la que sucede.

Propietario del riesgo

La persona que tiene la responsabilidad directa del riesgo.

Razón de su existencia

Registro de cualquier información que aclare la razón por la cual es posible que haya riesgo.

Posibilidad de existencia

Estimación del porcentaje de posibilidad de que el riesgo exista.

Efecto y momento del riesgo

Valoración del posible efecto sobre el proyecto y su resultado en términos de coste, escala de tiempo y efectividad, con indicación del momento en el que es posible que el efecto se produzca. El efecto se valora por separado en cuanto al coste, la efectividad y el momento sobre una escala numérica de 50 puntos, en la que 1 = ningún efecto y 50 = efecto catastrófico.

Valor del riesgo

El porcentaje de posibilidad y la valoración del efecto se multiplican para obtener un valor del riesgo que, cuando se combina con el número de versión, da una escala, y cuando se controla en el tiempo, da una tendencia del riesgo. La Figura 5.2 ilustra la cuestión. La versión 1 de la valoración del riesgo indica la existencia de una amenaza de tiempo a la realización del proyecto de 2,5 (posibilidad del 10 por ciento x un efecto de 25), pero no indica ninguna amenaza para la efectividad (posibilidad del 0 por ciento x un efecto 10, por ejemplo) o para el coste (posibilidad de 0 por ciento x un efecto 15, por ejemplo). Cuando se valoró el riesgo en la versión 2, la amenaza de tiempo se había reducido a 10, pero en el proceso de responder a la presión de tiempo, la efectividad se había visto afectada subiendo a una valoración de 7,5 (posibilidad de 75 por ciento x un efecto de 10). Una tercera valoración, la de la versión 3, muestra un empeoramiento de la situación porque el riesgo relacionado con el tiempo vuelve a escaparse, la efectividad permanece estable pero han aparecido problemas con el coste, valorados en 5.

Estrategia de prevención

La estrategia de prevención define las acciones que se han de llevar a cabo para reducir o eliminar el riesgo. Sus elementos incluirán:

- Una declaración de las acciones a llevar a cabo.
- La o las personas responsables.
- La o las metas a alcanzar.
- La fecha y hora de puesta en práctica.
- La situación o estado de las acciones.

| Número de versión | Coste | Valores del riesgo | |
		Efectividad	Tiempo
1	—	—	2.5
2	—	7.5	10
3	5	7.5	12

Figura 5.2 Valor del riesgo y tendencia

Hoja de detalles del riesgo - Ejemplo

La Figura 5.3 ilustra el formato de la hoja de detalles del riesgo.

Relación y resumen de riesgos

Habrá muchos riesgos asociados con cada programa de outsourcing y la acumulación de hojas de detalles del riesgo dificultará el control del mismo. Por lo tanto, se necesita un formato más adecuado a la supervisión diaria, y lo tenemos en la relación y resumen de riesgos.

Relación de riesgos

La relación de riesgos simplemente recoge datos seleccionados de cada hoja de detalles para facilitar su revisión, ordenados por clasificación y valor máximo de riesgo. La Figura 5.4 ilustra su formato y contenido.

Resumen de riesgos

El resumen de riesgos es el nivel superior de resumen y proporciona una visión general de los riesgos y un índice para el registro de los mismos. Su formato queda ilustrado por la Figura 5.5.

Resumen del registro de riesgos

La Figura 5.6 recoge todos los elementos que forman el registro de riesgos para ofrecer un resumen del documento final.

El proceso de gestión del riesgo

La Figura 5.7 ilustra de forma esquemática el proceso de gestión del riesgo.

Ejemplos de riesgos

Se utilizan las siguientes denominaciones para los riesgos principales:

- Plan del proyecto y equipo del proyecto.
- Control de los interesados.
- Establecimiento de relaciones.
- Indicaciones de los requisitos del servicio.

Hoja de detalle del riesgo

Revisión del dominio ....   *Denominación del riesgo* ....   **Parte A**

Descripción

Dominio

Clasificación

Origen

Propietario

Razón para suceder

Momento para suceder

Clasificación del efecto   **Valoración del riesgo**

Versión	Coste Clasif.	% Probab.	Efectividad Clasif.	% Probab.	Tiempo Clasif.	% Probab.	Coste	Efectividad	Tiempo

Hoja de detalle del riesgo

Revisión del dominio ....   *Denominación del riesgo* ....   **Parte B**

Estrategia de prevención del riesgo

Acción a tomar

Metas alcanzables	Situación	Finalización	Responsable

Figura 5.3 Formato de la hoja de detalle del riesgo

Relación de riesgos

Revisión dominio .... *Fecha de emisión* .... *Versión* ....

Clasificación ....

Ref.	Val. del riesgo	**Propietario**	Descripción	**Prevenciones**	**Situación**
	Coste				
	Efectiv.				
	Tiempo				
	Coste				
	Efectiv.				
	Tiempo				

Figura 5.4 Formato para la relación de riesgos

Resumen de riesgos

Revisión dominio .... *Fecha de emisión* .... *Versión* ....

Ref.	**Denominación del riesgo**	**Condición**	**Coste**	**Efectiv.**	**Tiempo**	**Versión**
Complejidad						
1.01	Denom. Riesgo Uno Punto Uno	Resuelto	2	2	2	2
1.02	Denom. Riesgo Uno Punto Dos	Actual	10	8	25	2
1.03	Denom. Riesgo Uno Punto Tres	Actual	10	15	30	2
Interesados						
2.01	Denom. Riesgo Dos Punto Uno	Actual	25	12	32	2
2.02	Denom. Riesgo Dos Punto Dos	Actual	30	8	12	2
2.03	Denom. Riesgo Dos Punto Tres	Actual	5	2	2	2
2.04	Denom. Riesgo Dos Punto Cuatro	Actual	45	32	41	2
Efectividad						
3.01	Denom. Riesgo Tres Punto Uno	Actual	10	0	0	2
3.02	Denom. Riesgo Tres Punto Uno	Actual	15	10	0	2
3.03	Denom. Riesgo Tres Punto Uno	Actual	12	5	10	2
3.04	Denom. Riesgo Tres Punto Uno	Actual	3	8	20	2
3.05	Denom. Riesgo Tres Punto Uno	Resuelto	0	0	0	2
Tecnología						
	etcétera					

Figura 5.5 Formato para el resumen de riesgos

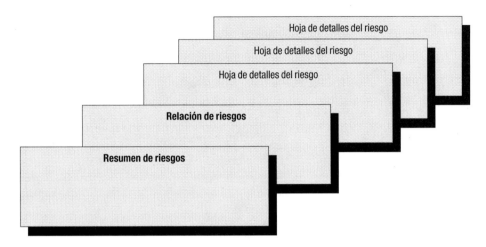

Figura 5.6 Resumen del registro de riesgos

- Listado final.
- Lanzamiento.

Cada riesgo incluido en estas denominaciones debe ser valorado por separado para identificar las causas y efectos subyacentes. La probabilidad (riesgo) de cada causa se debe clasificar como baja, media, posible o alta. La baja tiene hasta un 10 por ciento de probabilidad, la media va del 11 al 50 por ciento, la posible del 51 al 75 por ciento y la alta del 76 por ciento o más. La valoración de estas probabilidades cambiará a medida que el programa se desarrolle. A continuación, algunos ejemplos de riesgos.

Plan del proyecto y equipo del proyecto
- No planificar el proyecto adecuadamente.
- No medir adecuadamente el alcance de las relaciones.
- Mecanismos ineficaces de gestión del proyecto.
- Habilidades no experimentadas para el proyecto.
- Demoras en la etapa de definición del proyecto.
- Falta de recursos para el proyecto.
- Tiempo insuficiente para el trabajo detallado.
- No identificar los objetivos de la asociación.

Control de los interesados
- Imposibilidad de controlar los interesados.

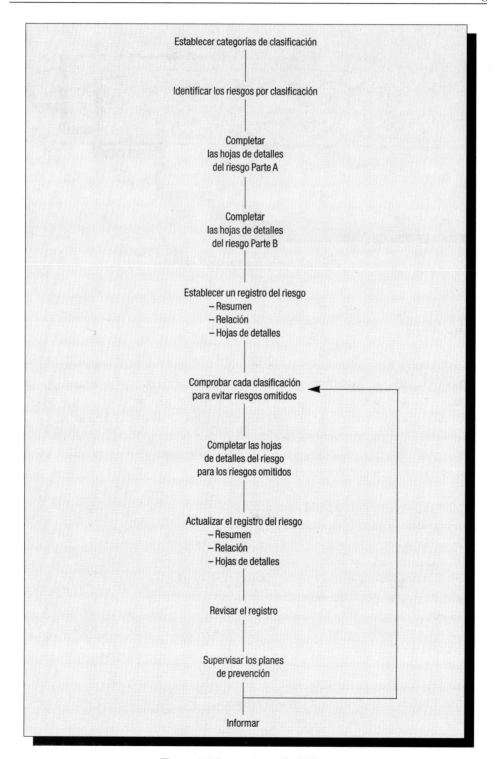

Figura 5.7 Proceso de gestión del riesgo

- Personal desmotivado, impacto sobre coste/calidad/calendario.
- Personal desmotivado, pérdida de personas clave.
- Sabotaje del servicio.
- Falta de confianza del entorno del cliente.
- Acción industrial del personal.

Establecimiento de relaciones
- No poder controlar las discusiones informales.
- Inexistencia del mercado

Indicaciones de los requisitos del servicio (IRS)
- Primera impresión de los costes actuales equivocada.
- No atraer ofertantes.
- Mejoras del rendimiento interno exageradamente optimistas.
- Mejoras del rendimiento interno insuficientemente expresadas.
- IRS expresadas de forma incorrecta.
- Adecuación de los borradores de contratos.
- Seguridad / confidencialidad.
- Los cambios internos afectan a las IRS.
- Inventarios incorrectos.
- IRS demasiado detalladas (selección preferencial).
- IRS insuficientemente detalladas.
- IRS que apuntan en la dirección equivocada.
- Demoras para el proyecto por la preparación de las IRS.

Listado final
- Elección del listado final 'equivocado' (excluye al proveedor 'bueno').
- Los cambios internos afectan a los requisitos.
- Información inadecuada proporcionada por los proveedores.
- Evaluación inconclusa - demoras para el proyecto por el listado final.
- Tiempo insuficiente para las visitas de referencia y su evaluación.
- Lentitud de los proveedores en proporcionar información adicional.
- Litigios / quejas por la evaluación del listado final.
- Tiempo insuficiente para que los ofertantes respondan.
- Los proveedores se retiran sin someter una oferta a consideración.
- Imposibilidad de lograr la rentabilidad esperada.
- Los proveedores retiran su oferta durante la evaluación.
- Demoras para el proyecto por el procedimiento de evaluación.
- Negociación de la posición socavada por los interesados.

- Dificultad para elegir socio.
- Falta de habilidades negociadoras.
- Incapacidad para ver el significado de los términos contractuales.
- Ruptura de la asociación durante la negociación.
- Presiones comerciales.
- Factores externos.
- Demoras de los proveedores (que tal vez lleven a una retirada posterior).
- Pobre valoración de la estabilidad de la empresa.
- Contrato mal redactado.
- Política de precios demasiado agresiva.
- La complejidad del contrato ocasiona disputas.
- Elección equivocada de empresa.
- Cambio de las capacidades de la empresa.
- El control cedido al socio es insuficiente.
- El socio no aporta las capacidades necesarias.
- El rendimiento interno mejora.

Lanzamiento
- Interrupción del negocio.
- Lentitud del socio en la recontrucción del equipo de reestructuración.
- Incapacidad para gestionar el contrato.
- Capacitaciones empresariales insuficientes.
- Cambios en los máximos niveles directivos.
- Incapacidad de obtener beneficios del negocio.
- Cambio de objetivos.
- Cambio de política como resultado de un cambio en el gobierno.
- Pobre valoración del rendimiento o actividad del socio.
- Fracaso del enfoque asociativo.

SEGUNDA PARTE

PREPARACIÓN / CLAVE PARA UN BUEN TRABAJO

Introducción a la segunda parte

Una vez que se han pensado claramente los objetivos y se ha determinado la necesidad de recurrir a un proveedor de outsourcing, se está en condiciones de comenzar a ensamblar los muchos componentes de un acuerdo satisfactorio.

La segunda parte examinará el abanico de temas en los que hará falta pensar en profundidad y formular una posición. Los temas en cuestión son los siguientes:

- Establecimiento del proceso de realización.
- Planificación y gestión del proyecto.
- Preparación del acuerdo.
- Definición del servicio que se requiere.
- Recursos humanos.
- Activos.
- Fórmulas de cobro.
- El contrato.
- Evaluación de las propuestas.
- Evaluación de las relaciones.
- Declaración del servicio que se requiere.

A medida que usted avance en la segunda parte, el contexto de algunos capítulos podrá parecerle algo oscuro. La razón para ello es que crear un acuerdo de outsourcing es un poco como hacer un rompecabezas: se necesitan tener todas las piezas para poder acabarlo. Esperamos que cuando usted llegue al capítulo 16, los temas discutidos en los capítulos anteriores comiencen a tener más sentido y el rompecabezas encaje mejor. Tal vez también le resulte útil estudiar el proceso de realización descrito en el capítulo 6 (Figura 6.1).

6
Establecimiento del proceso de realización

El proceso para establecer un acuerdo de outsourcing, resumido esquemáticamente en la Figura 6.1, contiene los pasos siguientes.

Preparación del plan para el proyecto

Una vez que se han determinado los objetivos del acuerdo, su alcance y el proceso para su realización, se debería desarrollar un plan para el proyecto del cual surgirá un calendario en firme, una indicación de la escala y la naturaleza de los recursos requeridos y una visión de las responsabilidades individuales (ver capítulo 7).

Definición del servicio que se requiere

Es el momento de preparar una definición de los servicios que se requieren, lo que fijará los límites de la actividad que se contratará fuera, los servicios que quedarán dentro de esos límites y los niveles de servicio requeridos para cada uno de los elementos de dichos servicios (ver capítulo 9).

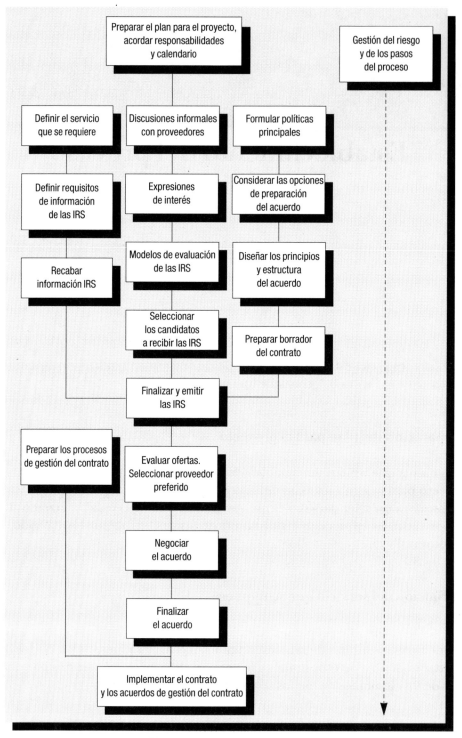

Figura 6.1 El proceso de realización

Formulación de las políticas principales

Paralelamente a la definición de los requisitos del servicio, habrá que formular y acordar una serie de políticas. En mayor o menor grado, cada política dirigirá las respuestas de los proveedores estableciendo los límites dentro de los cuales pueden hacer sus ofertas. A modo de ejemplo, dos políticas significativas serán las relacionadas con las formas de tratar cualquier oferta interna y los temas de personal en general. Un ejemplo de un importante mecanismo contractual es el modo en que se controlarán los costes y se mantendrá la flexibilidad sin la posibilidad de una escalada de precios en el tiempo.

Deberían identificarse todas las políticas y mecanismos que posiblemente se necesiten y formular una posición acordada para cada uno de ellos. Las políticas y mecanismos fundamentales son los siguientes:

- Recursos humanos (capítulo 10).
- Activos (capítulo 11).
- Fórmulas de cobro (capítulo 12).
- Modelos para evaluar las propuestas (capítulo 14).
- Modelos para evaluar las relaciones (capítulo 15).

Opciones para la preparación del acuerdo

Una vez formuladas todas las políticas clave, podremos pasar a detallar una gama de opciones para preparar los componentes del servicio requerido. La forma más apropiada podrá entonces determinarse a la luz de los requisitos para dar servicio a los objetivos 'empresariales' acordados, de las implicaciones de cualquier oferta interna y de las limitaciones a la realización del servicio identificadas por el estudio interno (ver capítulo 8).

Estructura y principios del acuerdo

Una vez establecidos los objetivos, el alcance, las políticas clave, los mecanismos contractuales y la preparación requerida, se podrá finalizar y documentar la estructura y los principios del acuerdo para su inclusión en las IRS.

Solicitar y recabar información para la IRS

Habiendo definido cada componente del servicio, ahora habrá que identificar y recabar toda la información necesaria para crear el documento de Indicación de Requisito de Servicio (IRS) (ver capítulo 16).

Preparación y emisión de la IRS

Ahora se puede preparar y emitir la IRS.

Discusiones informales con proveedores

Las discusiones informales con los proveedores potenciales pueden resultar útiles. Le permitirán explicar sus objetivos al buscar un acuerdo y describir el proceso general de realización a seguir. Las discusiones informales también proporcionan la oportunidad de poner a prueba los objetivos de los proveedores para participar en acuerdos de outsourcing. Ambos objetivos deberían ser ampliamente complementarios para llegar a ser objetivos conjuntos de la relación (ver capítulo 17).

Expresiones de interés

Algunas organizaciones se ven obligadas por ley a seguir ciertos procesos de realización. Por ejemplo, puede haber un requisito estatutario de publicar un anuncio sobre 'expresiones de interés'. Las respuestas a este anuncio proporcionan la base para una lista de seleccionados.

Para aquellas organizaciones sujetas a tales reglas, el anuncio es una parte vital del proceso de realización, porque si no está hecho adecuadamente, tiene el potencial de frustrar el proceso y de invitar a las demandas judiciales por parte de los descontentos perdedores. Por lo tanto, hay que prestar una cuidadosa atención tanto a su contenido como al momento de su publicación. No resulta extraño que una organización se encuentre con presiones políticas o de tiempo para su proceso de realización desde el primer momento, simplemente porque la obligación de anunciarlo no se comprendió o el anuncio se publicó demasiado tarde.

Las organizaciones que no tienen la obligación formal de solicitar expresiones de interés pueden decidirse a usar este enfoque como forma de establecer una lista de candidatos, particularmente en aquellas circunstancias en las que el mercado no está maduro y se conocen pocos proveedores en condiciones de operar. Un anuncio de este tipo puede alentar la aparición en el mercado de nuevos y creíbles proveedores.

Lista de candidatos a proveedores

Utilice los modelos de evaluación del capítulo 14, adecuadamente modificados de modo que incluyan sus requisitos, para hacer una lista de candidatos a proveedores a los que entregar las IRS.

El proceso y el modelo de evaluación de las IRS

La evaluación de las ofertas de outsourcing es compleja y conlleva riesgos significativos. A pesar de la prescriptiva calidad de las IRS, las propuestas de los proveedores no se ajustarán al formato requerido y la naturaleza de lo que se pretende cobrar por el servicio no será obvia. Los modelos de evaluación presentados en los capítulos 14 y 15 ofrecen una guía para esta difícil área, pero por descontado habrá que adaptarlos a las necesidades precisas de cada uno.

Negociar el contrato

Hasta qué punto se puede crear un contrato duradero y efectivo es algo que viene determinado por la habilidad para lograr un equilibrio de obligaciones entre las partes y una relación justa entre precio y beneficios. Los temas relacionados con la negociación del contrato se discuten en el capítulo 18.

Preparar procesos de gestión del contrato

En muchos sentidos, la realización de un contrato de sociedad es sólo el principio de un largo camino. El contrato simplemente proporciona el potencial para distribuir beneficios. Los beneficios se alcanzarán en proporción a la calidad y el vigor con los que se gestione el contrato, así que resulta esencial que se asignen suficientes recursos para la gestión del contrato y para que se desarrollen los procesos adecuados y potentes que aseguren un rendimiento eficaz pero que eviten la micro-gestión del socio. Los temas relacionados con la gestión del contrato se discuten en el capítulo 19.

Gestión de la implementación

Aunque la implementación del acuerdo será responsabilidad del proveedor del outsourcing, usted tendrá que participar. El capítulo 20 discute los diferentes aspectos.

7
Planificación y gestión del proyecto

La adquisición de un acuerdo de outsourcing fuerte y vigoroso es una tarea particularmente compleja, con ramas de actividad muy dispares y potencialmente difíciles. La calidad con la que se gestione el proyecto es, entonces, un factor clave para el éxito de la empresa, en particular si tenemos en cuenta la naturaleza a largo plazo de la mayoría de los acuerdos de outsourcing.

¿Qué es la gestión del proyecto?

La gestión del proyecto es la planificación, organización y control de las tareas y recursos que permitirán alcanzar un objetivo definido, normalmente dentro de unas limitaciones definidas de tiempo y de coste. Prácticamente cualquier grupo de tareas puede y debe tratarse como un proyecto y estar sujeto a las técnicas y prácticas de gestión.

Con un objetivo claro, el proyecto debe desglosarse en tareas o actividades fácilmente gestionadas. Deben identificarse, organizarse y registrarse las escalas de tiempo asociadas con la finalización de las actividades. Se debe identificar, acordar y registrar a quién le pertenece cada tarea. Se debe planificar el uso de equipos o instalaciones de servicio.

Las actividades se deben vigilar y anotar sus avances, porque dicho control permitirá que el director del proyecto valore lo siguiente:

- La fecha probable de finalización de las actividades dentro del plan para el proyecto y el proyecto en su totalidad.
- El efecto de las demoras sobre el proyecto.
- Qué actividades son críticas para el proyecto.
- La adecuación de los recursos asignados al proyecto tanto en términos de cantidades como de habilidades.
- La secuencia alternativa de actividades.

Elementos de la gestión del proyecto

La gestión de un proyecto se divide claramente en tres elementos fundamentales: planificación, dirección e información.

Planificación del proyecto

La planificación es la parte más importante del ciclo de gestión del proyecto. Una planificación cuidadosa permitirá que se determinen la duración del proyecto y los recursos necesarios.

La planificación del proyecto también permitirá que el director del mismo pueda identificar las áreas difíciles, los riesgos y los recursos necesarios. Muchas veces los proyectos se alargan, pero no porque las tareas planificadas lleven más tiempo de lo esperado, sino porque el plan original no incluía algunas tareas para las que el tiempo es crítico. Otra razón para que los proyectos se alarguen en el tiempo es la valoración optimista de los avances. A menudo los participantes de un proyecto consideran que la tarea está finalizada cuando en realidad no lo está o lo está, pero sólo parcialmente. Esta trampa se puede evitar asignando a cada actividad un 'resultado' o 'logro', solicitando ver el 'resultado' y luego probando su calidad. Este enfoque tiene el beneficio añadido de mejorar la definición de tareas, porque si resulta difícil identificar el resultado, tal vez no tenga mucho sentido intentar la realización de la tarea.

Dirección del proyecto

La dirección del proyecto se preocupa de seguir y corroborar la finalización de actividades y de ajustar el plan para que las tareas se cumplan y los resultados se obtengan en las fechas acordadas. En los proyectos de outsourcing, es bastante común confundir la dirección del proyecto con la formulación de políticas y de mecanismos de contratación, debido a que se hacen reuniones para valorar los logros en lugar de discutir los méritos o deméritos de una política o un mecanismo en particular. El objetivo principal de la reunión se pierde de vista, con el resultado de no examinar con suficiente detalle ni los avances del proyecto ni los mecanismos de la política aplicada.

Sugerimos un enfoque que seleccione y mantenga la atención sobre la acción, de modo que el asunto a discusión reciba la máxima atención de todos los participantes y que la duración de la reunión se reduzca.

Información del proyecto

Informar sobre el proyecto es un ingrediente vital de la dirección del mismo. Una información completa y exacta:

- proporciona un registro de los avances;
- proporciona una advertencia a tiempo sobre posibles fracasos;
- posibilita logros que se comunican fácilmente;
- posibilita dificultades que se comunican fácilmente; y
- contribuye a controlar el proceso.

El papel del director del proyecto

El director del proyecto es el encargado en última instancia de alcanzar los resultados acordados y debería tener las siguientes responsabilidades:

- Iniciar el proyecto.
- Crear el plan para el proyecto.
- Identificar y registrar las dependencias.
- Adquirir los recursos adecuados para la tarea.
- Obtener los consentimientos necesarios.
- Fijar y observar las normas de calidad.
- Supervisar los avances.
- Proporcionar la documentación adecuada.
- Proyectar la administración.
- Dirigir las comunicaciones con el equipo del proyecto.

- Dirigir las comunicaciones con las partes interesadas ajenas al equipo del proyecto.
- Asegurar un trabajo de equipo eficaz dentro del proyecto.
- Utilizar de forma efectiva todos los recursos del proyecto.
- Identificar la necesidad de cualquier ayuda externa y su uso efectivo.
- Asegurarse de que los sistemas de control adecuados están en su sitio y funcionan correctamente.
- Establecer y llevar a cabo los procesos de cambio en la gestión.
- Gestionar el presupuesto del proyecto.
- Establecer un proceso de control y cooperar con las actividades de auditoría.
- Identificar y hacer frente a todas las amenazas para el proyecto.
- Corroborar el logro y la calidad de los resultados de la actividad.
- Asumir toda la responsabilidad de alcanzar o no alcanzar los objetivos del proyecto.

Iniciación de un proyecto

Términos de referencia y objetivos

Los términos de referencia del proyecto deben acordarse con el director o ejecutivo responsable. Dichos términos de referencia definen las responsabilidades de todos los miembros del equipo y determinan el alcance del proyecto. Normalmente, serán los siguientes:

- Alcance y propósito del proyecto.
- Objetivos, tanto de la empresa como del proyecto.
- Supuestos del proyecto.
- Requisitos de calidad.
- Presupuesto del proyecto.
- Escalas de tiempo.
- Resultados.
- Expectativas del coste de realización.
- Beneficios esperados.
- Forma de medir el éxito y los beneficios.
- Riesgos.

Establecer unos objetivos correctamente definidos y las medidas asociadas con ellos resulta de importancia crítica para el éxito final del proyecto (ver capítulo 1).

Plan para el proyecto

Un plan para el proyecto que lo englobe todo y esté bien estructurado proporciona la base para asignar trabajos, supervisar avances, controlar resultados y dar total cumplimiento a todas las tareas y actividades. La mejor manera de fijar el plan es la definición sistemática de los elementos de los trabajos y tareas, comenzando a un nivel alto y bajando a mayores niveles de detalle. El plan se puede desglosar en grupos de tareas normalmente asociadas con un elemento de nivel más alto, y cada grupo necesita no más de entre cinco y diez días de esfuerzo. De este modo, es menos probable que se escape alguna tarea importante, y el control de los avances será más fácil. El tiempo que se dedique a construir el plan de forma cuidadosa y lógica para minimizar el riesgo de no incluir tareas clave se verá recompensado hacia el final del proyecto.

Si resulta posible, siempre hay que buscar un control independiente de la calidad del plan inicial.

Equipo del proyecto

Una vez iniciado el proyecto, el equipo del mismo debe establecerse lo antes posible. Consistirá de miembros a tiempo total y a tiempo parcial. Los miembros a tiempo total deberían ser pocos y formar la parte central del equipo. La experiencia indica que el control más adecuado lo ejercerá un equipo que en su parte central no tenga más de seis miembros. Estos serán el director del proyecto, que en el caso de proyectos de gran envergadura debería ser un alto ejecutivo con muchos años en su puesto; un administrador preparado, capaz de administrar el plan para el proyecto; miembros de la función objeto del outsourcing y técnicamente expertos; y en el caso de que el equipo no tenga experiencia en el tema del outsourcing, un consultor externo que sí la tenga.

Los miembros a tiempo parcial cubrirán los siguientes terrenos profesionales, según la naturaleza del proyecto a realizar:

- Legal.
- Recursos humanos.
- Valoración / leasing / venta de activos.
- Valoración / leasing / venta de propiedades.
- Finanzas.
- Auditoría.

Una reunión inicial de todos los participantes permitirá establecer el contacto de trabajo, y todos tendrán la oportunidad de discutir temas destacados e incluso el mismo plan para el proyecto desde el principio. Los miembros del equipo a tiempo parcial deben recibir las actualizaciones periódicas del plan, así como las minutas de todas las reuniones de planificación.

Los proyectos fracasan por dos motivos principales. El primero es no identificar todas las tareas desde el principio, y el segundo es subestimar la cantidad de personas capacitadas necesarias. Siempre habrá más trabajo para hacer que el estimado al principio del proyecto. Si el proyecto se ha de realizar dentro de lo que se considera 'mejores prácticas', es frecuente que las estimaciones originales de recursos se equivoquen como mínimo en un 100 por ciento. Por lo tanto, hay que estar preparados para retocar la composición y los miembros del equipo a medida que el proyecto se desarrolle. Mientras que un consejo experto será necesario en el comienzo o en el final del proyecto, las actividades que quedan en el medio (como por ejemplo, recabar información a gran escala), requerirán diferentes personas con diferentes habilidades o capacitaciones.

Autoridad para tomar decisiones

Con independencia de la calidad de los términos de referencia, se necesitarán tomar muchas decisiones de naturaleza política a lo largo del proyecto. Asegúrese que el director del proyecto establezca líneas directas de comunicación con los que toman las decisiones y con los que tienen la autoridad necesaria para tomarlas. Lo ideal sería que el director del proyecto tuviera la suficiente antigüedad como para tomar la mayoría de las decisiones del proyecto. El director debe tener en cuenta el plazo de espera adecuado para alcanzar las decisiones formales, lo que significa identificar todos los puntos de decisión apropiados como marcas significativas dentro del plan.

Ciclo típico de gestión de un proyecto

La Figura 7.1 proporciona una visión esquemática de un ciclo típico de gestión de un proyecto.

Plan ilustrativo para un proyecto

En el Apéndice A, encontrará un extracto de un importante servicio de outsourcing de Tecnología de la Información.

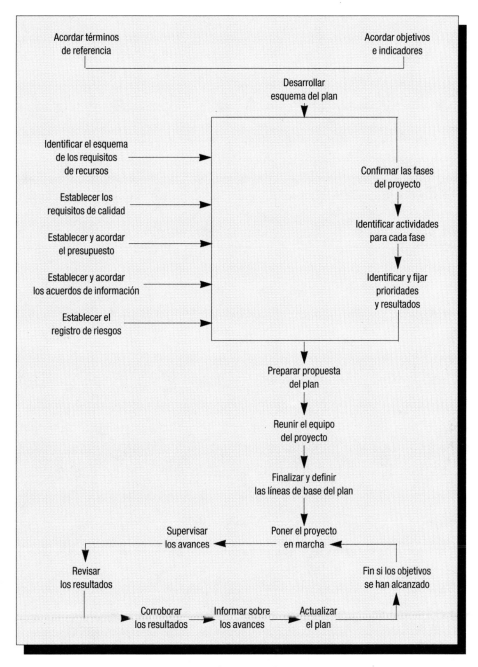

Figura 7.1 Ciclo típico de gestión de un proyecto

8
Preparación del acuerdo

Los costes comerciales son generalmente una función del volumen en el tiempo, o sea, una gran volumen de servicio para un largo período de tiempo dará el coste unitario más bajo y viceversa (ver capítulo 12). El propósito de este capítulo es discutir las implicaciones de las distintas formas de preparar los acuerdos, en especial los elementos volumen y tiempo, ya que son los que afectan los costes finales del servicio y la obtención de valor añadido.

¿Qué es un paquete de acuerdo?

Muchas veces, al considerar el requisito de servicio potencial de un departamento o una función grandes, los límites del servicio se pueden marcar de varias maneras, mediante la simple inclusión u omisión de diferentes cambios de la actividad funcional. Un 'paquete' de acuerdo, en este contexto y en su forma más sencilla, se puede entonces describir como aquellas actividades funcionales incluidas dentro de los límites. Resulta más interesante, sin embargo, cuando se comienza a considerar la fuerza comercial que da un 'paquete'.

Dado que el precio es una función del volumen y la duración del servicio, se llega a un punto en el que, si el volumen es grande y el tiempo es mucho, aparece una fuerza comercial, cuya naturaleza puede no resultar obvia y que deberá ejercerse con cuidado. Por ejemplo, es relativamente sencillo utilizar esa fuerza para reducir el precio, pero esto puede ser contraproducente, con el resultado de un funcionamiento adverso del servicio y pobres relaciones con los proveedores. Si se llega al punto en el que unas mayores reducciones del coste sean desaconsejables o inobtenibles, la fuerza se puede dirigir hacia otros servicios de valor añadido. En este contexto, entonces, un 'paquete' de acuerdo puede definirse como aquellas actividades funcionales dentro de los límites más cualquier servicio de valor añadido.

Definición de los elementos

Fijación de límites

En general, hay una tentación de restringir los límites del servicio o de involucrar a más de un proveedor a fin de reducir al máximo cualquiera que pueda ser la percepción del riesgo. A menos de que hayan razones operativas o estratégicas de peso, siempre es comercialmente más ventajoso que el alcance y la duración de los servicios de un determinado proveedor tengan la mayor amplitud posible, dado que la ecuación 'volumen/tiempo' alcanzará el máximo de efectividad y también le permitirá al proveedor invertir en el servicio, con la certeza de que habrá tiempo y alcance suficientes para recuperar su inversión.

Este argumento se opone a dividir los requisitos del servicio entre dos o tres proveedores. En circunstancias en las que ningún proveedor sea lo suficientemente grande, o en las que los requisitos operativos lo impongan, debe considerarse la posible división del servicio sobre una base que permita conseguir las mejores oportunidades de valor añadido o inducir a los proveedores a que formen consorcios (ver la sección siguiente).

Ganar valor añadido

En este contexto, el valor añadido se define como los servicios que se añaden, o son complementarios, a aquéllos contenidos dentro de los límites del servicio y que se proporcionan a un precio reducido o están incluidos en el coste de base.

El valor añadido se puede obtener de muchas fuentes, derivándose de una combinación de capacidad del proveedor y tamaño del acuerdo. Por consiguiente, el valor añadido más alto tendrá su origen, en general, en los proveedores más grandes que tienen la gama más amplia de servicios y recursos. A continuación, algunos ejemplos de valor añadido.

Aportación de la gestión

Todos los servicios requieren una gestión, y por lo tanto, el proveedor de los servicios de outsourcing incluirá en el coste base una cierta dosis de experiencia gestora. Si el acuerdo es grande y de larga duración, resultará de importancia estratégica para el proveedor y la gestión tendrá un peso adicional. Una preparación cuidadosa del paquete del acuerdo probablemente logrará una capacidad de gestión aumentada más allá de la estrictamente requerida por el acuerdo, lo que a su vez, servirá para ayudar a mejorar el servicio al cliente.

Servicios adicionales a precios reducidos

Los requisitos de un servicio cambian de modos que no son fácilmente previsibles cuando se alcanza un acuerdo. Una manera de añadir flexibilidad y mayor valor es identificar aquellos servicios y medios que actualmente no son necesarios pero que podrían serlo en el futuro, y forzar a la baja el precio de dichos servicios como parte de la negociación base del servicio. Esto implica que los probables requisitos adicionales deben haber sido analizados antes de la negociación del contrato y especificados como parte de los requisitos generales.

Por ejemplo, el proveedor tiene la capacidad de aportar una amplia gama de habilidades de las cuales sólo unas pocas son necesarias para el servicio base. Podría definirse una gama de habilidades aún más amplia y negociar su precio unitario como parte de la negociación base, de modo que cuando esa gama más amplia de habilidades finalmente fuera necesaria, el precio ya estuviera acordado y fuera menor de lo que habría sido en otro caso. De esta manera se pueden negociar una mayor flexibilidad del servicio y un mayor valor añadido.

Beneficios por asociación

Si el proveedor se elige sobre la base de toda su capacidad y su tamaño, puede ser que disponga de recursos y habilidades de tipo universal. En estas circunstancias, también puede ser posible acceder a sus actividades de investigación y desarrollo, o mantenerse informado de los desarrollos tecnológicos y comerciales que puedan ser de gran beneficio y que de otra forma habrían pasado desapercibidos.

Conocimiento especializado del sector

Cada vez más, los proveedores buscan añadir valor a sus clientes mediante un conocimiento muy especializado del sector. Este conocimiento especializado y muy enfocado en el sector a menudo se encuentra en herramientas propiedad del proveedor que no se venden directamente a los clientes pero que el proveedor usa en nombre del cliente. Negociar un acceso mayor a estas herramientas podría llevar a considerables ventajas comerciales.

9
Definición del requisito del servicio

Hemos definido el 'paquete' de servicios requeridos y los límites dentro de los cuales se encuentran. Ahora vamos a definir los servicios en sí.

Tanto usted como los posibles proveedores requerirán una comprensión clara de los servicios que han de pasar al proveedor del outsourcing en caso de que se alcance un acuerdo. Por lo tanto, las Indicaciones del Requisito del Servicio (IRS) deberían incluir una clara articulación de los requisitos del servicio y de las responsabilidades a las que los eventuales proveedores responderán. Cabe destacar que si las IRS contienen omisiones o ambigüedades que queden escondidas hasta después de que se haya firmado el contrato, el proveedor tal vez necesite incrementar sus honorarios en circunstancias en las que su fuerza negociadora haya desaparecido. En otras palabras, la preparación de la definición del servicio es un área en la que la falta de atención al detalle le costará dinero a largo plazo.

La construcción de la definición del servicio se hace siguiendo tres pasos muy sencillos.

1. Escribir las actividades generales del servicio que se subcontratará, por ejemplo, ¿los edificios se limpian?, ¿se mantienen los equipos?, ¿se utilizan los ordenadores?

2. Escribir los recursos básicos y las características del servicio que se asocian con cada actividad primaria. Los temas principales serán los siguientes:

- Personal. La información general sobre personal relacionada con las estructuras de la organización, el número de empleados, los nombres de los cargos, las descripciones de los puestos de trabajo y las capacitaciones requeridas proporcionan una visión clara de las responsabilidades del servicio, así como una base firme sobre la que los proveedores pueden apoyar sus ofertas.
- Receptores del servicio. Debe proporcionarse una descripción de los clientes o usuarios del servicio, incluyendo a cualquier tercero externo.
- Ubicaciones relevantes. El servicio puede realizarse en ubicaciones centrales, remotas, especializadas, del cliente, etc. La descripción de las ubicaciones relevantes es necesaria.
- Oportunidad. Generalmente hay algunos aspectos del servicio relacionados con su oportunidad en el tiempo que podrían tener un efecto comercial sobre el acuerdo, por lo que todos los calendarios del servicio y sus componentes de oportunidad deben ser identificados.
- Activos utilizados. Esta sección debe hacer una lista de los activos utilizados para proporcionar el servicio, por ejemplo: edificios, licencias, patentes, arrendamientos, propiedad intelectual, etc.
- Materiales y consumibles. El servicio puede incluir el amplio uso de materiales y consumibles a comprar, almacenar, distribuir o desechar. Del mismo modo, puede haber grandes stocks de materiales a transferir. Debe proporcionarse una descripción general, así como volúmenes y valores aproximados.
- Costes. Puede resultar útil establecer algunos capítulos de costes para ayudar a la comprensión general del servicio requerido, por ejemplo: ingresos brutos de la organización, costes departamentales totales por partida presupuestaria y cantidades gastadas con los proveedores principales. Además, los costes tendrán que ser descritos con detalle en las IRS y las secciones especiales o los apéndices deben proporcionar detalles completos. Este aspecto de las IRS se discute en el capítulo 16.
- Volúmenes. A veces es difícil transmitir la escala de un servicio meramente en términos de recursos. Proporcionar estadísticas sobre volúmenes, por ejemplo toneladas por día o llamadas por hora, ayudará a transmitir la escala del servicio y las presiones bajo las que trabaja. Los proveedores eventuales podrán entonces relacionar los recursos actuales aplicados con el volumen de los resultados y decidir si hay posibilidad de mejorar el rendimiento.

- Realización del servicio y aspectos de calidad. Las indicaciones de las normas de calidad y de los niveles del servicio aumentarán la comprensión que el proveedor tenga de la definición y los requisitos del servicio.
- Especificaciones técnicas. Cuando el servicio que se ha de subcontratar es de naturaleza técnica, será esencial proporcionar información técnica para asegurar que se entienden las implicaciones técnicas de los requisitos del servicio.
- Proveedores internos. Las funciones del servicio a menudo se verán respaldadas por otras funciones internas. Debe indicarse dicho apoyo y describirse la naturaleza de cualquier interacción.
- Proveedores externos. Prácticamente todas las funciones del servicio cuentan con servicios de terceros. Si un tercero juega un papel central, su implicación debe quedar claramente articulada para evitar problemas o dificultades posteriores. Se han de tomar precauciones para evitar el incumplimiento de contratos vigentes.
- Otros aspectos. Confirmar que los proveedores conocen todos los aspectos asociados con la aceptación de responsabilidades por el servicio, por ejemplo, un rendimiento históricamente pobre o la intención de cerrar algún gran departamento de clientes en el futuro.

3. La definición del servicio, una vez redactada, debería circular entre las partes interesadas para recabar comentarios y observaciones, por ejemplo entre el equipo del proyecto, los directores de la función que se subcontratará y los clientes de dicho servicio. Este paso proporciona la oportunidad de que la definición del servicio se repase y ajuste de modo que refleje adecuadamente todos los aspectos de los requisitos del servicio.

Al redactar el texto de la definición del servicio para las IRS, evite caer en la trampa de incluir demasiada información. El detalle debe aparecer en los anexos y pueden ser extensos según la escala y la naturaleza de la función objeto del outsourcing (ver capítulo 16). En los anexos utilice la documentación existente siempre que sea posible, ya que esto ahorrará tiempo y le dará a los proveedores una noción auténtica de la función del servicio.

10
Recursos humanos

La decisión de recurrir al outsourcing puede estar significativamente influida por temas relacionados con los recursos humanos. El mantenimiento de los derechos y beneficios del personal mediante la transferencia a un nuevo patrón tiene el poder de reducir el atractivo comercial de una oportunidad de outsourcing y de disminuir el valor financiero de cualquier propuesta subsiguiente. Sin embargo, una visión alternativa sería que la formalidad de la legislación sobre recursos humanos en realidad reduce los riesgos asociados con la transferencia de personal a terceros, porque la legislación proporciona un marco práctico dentro del cual la transferencia puede realizarse con tranquilidad. Cualquiera que sea el punto de vista elegido, a no ser que se tenga mucho cuidado en la gestión del personal durante el proceso de realización, se hará un daño importante a las personas, sus familias, su moral, su rendimiento y la reputación general de la gestión.

Impacto sobre el personal

Para la mayoría de los empleados, la perspectiva de un traslado forzoso a un nuevo patrón, y posiblemente por primera vez en su carrera profesional, resulta traumática. El trauma se manifiesta en forma de ansiedad aguda, derivada de la incertidumbre sobre el futuro, la pérdida del control con respecto al futuro de cada uno, enfado ante la falta de elección, sentimientos de abandono y de frustración porque la lealtad no se valora. Resulta obvio que, a menos que estos sentimientos se tengan en consideración, habrá una reducción considerable del rendimiento en el mejor de los casos, y de la acción industrial en el peor. ¿Como debería ser, entonces, una estrategia de personal adecuada?

La lección más importante a aprender es que, con independencia de lo que usted diga o haga, es prácticamente imposible eliminar la ansiedad que sienten la mayoría de los empleados. Las claves para hacer frente a la ansiedad del personal son, primero, comunicar de forma efectiva, y segundo, hacer que el período entre el anuncio de la intención de recurrir al outsourcing y la transferencia real de personal sea lo más breve posible. Antes de anunciar las intenciones de recurrir al outsourcing, habrá que tener una estrategia de comunicaciones con el personal.

Estrategia de comunicaciones con el personal

Los elementos básicos de una estrategia de comunicaciones con el personal son los siguientes.

Anuncio previo

Dependiendo de la escala y la complejidad de la función objeto del outsourcing, la escala de tiempo de realización puede variar entre 6 y 18 meses. En el momento del anuncio, el personal querrá saber con todo detalle y precisión cómo se verá afectado. No será posible dar todos los detalles que se pidan porque gran parte del trabajo todavía no estará hecho ni se conocerán las intenciones del proveedor potencial. La necesidad de un flujo de información será evidente, lo que quiere decir que se tendrá que crear un cuidadoso plan de comunicaciones. Antes del anuncio, el plan debe estar disponible y buena parte del trabajo debe estar hecha para satisfacer la comunicación inicial.

El plan debe hacer referencia a los aspectos fundamentales del proyecto y la Figura 10.1 proporciona un ejemplo típico. Al implementar el plan, lo mejor es utilizar comunicaciones cortas, relacionadas con lo hechos y tan abiertas y francas como las circunstancias permitan. Evite los foros abiertos de preguntas y respuestas, proporcione respuestas escritas a las preguntas del personal y hágalas circular para asegurarse de que los ausentes reciban el mensaje correcto. Asegúrese de hacer siempre lo que ha dicho que hará. Por ejemplo, si se ha publicado un plan de sesiones de comunicación, manténgalo. Una comunicación abierta y honesta le ayudará a establecer sentimientos de confianza, lo que a su vez ayudará a mitigar en parte los sentimientos de ansiedad.

Comunicación 1
Anuncio
Objetivos
Alcance
Proceso de realización
Calendario
Plan de comunicaciones

Comunicación 2
Políticas de personal y apoyo
Despido y jubilación anticipada
Opciones
Línea de ayuda
Preguntas y respuestas por escrito

Comunicación 3
Informe sobre los avances
Nombres de los proveedores invitados a presentar ofertas
Actualización del calendario
Preguntas y respuestas por escrito

Comunicación 4
Informe sobre los avances
Nombre y detalles del proveedor preferido
Actualización del calendario
Preguntas y respuestas

Comunicación 5
Presentación del proveedor
Resumen general sobre el proveedor
Intenciones del proveedor
Paquete general de empleo
Enfoque sobre el desarrollo personal
Esbozo del plan de implementación

Comunicación 6
Planes de implementación detallados

Figura 10.1 Modelo de plan de comunicación con el personal

Anuncio

Como mínimo, el anuncio debe incluir los siguientes aspectos:

- Los objetivos empresariales asociados con la decisión de recurrir al outsourcing.
- El alcance del outsourcing, definiendo claramente las áreas funcionales objeto del outsourcing y las que quedan excluidas.
- El proceso y las metas asociadas que se usarán para la realización del servicio de outsourcing.
- El calendario previsto de realización, teniendo presente la necesidad de hacer frente a las expectativas del personal ante la posibilidad de que el calendario no se cumpla.
- El plan de comunicaciones y las acciones asociadas con las que se mantendrá informado al personal de las intenciones y los avances, así como de los detalles relacionados con los términos y las condiciones del empleo futuro.

Políticas de personal y apoyo

Las políticas de personal y las comunicaciones de apoyo deben proporcionar información del tratamiento que recibirá el personal con respecto a la seguridad en el empleo, las posibilidades de despido o jubilación anticipada y las opciones posibles, si es que las hay. Estos temas se tratan más adelante en este mismo capítulo.

Dado que se trata de temas difíciles y emotivos, merece la pena establecer una línea telefónica directa que recoja preguntas y que proporcione consejo y apoyo inmediato. Las preguntas se pueden contestar por escrito y hacerlas llegar a todo el personal.

La creación de documentos escritos con preguntas y respuestas es importante porque se trata de documentos informativos que los empleados pueden llevar a sus familias. Éstas también pueden sentirse traumatizadas por la amenaza aparente del outsourcing, y cualquier información de primera mano proveniente del patrón, si está preparada de forma adecuada y sensible, ayudará a calmar su ansiedad.

Las políticas de personal y las comunicaciones de apoyo deben concentrarse, entonces, en lo siguiente:

* Establecer las políticas, en su caso, sobre despido, jubilación anticipada y opciones.
* Indicar la existencia de la línea telefónica de ayuda y el modo de usarla.
* Entregar el primer documento escrito con preguntas y respuestas.

Informes sobre los avances

Serán necesarios varios informes sobre los avances que se logren, según la duración y la escala del proceso de realización. Sugerimos que se evite la actualización rutinaria, por ejemplo, mensual, y que se informe a medida que se alcancen los objetivos marcados. La ventaja está en que habrá algo sustancioso sobre lo que informar, y en situaciones en las que hay poca cosa a comunicar, esto evita las reacciones hostiles.

El personal estará muy interesado en cualquier información relacionada con los posibles proveedores y su historial de recursos humanos. El primer informe sobre los avances debería indicar, entonces, los nombres de los proveedores invitados a presentar propuestas y adjuntar una reseña sobre cada uno de ellos. Un informe posterior mencionará al proveedor preferido, sujeto a contrato, y podrá dar más detalles. Incluso en el programa de realización mejor gestionado, las escalas de tiempo no siempre se cumplen, porque hay muchos elementos fuera del control directo del proyecto. Hay que comunicar al personal de cualquier dilación y, sobre todo, de cualquier cambio en las fechas acordadas para alcanzar los objetivos más importantes.

Además, hay que mantener en funcionamiento la creación de documentos con preguntas y respuestas y publicar la siguiente actualización, a medida que crece la comprensión del proceso de realización.

Presentación del proveedor

Una vez seleccionado el proveedor preferido para entrar en negociaciones, organice una sesión de presentación del proveedor. Dicha sesión deberá concentrarse, como mínimo, en lo siguiente:

- Resumen sobre el proveedor, su negocio, sus logros y su historial de outsourcing.
- Intenciones del proveedor en términos de su posición general respecto del servicio requerido, y si se preven despidos o recolocaciones.
- Medidas generales sobre empleo del proveedor relacionadas con este contrato.
- Posición del proveedor sobre el desarrollo personal y quién estará en condiciones de participar.
- Esquema del plan de implementación del proveedor con énfasis especial en la forma de colocar a cada empleado que se transfiera.

Plan de implementación detallado

Probablemente la última sesión formal de comunicaciones se dedique a dar detalles sobre el plan de implementación (ver capítulo 20). La puesta en marcha del plan será responsabilidad del proveedor, pero necesitará una aportación significativa por parte del cliente. Desde la perspectiva de los empleados, los temas más destacados serán los que traten los siguientes puntos:

- Cúando, cómo y dónde serán transferidos.
- Proceso para discutir y acordar condiciones y términos individuales.
- Cambios en su rutina laboral, si es que los hay.
- Ante quién han de responder.
- Proceso para acordar los programas de desarrollo individual.

Temas a considerar

Una vez establecido el plan de comunicaciones al personal, los siguientes temas requerirán una cuidadosa consideración:

Políticas actuales sobre recursos humanos

Las políticas actuales sobre recursos humanos deberán revisarse en el contexto del acuerdo de outsourcing, ya que algunas pueden imponer restricciones específicas y otras necesitarán cambiarse. Aquellas políticas relevantes para el acuerdo deberán ser incluidas en las Indicaciones de los Requisitos del Servicio (IRS).

Es improbable que las políticas vigentes cubran todos los aspectos del acuerdo de outsourcing, así que habrá que calcular el tiempo necesario para revisarlas, o para diseñar políticas nuevas, y en todo caso, para que el equipo de realización del proyecto y los expertos en recursos humanos las debatan y autoricen.

Consultas a los sindicatos

En caso de existir representación sindical, puede ser que haya legislación o acuerdos internos que impongan un nivel mínimo de consulta. Es probable que dichos acuerdos especifiquen tanto la naturaleza de cualquier consulta obligatoria como los períodos mínimos antes de que pueda comenzar el trabajo en el proyecto propiamente dicho. Contravenir estos acuerdos puede llevar a disputas que, a su vez, den lugar a interrupciones del proyecto y ruptura del clima laboral.

Legislación sobre recursos humanos

Muchos países protegen el empleo con leyes de complejidad variada, pero sea cual sea la legislación, deberá ser entendida claramente por el equipo de realización del proyecto, y será necesario que un experto en el tema respalde el desarrollo de las políticas adecuadas.

Se trata del marco legal habitual para el traspaso de empleados de un patrón a otro como parte de un compromiso. Las normas intentan conservar los derechos y beneficios de los trabajadores asociados con el traspaso del compromiso, pero no lo cubren todo. Si hay personal que se ha de transferir a un nuevo patrón como resultado de un acuerdo de outsourcing, habrá que proporcionar mucha información sobre dicho personal en las IRS para que se pueda calcular con exactitud los costes de las propuestas. El tiempo necesario para recabar dicha información puede ser significativo y debe considerarse como parte del plan.

Opciones

Entre las primeras preguntas que hacen los empleados cuando se enfrentan a la posibilidad de un acuerdo de outsourcing se encuentran las siguientes:

¿Mi traspaso al nuevo proveedor es obligatorio?

Si tengo que irme a otro trabajo, supongo que recibiré una indemnización por despido, ¿no?

¿Puedo elegir entre quedarme con mi empleo actual o ser transferido al nuevo proveedor?

Política de jubilación anticipada

Aquellos empleados cercanos a la jubilación tal vez prefieran una jubilación anticipada que pasar a trabajar para otro patrón. Si tal situación se juzga beneficiosa tanto para la empresa como para el personal involucrado, se deberán revisar las políticas vigentes sobre jubilación anticipada para confirmar su validez actual, o desarrollar una política nueva si es necesario.

Normas de despido

Empresas diferentes aplican términos diferentes a las situaciones de despido y el proveedor potencial deberá ser informado de las políticas en vigor. El equipo de realización del outsourcing debe comprender claramente la distinción entre obligaciones contractuales y beneficios discrecionales, ya que el personal puede pretender que estos últimos se incluyan en el paquete de cesión. La ley no transfiere políticas, sólo derechos. Los beneficios discrecionales se sumarán sólo si se hace la provisión específica en el contrato con el proveedor y el cliente acepta el efecto comercial consiguiente (si lo hay) sobre el acuerdo.

Será necesario entablar discusiones lo antes posible con los consejeros legales y de recursos humanos, así como con otras personas interesadas, para asegurarse que:

- Se contempla la legislación más reciente.
- Se calcula y se toma en consideración el efecto comercial.
- Se preparan y se acuerdan las políticas especiales necesarias.
- Se discuten estrategias alternativas
- El personal es informado correctamente.

Indemnización por despido

La legislación laboral en la mayoría de países suele transferir la continuidad en el empleo al nuevo empleador o patrón, incluyendo los derechos de despido. Esto quiere decir que el cliente pasa la responsabilidad por despido acumulada para cada empleado al nuevo empleador. En muchas circunstancias esta responsabilidad desaparecerá con el paso del tiempo, a medida que cada empleado renuncie o se jubile. Sin embargo, si el proveedor quisiera recortar parte del personal cedido, sobre todo al final del período de aplicación del contrato de outsourcing, la responsabilidad estará vigente y tendrá que hacer frente a las indemnizaciones por despido. Por lo tanto, la transferencia de los derechos de despido tendrá un efecto comercial sobre cualquier acuerdo, dado que el proveedor del outsourcing debe intentar proteger su posición comercial, tanto mediante la solicitud de indemnización por la responsabilidad por despido acumulada como mediante la incorporación al precio del acuerdo de su percepción de la responsabilidad por despido acumulada.

Decida usted cuál de los dos enfoques es el más adecuado. Si usted acepta indemnizar al proveedor del outsourcing por el tiempo de duración del acuerdo de outsourcing, no incurrirá en costes a no ser que el personal cedido sea despedido. Esta opción es atractiva en caso de que exista una verdadera posibilidad de que el personal transferido sea absorbido completamente por la fuerza de trabajo del proveedor y permanezca como parte de ella más allá de la conclusión del contrato. Por otro lado, también tiene desventajas potenciales:

- El proveedor del outsourcing controlará en el tiempo cualquier despido que pueda requerir pagos, y el cálculo de dichos pagos en el tiempo puede resultar inútil y dar lugar a dificultades de financiación.
- La integración del personal transferido en la nueva organización puede retrasarse, en detrimento de personas individuales, porque si el proveedor del outsourcing necesita deshacerse de personal, es posible que deje sin trabajo primero a aquellos empleados cuyos costes de despido ya estén cubiertos.
- Si los costes por despido están cubiertos, tal vez el número de empleados transferidos que queden sin empleo sea mayor que en otro caso.

Como alternativa, tal vez quiera usted comprar la responsabilidad. Si éste es su caso, entonces sería razonable pedir a los ofertantes potenciales que incluyeran en el precio por sus servicios la responsabilidad de hacer frente a los costes de despido, pero de una manera completamente pública. El concurso entre ofertantes se podría usar, entonces, como una forma de rebajar el coste total.

Códigos de práctica

Para que el futuro proveedor del outsourcing pueda calcular satisfactoriamente el coste de su oferta y cumplir con los requisitos de la cesión, tendrá que revisar sus propias políticas de recursos humanos para descubrir si existen dificultades en potencia para hacerlas coincidir con las que usted tiene, sus prácticas y otras condiciones no contractuales. Necesitará información completa y detallada de sus disposiciones. A modo de ejemplo, solamente, dichas disposiciones pueden incluir los siguientes temas:

* Jubilación anticipada
* Representación sindical
* Premios por servicio prolongado
* Formación
* Permisos para cumplir con el servicio militar
* Permisos para grupos de jóvenes

Otras disposiciones y detalles relacionados se obtienen consultando con el representante de recursos humanos del equipo de realización del acuerdo.

Utilización de consultores y contratistas

Si la función que se ha de transferir actualmente utiliza consultores o contratistas, puede haber una oportunidad de alcanzar un alto nivel de coste eficiencia si dichos especialistas se pueden sustituir con personal del proveedor del outsourcing. Una declaración detallada sobre la utilización de consultores/contratistas será muy útil a la hora de preparar las ofertas de los proveedores.

Formación y desarrollo del personal

La formación y el desarrollo de las carreras profesionales puede ser un área importante para el personal, en particular para aquellas personas que trabajan en departamentos o funciones técnicas. La capacidad que usted tenga para proporcionar formación en estas áreas resulta una consideración importante para los programas de mejora interna. El historial del posible proveedor del outsourcing y su voluntad de dar formación puede ser un elemento esencial tanto del programa de transferencia como de la actividad del futuro proveedor. Debe prestarse consideración a la importancia que tiene la formación y el desarrollo del personal para una duración mayor de la función, y cuando se necesiten requisitos especiales, estos se han de determinar y especificar en las IRS.

Información sobre el personal

Para que los proveedores puedan hacer propuestas adecuadas y ponerles un precio, necesitan información completa sobre el personal que será transferido. Dicha información incluirá detalles sobre:

- Salarios, pensiones y honorarios
- Horas extra, viajes y subsistencia
- Otros beneficios y otros derechos
- Cualquier puesto vacante que el proveedor tenga que llenar para cumplir con los requisitos o los niveles del servicio.
- Políticas de recursos humanos - códigos generales de actuación.

11
Activos

Los activos son posesiones que tiene una persona o un negocio, que pueden usarse para pagar deudas, producir bienes o ayudar al negocio a obtener beneficios. Existen varios tipos de activos, de los cuales no todos se pueden aplicar a una función determinada o a un servicio de outsourcing.

Activos fijos

Los activos fijos o bienes de capital se usan para producir o vender los servicios o productos de la empresa, y mientras resulten útiles para dicho fin, ni se venden ni se liquidan. Existen cuatro grupos lógicos de activos fijos:

- Activos fungibles o reemplazables
  Los activos reemplazables incluyen el equipamiento utilizado directamente para el negocio, por ejemplo material rodante, instalaciones pesadas, grandes ordenadores.
- Infraestructura
  Los activos de infraestructura se dividen en aquéllos que son renovables, como instalaciones y accesorios utilizados indirectamente para dar apoyo al negocio (mobiliario, equipamiento ambiental, equipo de telecomunicaciones), y aquéllos que no son renovables, como los bienes raíces y el espacio

del que se dispone. Los activos de bienes inmuebles son los terrenos, edificios y otras propiedades inmobiliarias, que al igual que el espacio, se arriendan o alquilan más que se compran, aunque de todos modos pueden proporcionar oportunidades de ahorro de costes, mejoras o cambios que sean beneficiosos.

- Activos realizables
  Ejemplos de activos realizables o corrientes son los consumibles, los materiales y las existencias disponibles que se utilizan para proporcionar el servicio.
- Activos intangibles
  Activos intangibles son aquéllos que tienen valor para el negocio pero no son una entidad física. Incluyen la propiedad intelectual, patentes, marcas, buen nombre, propiedad en técnicas y rutinas documentadas. Los activos intangibles tienen unos beneficios positivos y no deben subestimarse. Un proveedor de outsourcing puede explotar estos activos en beneficio mutuo de una manera no disponible para el cliente. Como consecuencia, hay que procurar mantener la propiedad de los activos intangibles, y si quedan incluidos en un acuerdo de outsourcing, se necesitarán cláusulas específicas para su explotación.

Temas relacionados con los activos

A continuación, se discuten una serie de temas relacionados con los activos con los que el equipo de realización del outsourcing debe estar familiarizado.

Financiación y venta de activos

Con frecuencia, financiar los bienes de capital puede ser difícil, en especial cuando existen límites estrictos de financiación. Los proveedores de outsourcing están cada vez más dispuestos a financiar bienes de capital porque para ellos representa una oportunidad de añadir valor a sus servicios. Claro está que lo harán siempre que se les garantice un rendimiento de su dinero durante la vigencia del acuerdo.

Pasar la adquisición de bienes de capital al proveedor del outsourcing tiene dos beneficios fundamentales:

1. Desaparece la necesidad de encontrar grandes sumas de capital, aunque el proveedor del outsourcing cobrará más por su servicio de cuidarse de recuperar fondos de capital.

2. Los activos quedarán fuera del balance de situación, lo que para algunas organizaciones puede resultar útil.

De todos modos, con respecto a los activos existentes que se venden al proveedor del outsourcing, hay que destacar que tal vez hayan tenido ventajas fiscales obtenidas por desgravaciones sobre bienes de capital, y que si los activos se venden, las autoridades fiscales pueden querer recuperar las desgravaciones concedidas con anterioridad, en parte o en su totalidad.

El equipo de realización del outsourcing debe establecer los requisitos a medio y largo plazo para la financiación de los bienes de capital e identificar todas las oportunidades comerciales potencialmente disponibles dentro de un acuerdo de outsourcing.

Venta y rendimiento de activos

Si se venden activos existentes a un proveedor de outsourcing como parte del acuerdo, el cliente puede desear asegurarse el derecho de recuperar los activos a la finalización del contrato. Es un aspecto que puede tener mayor relevancia en el caso de que un contrato fracase en lugar de finalizar con normalidad, por lo que el tema de la continuidad en el servicio en ambos casos debe tenerse en consideración.

Uso de recursos disponibles

Si los bienes de capital no son utilizados en su totalidad, el equipo de realización del outsourcing debería fijar el grado de no utilización e identificar otras posibles oportunidades, internas o externas, de utilizarlos con terceros. La explotación externa de los bienes de capital, o sea la venta de capacidad disponible a terceros, puede presentar problemas por varias razones, entre las que se encuentran las siguientes:

- Falta de experiencia en marketing
- Necesidad de inversión adicional
- Restricciones políticas

El proveedor del outsourcing puede estar en una posición mucho mejor para explotar los recursos disponibles porque tiene las siguientes ventajas:

- Existencia de una infraestructura de marketing

- Existencia de una base de clientes
- Sinergia con los recursos existentes

El equipo de realización del outsourcing tendrá la responsabilidad, entonces, de fijar el grado (si es que lo hay) de no utilización de los recursos y de determinar la posibilidad de explotación de dichos recursos dentro de un acuerdo de outsourcing.

Propiedad intelectual

Existen oportunidades para la explotación de la propiedad intelectual y de otros activos intangibles. La explotación externa puede resultar problemática por las mismas razones dadas más arriba para los activos tangibles. La transferencia, intencionada o no, de activos intangibles como parte de un acuerdo de outsourcing debe considerarse cuidadosamente. Las disposiciones del contrato casi con seguridad requerirán la protección de los activos intangibles actuales y futuros y de cualquier propuesta para su eventual explotación.

Como regla general, hay que hacer tantas cosas para crear y negociar un acuerdo de outsourcing que resulta más sencillo y más seguro simplemente retener la propiedad dentro del contrato inicial, y una vez que el contrato esté firmado y se ponga en marcha, los temas relacionados con la explotación de activos intangibles se pueden discutir y acordar en un entorno más tranquilo y con menor presión.

Propiedades y distribución del espacio

La racionalización de las propiedades puede dar beneficios considerables, asumiendo que se puede disponer de las propiedades actuales o destinarlas a propósitos alternativos. El equipo de realización del outsourcing tendrá que investigar el potencial de uso alternativo de las propiedades actuales y el potencial de desalojo total o parcial.

12
Fórmulas para fijar precios

Los precios dentro de las relaciones contractuales sencillas toman muchas formas y se comprenden con claridad. Los mecanismos para fijar los precios de las relaciones a largo plazo, en las que los requisitos pueden cambiar de forma impredecible, son más difíciles de determinar y de comprender.

Perspectivas sobre los proveedores

Simplificando, se puede decir que hay dos tipos de proveedores: los que tienen experiencia en llegar a acuerdos de outsourcing flexibles y a largo plazo, y los que no la tienen. Existen razones para que sea esencial comprender la diferencia entre ambos.

Para que unas relaciones comerciales a largo plazo tengan éxito, deben fundarse sobre una base financiera práctica y mutuamente aceptable. Como veremos más adelante, si se ha de evitar la escalada de precios en el tiempo y obtener la máxima rentabilidad de la inversión efectuada, tendrá que aplicarse un cierto grado de 'imaginación' al desarrollar los mecanismos para fijar precios, ya que pueden alcanzar una complejidad que no es habitual en los contratos convencionales. A los proveedores expertos no les costará asimilar los enfoques inusuales o permitir un acceso libre a la contabilidad, por lo que las discusiones podrán seguir adelante sin tener que considerar una reacción negativa a cualquier propuesta fuera de lo común. Los proveedores inexpertos tendrán que hacer esfuerzos por comprender propuestas inusuales; se sabe de algunos que, en casos extremos, se han sentido ofendidos y han dejado la mesa de negociaciones (ver capítulo 17). Esta situación se da principalmente cuando se propone una contabilidad de cuenta abierta o un control basado en el conocimiento por parte del comprador, de la estructura de costes del proveedor.

Queda claro que es importante medir el grado de experiencia del futuro proveedor. Si se trata de un proveedor sin experiencia, el cliente debería embarcarse, abierta o secretamente, en un proceso estructurado de educación que asegure que la relación se mantendrá intacta a través de todo el proceso de negociación.

La trampa de la escalada de precios

Los mecanismos para fijar los precios, que tienen muchos acuerdos a largo plazo, se estructuran sobre el precepto sencillo de un precio acordado por un trabajo acordado. De hecho, los proveedores experimentados con frecuencia instan al comprador a 'hacerlo lo más sencillo posible'. Hay muchos motivos para recomendar la 'sencillez' en el ámbito de la fijación de precios y deberían hacerse todos los esfuerzos necesarios para lograrla.

La realidad es, sin embargo, que los mecanismos sencillos de fijación de precios sólo se pueden aplicar a unos requisitos de servicio también sencillos. En este contexto, la falta de complicación estará en un requisito estable que probablemente no cambiará a largo plazo, ni en volumen ni en características. Bajo estas condiciones, será fácil definir los requisitos y fijarles un precio que tome en consideración cualquier variación mínima. En cambio, si se acuerda un precio para unos determinados requisitos, y en el cuarto año, por ejemplo, aparecen cambios inesperados y significativos, el mecanismo utilizado no podrá calcular automáticamente el nuevo precio, y deberá llevarse a cabo otra negociación.

Una vez que el proveedor ha alcanzado una posición negociadora posterior a la firma del contrato, la mayor parte de las armas negociadoras del comprador asociadas con la puesta en marcha del contrato inicial desaparece. En estas circunstancias, algunos proveedores se consideran en buena posición para aumentar sus márgenes a través de cambios cuidadosamente estructurados de los precios, cada vez que aparece un cambio de requisito. Con el tiempo, algunos proveedores pueden intentar una escalada de precios sin un aumento igual de la rentabilidad de la inversión. En otras palabras, si es probable que los requisitos cambien significativamente en el tiempo, los mecanismos para fijar los costes o cargos deben diseñarse de modo para evitar las renegociaciones.

Dado que la mayoría de las empresas no ven más allá de un horizonte a tres años y la única certeza que tienen es que la cosas 'cambiarán', los mecanismos de fijación de costes deben aportar, como mínimo, una certidumbre de los precios dentro de la flexibilidad del servicio. Si los mecanismos fallan en este aspecto, el contrato puede transformarse potencialmente en una restricción importante de la flexibilidad de la empresa o en una carga administrativa.

Mecanismos para la fijación de precios

La clave para lograr certidumbre en los precios y flexibilidad en el servicio está en la creación de las fórmulas apropiadas. Los precios se pueden calcular con base a los inputs, lo producido, la relación riesgo/recompensa, o una mezcla entre estos.

La fijación de precios basada en los inputs normalmente se comprende bien y se basa en los costes asociados con la realización del servicio, a los que se añade una contribución al beneficio del proveedor. La fijación de precios basada en lo producido no se comprende tan fácilmente, particularmente en los contratos de servicios complejos, y requiere una comprensión detallada de los servicios prestados, cada uno de ellos con un precio unitario acordado. Los precios basados en la relación riesgo/recompensa son aquéllos que el proveedor del outsourcing cobra en relación directa a la actividad empresarial del cliente. De esta manera, se puede establecer un vínculo directo entre los servicios del proveedor del outsourcing y el valor que añaden a la actividad empresarial del cliente. Este enfoque es relativamente nuevo, y aunque a primera vista parezca bastante sencillo, puede tener consecuencias escondidas.

Sea cual sea el enfoque elegido, las fórmulas de fijación de precios resultantes deben ser fáciles de administrar y controlar, deben permitir que el proveedor del outsourcing tenga el control diario de los recursos, que el cliente tenga el control estratégico y debe incentivar al proveedor del outsourcing a reducir costes y a ayudar a mejorar los resultados empresariales del cliente.

Fijación de precios según inputs

Los mecanismos para fijar los precios según los inputs pueden tomar muchas formas. Pero aun así, si han de lograr certidumbre en el precio y flexibilidad en el servicio, deberán tener los siguientes elementos:

- Un componente estándar que incluya el requisito básico conocido.
- Un componente variable que incluya los requisitos conocidos pero cuya frecuencia y volumen no correspondan al modelo estándar.
- Un componente de servicios adicionales que cubra los requisitos impredecibles o desconocidos pero que estén dentro del alcance de las capacidades y de la gama de oferta del proveedor del servicio.
- Un componente transitorio que incluya los costes asociados con la iniciación del servicio, ejemplos de los cuales serían la transferencia de activos y de personal o las indemnizaciones por despido.

El precio estándar

Los costes comerciales son generalmente una función del volumen en el tiempo, o sea que un gran volumen de servicio requerido durante un largo período dará el coste unitario más bajo, y al revés. Los proveedores buscarán imponer un precio estándar que cubra todas las actividades rutinarias que posiblemente sean requeridas en un futuro predecible. El efecto del precio estándar es, por lo tanto, crear el compromiso de un importante volumen de servicio que, en líneas generales, sea necesario para toda la duración del acuerdo. El proveedor puede ofrecer, así, un precio unitario bajo basado en la certidumbre de un volumen de trabajo significativo a largo plazo.

El precio estándar es un precio acordado para cubrir los servicios rutinarios y predecibles asociados con los requisitos de ese servicio. Estará relacionado con el coste de los recursos transferidos según la racionalización hecha por el proveedor, al cual se añadirán los costes del proveedor y una contribución al beneficio. Cabe destacar, por lo tanto, que el precio estándar no es una 'suma de costes'. El precio estándar no estará relacionado directamente con el coste de los recursos transferidos, sino que reflejará los costes totales del proveedor, incluyendo costes transferidos de los que se habrán eliminado los costes superfluos y aprovechado cualquier sinergia posible, los nuevos costes del proveedor y los beneficios. Además, para que el precio estándar sea creíble, tendrá que ser menor que el coste previsto por mejor rendimiento, o sea, que el umbral de la oferta (ver capítulo 2). A continuación, veamos algunos ejemplos de componentes básicos del coste, aunque cada proveedor creará su propia lista:

- Arrendamiento/alquiler/amortización de equipamiento
- Materiales conocidos y rutinariamente cuantificables
- Utilización del espacio (alquiler, tasas municipales, mantenimiento, infraestructura)
- Entorno (acondicionamiento del aire, electricidad)

- Personal cedido
- Equipo directivo y personal del proveedor
- Equipamiento especializado del proveedor
- Contribución al beneficio del proveedor

Los proveedores pedirán un precio estándar por el servicio, y ese precio se comparará no con la proyección de los costes actuales, sino con la proyección de los costes del programa de mejora de la actividad interna, o sea, el umbral de oferta. Dicha comparación será la base para determinar el valor de la oferta del proveedor.

La base para calcular el precio estándar quedará fijada para toda la vigencia del acuerdo. El precio exacto puede variar, sin embargo, en línea con los cambios en los requisitos de recursos y en la indexación (ver la sección sobre mecanismos regulatorios en este capítulo), pero el coste unitario será fijo mientras el acuerdo esté vigente.

El precio variable

El precio variable está relacionado con aquellos aspectos del servicio rutinario que no se pueden predecir fácilmente, entre los que podemos incluir el material de oficina, los consumibles y las horas extra. Estos elementos se imputan generalmente al coste, vencidos y a veces con un pequeño recargo por manipulación.

El precio por servicios adicionales

El precio por servicios adicionales es la base para cobrar por cualquier servicio no incluido en el precio estándar. Permite que los requisitos fuera del precio estándar cambien, aunque dentro de un marco de certidumbre en el precio. Si se requiere un nuevo servicio, el precio por servicios adicionales será la base acordada para la fijación del precio, y el precio se podrá calcular como un incremento del precio estándar o como un incremento a corto o medio plazo. Como ya queda indicado, los costes comerciales son normalmente una función del volumen en el tiempo. Por consiguiente, si se requieren servicios adicionales para un período corto, se debe esperar un precio unitario mayor que el considerado estándar o normal.

Hay que establecer algunos principios orientativos para distinguir entre costes por mano de obra y por otros motivos, y dar diferentes costes unitarios según los requisitos de tiempo y volumen. Por ejemplo:

- En lo relacionado con la mano de obra, el precio por servicios adicionales da la base para calcular lo que costará el personal extra necesario para cubrir los momentos de máxima carga de trabajo, a un coste por debajo del precio normal pero por encima de las tarifas a largo plazo contenidas en el coste estándar.

• El proveedor podrá ofrecer unos precios razonables por servicios adicionales sólo dentro de las siguientes restricciones:

— Un compromiso contractual de comprar, por ejemplo, 20 años-hombre por encima de los incluidos en el precio estándar.

— Si el período transcurrido para cumplir el requisito es menos de, digamos, 6 meses, habrá una compra de volumen mínimo de 5 años-hombre, por ejemplo.

— Se puede especificar cualquier combinación de recursos o perfil de uso.

— Si la opinión comprometida del número total de años-hombre requerido excede un período de planificación transcurrido de 12 meses o un requisito de volumen mínimo de 20 años-hombre, dicho requisito pasará a considerarse según las tarifas de precio estándar.

• Los requisitos que no sean de mano de obra probablemente incluirán una necesidad de capital asociada con los costes de infraestructura, además del capital requerido para la compra inicial de los activos cedidos. Estos requisitos se pueden considerar sobre las bases siguientes:

— Las partidas de capital se pueden adquirir con base en compensaciones a un coste acordado o se pueden amortizar en un cierto número de años.

— La fórmula de la amortización será de acuerdo previo al contrato. Recuerde que cuando se amortizan partidas de capital, hay que evitar los costes residuales que sobrepasen la terminación del acuerdo.

El precio transitorio

Puede haber costes únicos relacionados con el período de transición, y como ejemplos se pueden mencionar la compra de activos in situ al comienzo del acuerdo, la dirección transitoria, los gastos generales y los pagos de indemnización por despido.

A estos costes se les puede hacer frente con un único pago directo o, lo que es más probable, incluyéndolos como factor en el precio estándar de un perfil acordado de pagos.

Resumen de los precios de los inputs

Los precios de los inputs se calcularán, generalmente con una periodicidad mensual, sumando todos los elementos para llegar a un precio para el período, tal cual se indica a continuación:

$$PE + PV + PSAmo + PSAo + PT = \text{precio de los inputs}$$

en la que:

PE   = precio estándar
PV   = precio variable
PSAmo = precio por servicio adicional de mano de obra
PSAo = precio por otros servicios adicionales
PT   = precio transitorio

Fijación de precios según lo producido

Fijar los precios según lo producido o realizado se basa, como implica la expresión, en un precio acordado para cada unidad de producción identificada. Los proveedores experimentados prefieren fijar precios según lo producido porque consideran que es más fácil de administrar. Pero antes de aceptar un contrato basado en la fijación de precios según lo producido, hay tres preguntas a considerar:

1. ¿Se pueden identificar las unidades de producción?
2. ¿Se pueden contar con exactitud las unidades de producción?
3. ¿Se puede poner a prueba el precio por unidad de producción para confirmar que es razonable?

Identificación de lo producido

En muchos casos la identificación puede resultar obvia, por ejemplo, el número de habitaciones limpiadas, las prendas lavadas, los metros de cable colocados, etc., pero en otros casos es más difícil. Por ejemplo, ¿cuál sería la producción de los departamentos de finanzas o de personal? O sea que aunque lo producido se pueda determinar, se trata de una tarea que puede requerir bastante esfuerzo.

Contar lo producido

Una vez determinada la estructura de las unidades de producción, hay que encontrar una forma segura de contarlas. Si el proveedor cobrará sobre la base de, digamos, 'el número de consultas nuevas' al departamento de personal, tiene que haber un mecanismo que contabilice las unidades producidas con exactitud y facilidad. Debemos recordar que el proveedor será quien gestione el entorno del servicio y por lo tanto, quien probablemente haga el recuento.

Estimación del precio unitario del producto

Muchos proveedores experimentados simplemente ofrecerán un precio unitario por cada unidad producida. Si el precio ofrecido se puede probar comparándolo con ofertas equivalentes del mercado para determinar su competitividad, la rectificación es sencilla. Si las ofertas equivalentes del mercado no se pueden contrastar, la rectificación será más difícil y también será más difícil convencerse de que el precio unitario que se ofrece representa una buena rentabilidad, aunque es posible. En estas circunstancias, no queda otra alternativa que recurrir a un cálculo basado en los inputs, valoración que equiparará dichos costes con las unidades de volumen. La negociación se puede centrar entonces en los gastos generales del proveedor y en la contribución a su beneficio, tratándose en ambos casos de cifras que generalmente se calculan como un porcentaje directo del coste. Una vez identificado el precio unitario por producto, debería hacerse un análisis de sensibilidad para poner a prueba los precios potenciales del proveedor en comparación con un probable volumen de producción, incluyendo niveles mínimos y máximos. A partir de este momento, se podrá acordar el precio unitario y ya no debería haber necesidad de controlar los costes por inputs.

Precios según la relación riesgo/recompensa

Determinar un precio según la relación riesgo/recompensa es potencialmente sencillo de hacer y tiene la ventaja de crear un vínculo directo entre los servicios realizados por el proveedor del outsourcing y la actividad real que acrecienta el valor de dichos servicios al cliente. Puede resultar particularmente apropiado cuando el servicio de outsourcing es para un servicio de importancia crítica, por ejemplo distribución, tecnología de la información o finanzas. De todos modos, estar de acuerdo en unos principios dominantes es una cosa, y construir un mecanismo de fijación de precios, fuerte y mutuamente aceptable, es más problemático.

Hay muchas maneras de construir mecanismos de fijación de precios basados en la actividad empresarial. Lo que sigue es tan sólo un enfoque del que se pueden extraer algunos principios generales.

He aquí algunos de los componentes de un mecanismo de fijación de precios según la relación riesgo/recompensa:

- Impulsos conductistas
- Implicaciones conductistas
- La base del coste y el precio límite

- Techo o límite del margen
- Análisis de sensibilidad
- Nuevas inversiones de capital
- Discontinuidad del mercado

Impulsos conductistas

El mecanismo para fijar precios basado en la relación riesgo/recompensa debería estar diseñado para que el proveedor del outsourcing se sienta estimulado a facilitar lo siguiente:

- Una reducción de sus costes por servicio
- Una reducción de los costes empresariales del cliente
- Una mejora en los ingresos del cliente
- Aumentos del margen del cliente
- Resistencia a las decisiones de inversiones inadecuadas
- La inyección de un alto grado de rigor en el desarrollo de los casos de inversiones empresariales

Implicaciones conductistas

Ambas partes deberán modificar su comportamiento empresarial normal o estar preparadas para alcanzar compromisos si quieren que funcione el mecanismo basado en la relación riesgo/recompensa. Las implicaciones conductistas principales son las siguientes:

- El cliente debe estar preparado para aceptar, dentro de su actividad básica de negocio, la presión y el apoyo del proveedor del outsourcing si desea que afloren beneficios empresariales reales.
- La vinculación al margen del cliente puede representar una dificultad para el proveedor del outsourcing, porque a diferencia de los ingresos, hay espacio para 'manipular' el margen del cliente.
- Si se necesita un acceso sin trabas a la contabilidad, el proceso debería ser recíproco, para evitar la oportunidad de manipular los márgenes de forma no razonable.

La base del coste y el precio límite

Lo que cobre el proveedor del outsourcing por su servicio estará ligado, en este modelo, al giro comercial o ingresos reales del cliente. Esto quiere decir que se necesita un multiplicador por el que se pueda multiplicar los ingresos anuales del cliente y que fije el máximo de lo que se pueda cobrar. Este multiplicador será el precio límite y se puede obtener como sigue:

- Se debe proyectar los costes futuros del servicio durante la duración del acuerdo y calcular un coste anual medio. Dichos costes deben excluir cualquier contribución al beneficio del proveedor del outsourcing.
- Se debe calcular la media de ingresos anuales del cliente de los tres años previos.
- Se calcula el multiplicador dividiendo la media de ingresos anuales del cliente entre la media del coste futuro.

El porcentaje de la línea de base, cuando se multiplica por los ingresos anuales del cliente, da el límite máximo del precio del proveedor al cliente, funcionando así como el precio límite que pueda fijar el proveedor. El precio definitivo del proveedor se obtendrá, claro está, de una combinación del máximo de ingresos y del límite máximo del margen (ver más abajo).

La Figura 12.1 ilustra cómo calcular el precio límite.

El límite máximo del margen del proveedor

El precio límite por sí solo es una medida sensible insuficiente para regular lo que puede cobrar el proveedor, porque conceptualmente eleva los ingresos sin una mejora análoga del margen. El vínculo necesario con el margen lo proporciona el techo o límite del margen, que se puede obtener como sigue:

- El margen del proveedor está ligado a su propia actuación y a los movimientos en el margen del cliente.
- El margen del proveedor tiene su techo en un porcentaje base más x veces el margen del cliente. El porcentaje base puede ser necesario o no, y se utiliza

	Millones de unidades monetarias
Costes totales objeto del outsourcing	136.6
Ingresos del cliente - últimos tres años	
Año 1	898.1
Año 2	1025.3
Año 3	1254.7
Media de ingresos	1059.4
Precio límite = 13.66/1059.4 x 100 =	1.23%

Figura 12.1 Cálculo de la línea de base y del precio límite

para regular las diferencias en ambos mercados y las infraestructuras organizativas de las partes.

Sin embargo, hay que destacar:

- El proveedor debe tener la posibilidad de recuperar pérdidas derivadas de la aportación de fondos a inversiones acordadas antes de que se aplique el techo del margen.
- Dependiendo del porcentaje base acordado que se elija, el proveedor recibe de forma automática un cierto grado de protección contra las pérdidas, sujeto siempre a la capacidad de los ingresos del cliente de soportar el pago.

Este mecanismo proporciona un incentivo al proveedor para que mantenga bajos sus costes y los del cliente, y así incrementar el margen del proveedor. Cuando el proveedor ayuda a incrementar el margen del cliente, también impulsa hacia arriba sus ingresos y el margen.

Análisis de sensibilidad

Será necesario realizar todo un abanico de análisis de sensibilidad para que de ellos se derive un límite máximo para el margen.

Nuevas inversiones de capital

Para este caso, los principios generales asociados con inversiones de capital son los siguientes:

- Cualquiera de las partes puede identificar oportunidades de nuevas inversiones de capital.
- El proveedor siempre proporcionará el capital.
- Cada propuesta de inversión irá acompañada de una propuesta empresarial.
- La propuesta empresarial determinará el porcentaje de rendimiento esperado para la inversión propuesta.
- En caso de que las partes no puedan acordar el porcentaje de rendimiento esperado, los auditores externos del cliente arbitrarán.
- Si el porcentaje de rendimiento esperado se acuerda que sea (x por ciento) o superior, y el cliente desea que se haga la inversión, ésta se llevará a cabo.
- Si el porcentaje de rendimiento esperado se acuerda que sea (x por ciento) o superior, y el cliente no desea que se siga adelante, el proveedor puede hacer la inversión de todos modos si el proyecto está puramente relacionado con la infraestructura básica del proveedor. En este caso, las partes deben recono-

cer que los beneficios irán al cliente antes de que el proveedor reciba un rendimiento por su inversión.

Sin embargo, si hubiera implicaciones organizativas para el cliente debidas a la inversión, sería poco inteligente que el proveedor la hiciera sin la cooperación garantizada del cliente.

- Si el porcentaje de rendimiento esperado se acuerda que sea (x por ciento) o superior, y el proveedor no desea seguir adelante, de todos modos se verá obligado a hacerlo porque el porcentaje de rendimiento esperado para la inversión está por encima del umbral.
- Si el porcentaje de rendimiento esperado se acuerda que esté por debajo del (x por ciento), y el cliente desea continuar, se aplicarán las reglas para la discontinuidad del mercado (ver más abajo).
- Asumiendo que el período de depreciación de las inversiones es generalmente de cinco años, el proveedor puede tener la inclinación de no invertir durante los últimos años del acuerdo, ya que no podrá obtener ningún rendimiento a su inversión antes de que éste se extinga naturalmente. Cuando llegue la extinción natural del acuerdo, el proveedor deberá tener la capacidad de recuperar los costes residuales de inversión más una contribución a su beneficio, que se podría calcular al tipo límite del margen del proveedor excluyendo el multiplicador, sea cual sea el que hayan determinado los análisis de sensibilidad.

Discontinuidad del mercado

Los movimientos normales del mercado son generalmente aceptados por los proveedores como riesgos empresariales naturales de una situación basada en la relación riesgo/recompensa. Sin embargo, es posible que durante la duración del acuerdo haya una cierta forma de discontinuidad, causada por cambios profundos en el mercado o por decisiones del cliente. La naturaleza de cualquier forma de discontinuidad puede socavar las suposiciones de la base incorporadas al modelo de precios, o dicho en otras palabras, los márgenes o ingresos del cliente pueden variar profundamente, hacia arriba o hacia abajo, por motivos no vinculados con la actividad del proveedor. En estas circunstancias, se necesitará un mecanismo que permita un reajuste controlado de los precios del proveedor sin pasar por renegociaciones importantes y de una forma que no perjudique las inversiones 'contractuales' de ninguna de las dos partes. Dicho mecanismo sólo se debe usar en circunstancias extremas y pronosticadas, y por acuerdo entre las partes. A modo de ejemplo, un mecanismo podría ser el siguiente:

- Hay un suceso que tendrá un marcado efecto sobre los márgenes del cliente. Los años afectados deben acordarse y también predecirse y acordarse el grado de movimiento del margen. Este margen del cliente se ha de ajustar a aquellos años durante los que el efecto esté vigente antes de integrarla en el mecanismo que fija el precio y antes de que se aplique el límite del margen.
- Hay un suceso que tendrá un marcado efecto sobre los ingresos del cliente. Los años afectados deben acordarse y también predecirse y acordarse el grado de movimiento del margen. Los ingresos del cliente que se incluyen en el mecanismo de fijación del precio se deben ajustar a aquellos años durante los que el efecto esté vigente, antes de calcular lo que cobrará el futuro proveedor y antes de que aplique el límite del margen.
- Hay un suceso que tendrá un marcado efecto tanto sobre los ingresos como sobre el margen del cliente. Deben realizarse los dos ajustes mencionados anteriormente. En caso de que no se llegue a un acuerdo sobre los efectos precisos del porcentaje, el auditor externo del cliente arbitrará.
- Cuando el proveedor cree que el cliente, sin consulta previa, ha realizado acciones que han afectado de forma importante la capacidad del proveedor de generar ingresos, debe calcular cuál cree que ha sido tal efecto. A continuación, se debe llegar a acuerdos sobre los ajustes para los años venideros usando los mecanismos descritos más arriba. No debe haber pago retroactivo. El cálculo retroactivo meramente sirve de información para el ajuste futuro.

Mecanismos de regulación

Existen como mínimo cinco mecanismos reguladores que se pueden requerir:

- Regulación del precio estándar
- Uso de activos por terceros
- Participación en las ganancias por actividad
- Mantenimiento de la competitividad del precio
- Indexación

Regulación del precio estándar

El precio estándar está relacionado con el volumen de recursos requeridos para cada tipo de servicio, y en consecuencia, será necesario contar con un medio para medir cada componente del servicio que se trate. El tema de la

medida del servicio es complejo y sólo se resolverá después de discusiones detalladas con el futuro proveedor previas al contrato. El proveedor identificará los
componentes principales del servicio y proyectará el precio estándar de cada
grupo de servicios. A partir de esta información se podrá obtener el coste unitario de los componentes principales del servicio, y a su vez, dicho coste se
podrá usar como base para cambiar el precio estándar real a medida que cambian los requisitos de volumen. De todos modos, habrá una masa crítica de
recursos por debajo de la cual no será posible cumplir con dichos requisitos.
Los costes asociados con estos recursos serán considerados como coste mínimo.

Por lo tanto, debería ser posible variar el total de lo que se cobra por el tipo
de servicio por encima del precio mínimo regulando el número de unidades
requeridas de componentes del servicio. El precio del tipo de servicio será
una función del volumen total del servicio en relación con el período requerido. La implicación es que el proveedor buscará un compromiso mínimo de
volumen en el tiempo y se preocupará menos por la realización de hecho del
trabajo.

El período de tiempo óptimo, el que equilibra la máxima rentabilidad de la
inversión con las incertidumbres de una planificación a más largo plazo, variará según la volatilidad de la función empresarial. Una vez determinado, dicho
período actuará como horizonte de planificación que sirva de base para planificar recursos y recaudar ingresos. Se podrá regular, entonces, al alza o a la baja,
el volumen de servicios requeridos a la vez que mantener tarifas de precios
estándar rebajados, siempre que haya un compromiso futuro de volumen de
servicio equivalente al período de planificación. Deben tenerse en cuenta los
siguientes aspectos:

- Al menos debe mantenerse el mismo grado de flexibilidad actualmente disponible con respecto al despliegue de recursos, porque el proveedor se preocupa principalmente por el volumen comprometido de ingresos.
- Los costes asociados con un incremento o decremento de los recursos requeridos no serán necesariamente proporcionales, dado que el proveedor
  puede estar cerca de una función escalonada de recursos. En otras palabras,
  una pequeña reducción en los requisitos de recursos puede ser insuficiente
  para liberar el coste asociado, o un pequeño aumento en los requisitos
  puede disparar los costes adicionales significativos. Por ejemplo, la necesidad
  de 300 metros cuadrados más de oficinas simplemente puede incrementar el
  precio del servicio en 300 veces el precio del metro cuadrado o puede disparar la necesidad de nuevas instalaciones.

- Será posible ajustar la realización de los diferentes tipos de servicios en base a un período de planificación siempre que se haga un compromiso futuro de una duración igual al período de planificación.
- Cualquier reducción en el precio por grupos de servicios estará sujeta al precio mínimo acordado.
- Los recursos para los grupos de servicio se pueden incrementar y entrar así en la tarifa de precios estándar si el número total de horas-hombre necesarias excede el período de planificación acordado o un requisito acordado de volumen mínimo.

Utilización de activos por terceros

Los proveedores pueden buscar la explotación de recursos 'disponibles' vendiéndolos a terceros, y en consecuencia, puede haber una oportunidad de mejorar las metas de obtener una rentabilidad buscando una participación en el beneficio. A primera vista, crear un sistema de participación en los beneficios parece algo sencillo, y desde el punto de vista mecánico, lo es. Lo que es discutible es si un sistema de participación en los beneficios realmente los devengará. Los siguientes aspectos son relevantes:

- Todos los activos y personal asociado con un determinado tipo de servicio, incluyendo cualquier recurso 'disponible', serán transferidos al proveedor que comprará los activos, se hará cargo de los costes variables y asumirá la responsabilidad del coste del personal. Los recursos 'disponibles' quedan entonces libres para ser vendidos a un tercero, porque por definición, ya no son necesarios para el cliente y, de hecho, habrán sido clasificados como no necesarios para el servicio que se requiere y también como una reducción del coste. En esta circunstancia, el proveedor puede decir que ha cumplido con sus obligaciones de mejorar el servicio y que el cliente ha recibido una contribución al objetivo de obtener rentabilidad.
- La única circunstancia en la que el punto anterior no se aplicaría es si los edificios u otros activos se alquilaran al proveedor por una renta simbólica y luego fueran usados para dar servicios a terceros clientes. En tal caso, sería apropiado cobrar un cargo adicional.
- Si usted buscara un acuerdo de participación en los beneficios, cuando existiera la oportunidad de venta de servicios a terceros clientes el proveedor podría desviar dicho trabajo a otra parte de su base de recursos para evitar esa participación. Cuando usted prepare su propuesta, debe evitar contar con la entrada de fondos provenientes de una participación en los beneficios

que no esté garantizada por contrato, y si se produce, considerarla como una bienvenida bonificación.

Participación en las ganancias por actividad

Como parte del proceso de oferta, es posible comprometer al proveedor a lograr las ganancias potenciales por mejora de la actividad identificadas en la valoración de dichas mejoras (ver capítulo 2). El proveedor queda excluido de la participación en dichas ganancias a medida que se alcanzan y no estará en posición de lograr beneficios económicos excesivos.

De todos modos, debe haber una presión continua para lograr mejoras de la actividad mayores que las identificadas por la valoración interna, y ambas partes requerirán incentivos para alcanzarlas. Cuando se intenta obtener mejoras de la actividad a partir de los recursos cedidos al proveedor, se pueden desarrollar discretos objetivos de actividad, los programas obligatorios de trabajo para alcanzarlos y cuantificar los beneficios. Los programas resultantes de mejora de la actividad formarán uno de los inputs primarios del plan de futuro en marcha y contribuirá a los cambios del requisito de recursos totales.

Los beneficios que se desprenderán de los programas de mejoras de la actividad se identificarán y repartirán entre las partes sobre una base acordada, posiblemente 50:50, aunque esto dependerá de la naturaleza de las inversiones que se necesiten. Los siguientes puntos deben tenerse en cuenta:

- Los proveedores deben asegurarse de que sus contratos contribuyan a los costes no atribuibles de la sociedad y a los gastos generales de la empresa. Estos costes deberán ser controlados porque pueden tener un efecto adverso sobre el beneficio que se desprenda del acuerdo en general. La forma más sencilla de hacerlo es insistir que los proveedores ofrezcan un precio que incluya los costes y los gastos generales de la sociedad y que declaren su contribución al beneficio como una cifra bruta que cubra la contribución neta al beneficio económico. La contribución bruta al beneficio se rebajará en la oferta competitiva inicial y dará una base con la que comparar todos los futuros cálculos de rentabilidad.
- Para poder alcanzar los beneficios, el proveedor puede requerir recursos dentro del actual período de planificación, y como resultado, se comprarán al precio (y también margen) mayor contenido dentro de los precios por servicios adicionales. El proveedor obtendrá entonces un beneficio más allá y por encima del declarado por la inversión en sí. Este beneficio debe incluirse en el cálculo total de beneficios o ganancias a repartir.

- Sus beneficios probablemente serán percibidos en forma de rebaja anual calculada sobre las mejoras de actividad logradas en el año anterior. Los beneficios del proveedor serán percibidos en forma de costes operativos reducidos, cuyo efecto será incrementar la contribución al beneficio económico por encima de la contribución bruta del gasto fijo a la base del beneficio.
- El cálculo de las ganancias para el proveedor por actividad adicional estará relacionado, en todo momento, con la contribución bruta del porcentaje inicial de gastos fijos al beneficio y se podrá controlar mediante los acuerdos de acceso libre a la contabilidad.

Mantenimiento de la competitividad del precio

La presión general y continua para eliminar las ganancias por actividad, facilitada por los incentivos, hará que los precios se mantengan en línea. Aun así, será necesario vigilar los precios del mercado, función clave de los acuerdos contractuales de gestión (ver capítulo 19).

Siempre se pueden encontrar precios más bajos para cualquier componente aislado de los servicios que se prestan. Además, algunos proveedores pueden proponer deliberadamente vender servicios a pérdida, sólo para desbancar al proveedor actual. Como parte de los acuerdos de gestión contractuales, se debe buscar una fórmula que reconozca el componente de valor añadido proporcionado por el proveedor, las inversiones que el proveedor ya ha hecho en la relación y el coste y la interrupción del cambio de un proveedor a otro. Si un control revela una alineación de precios más allá del precio determinado por la fórmula, el equipo de gestión del contrato tendrá que llevar a cabo una investigación para determinar si el error de alineación proviene de costes del proveedor inflados, del margen, o de ambos. Si el proveedor falla, a pesar de la aplicación de la fórmula de 'valor añadido' indicada más arriba, se deberá poner en práctica un programa acordado de reparación que deberá finalizar dentro de un período acordado y culminar en una realineación favorable de los precios del proveedor.

Una alineación equivocada de los precios también puede provenir de la falta de inversión del cliente, en cuyo caso se tendrán que hacer los juicios apropiados como parte del ciclo normal de planificación.

Cualquiera que sea la circunstancia, el derecho de poner a prueba los requisitos del servicio en el mercado debe mantenerse. Sin embargo, se ha de tener cuidado, dado que las pruebas demasiado frecuentes dañarán las relaciones con el proveedor actual y harán que otros proveedores eviten hacer sus ofertas (o que las hagan de manera frívola) si piensan que hay pocas perspectivas de hacer negocio.

Indexación

Hay diferentes razones para considerar un mecanismo de indexación para el contrato:

- Es improbable que los proveedores acepten un contrato a largo plazo sin una indexación.
- Aquellos proveedores que sigan adelante sin una cláusula de indexación no tienen otra opción que incrementar su precio inicial para cubrir la posible subida de costes sin una mejora similar en el precio.
- Bajo estas circunstancias, las ofertas sin una cláusula de indexación pueden parecer menos competitivas al ser comparadas con otras.
- Resulta prácticamente imposible evaluar con exactitud y comparar con otras ofertas en las que se incluya una indexación o se le dé un precio por separado.
- Sin una cláusula de indexación y con una contabilidad de libre acceso, los costes del proveedor pueden elevarse como resultado de cambios de costes que están muy por encima de la inflación y, por lo tanto, fuera del control que usted pueda ejercer.

13
El contrato

Los fundamentos de cualquier acuerdo de outsourcing están en un contrato legal. Aunque se espere una relación amistosa, cálida y mutuamente beneficiosa entre el proveedor y el cliente, tiene que haber un documento legal que, como mínimo, establezca las 'reglas' de la relación. Cabe insistir una y otra vez en la importancia de un documento legal correctamente preparado y redactado, y el director del proyecto hará bien en asegurarse de que se incluyan asesores legales desde el mismo principio de las negociaciones, asi como de que se dedique el tiempo necesario para que el contrato sea correcto.

Los proveedores comercialmente experimentados casi con seguridad intentarán introducir sus propios borradores del contrato, porque así le ponen a usted en la obligación de solicitar cambios al documento, lo que para ellos es una ventaja negociadora. Se trata de una táctica a la que se debe oponer resistencia. El control del proceso se ha de establecer mediante la introducción de un borrador completo del contrato como parte de las IRS. Las siguientes observaciones cubren los temas principales que deberán tratarse en el borrador del contrato, aunque la lista no es exhaustiva y una revisión de los requisitos específicos puede hacer aflorar temas o circunstancias que son exclusivas del caso en cuestión, en cuyo caso necesitará usted que su asesor legal le proporcione los términos concretos.

Se recomienda firmemente realizar consultas detalladas con los asesores legales desde muy al principio.

Los componentes básicos

Un buen acuerdo de outsourcing estará muy estructurado, y dependiendo de su alcance y complejidad, tendrá los siguientes componentes básicos:

• Términos y condiciones.
• Condiciones para la trasferencia o cesión del personal.
• Condiciones para la trasferencia de activos.
• Condiciones para la acomodación.
• Otros aspectos, por ejemplo definición del servicio, contenidos en las programaciones anexas.

Si la escala del acuerdo es lo suficientemente grande, los abogados probablemente desearán crear contratos separados, por ejemplo, para la transferencia de personal, la transferencia de activos y los acuerdos de acomodación, cada uno de los cuales necesitará sus propios términos, condiciones y programaciones. Los diferentes contratos y las programaciones asociadas se unirán, finalmente, para formar el acuerdo de outsourcing completo.

Dividir un acuerdo de outsourcing en documentos legales segmentados lógicamente tiene las siguientes ventajas:

• Resulta más fácil llevar negociaciones paralelas, lo que puede ser útil cuando el tiempo es esencial.
• El uso de las habilidades de los especialistas se puede dirigir más eficazmente.
• Dada la complejidad potencial de algunos acuerdos de outsourcing, es probable que se obtenga mayor claridad sobre temas relacionados con puntos específicos de la negociación debido al enfoque más limitado.
• Los documentos que se ocupan de cuestiones transitorias, como la transferencia de personal, se pueden archivar en cuanto la transferencia se haya realizado.

Sin embargo, crear contratos múltiples significa también incrementar la necesidad de una coordinación cuidadosa de todos los acuerdos, de modo que se asegure que los objetivos, las políticas y los principios requeridos para el acuerdo de outsourcing en general se apliquen de manera consecuente a todos los contratos. Se debe poner mucho cuidado en que las ventajas duramente conquistadas en un documento no se vean disminuidas en otro. Es una tarea difícil y no se debe infravalorar. El enfoque alternativo sería integrar todos los temas en un único documento que contenga un solo conjunto de condiciones y términos y un grupo completo de programaciones detalladas, que probablemente incluiría una programación para la transferencia de personal, otra para la transferencia de activos y una también para la acomodación.

Análisis de los componentes básicos

Términos y condiciones

Los términos y condiciones del contrato establecen los derechos, obligaciones y deberes de cada una de las partes del acuerdo. Como regla general, contienen las siguientes disposiciones.

Preámbulo

El preámbulo identifica a las partes del acuerdo y contiene una declaración inicial que proporciona un contexto para el contrato. Aunque no necesariamente vinculante, una declaración aquí de los objetivos que se pretenden alcanzar (ver capítulo 1) servirá como recordatorio permanente del 'espíritu' del acuerdo según su intención original y también como un medio útil para que ambas partes puedan constatar los avances que realizan hacia la consecución de la meta fijada.

Los servicios

Esta sección establecerá las obligaciones generales que corresponden al proveedor con respecto a la prestación de los servicios requeridos. Con toda seguridad, la descripción detallada de los servicios se incluirá en las programaciones de apoyo. De existir exclusiones o calificaciones específicas de la obligación del servicio, también serán incluidas aquí.

En algunos casos, puede resultar útil que ciertos aspectos del acuerdo se fijen en un momento posterior a la fecha de comienzo del contrato. Por ejemplo, puede resultar válido permitir que el proveedor gestione el servicio durante algún tiempo (y por lo tanto, confirmando y corrigiendo sus planes de racionalización) antes de comprometerlo a ciertos elementos del coste, como el uso de equipamiento o la acomodación de espacios. En dichas circunstancias, las instalaciones quedarían destacadas en los términos y condiciones y apoyadas por una programación del acuerdo que especificaría, de forma clara, los momentos y los términos en los que el proveedor podría elegir entre aceptar el arrendamiento de un espacio o rechazarlo, si los planes de racionalización corregidos son beneficiosos para ambas partes.

Implementación

La implementación o puesta en práctica del acuerdo será una actividad de importancia crítica. Si el proveedor tiene que gestionar toda la actividad de implementación, desde el punto de vista de la gestión del contrato será útil imponerle el compromiso de proporcionar personas concretas y de hacer posible el plan de implementación propuesto. La obligación quedaría descrita en los términos y condiciones y el plan de implementación detallado formaría, por sí mismo, la base de una programación para el contrato (ver capítulo 20).

Término

El contrato debe especificar el término o la duración del acuerdo. Esta declaración debe incluir la referencia a posibles puntos de interrupción, si el acuerdo debe continuar hasta que sea entregada la notificación de cese y, en tal caso, cuál será el período de antelación a aplicar.

Los acuerdos de outsourcing se pueden definir con una duración natural fija o pueden seguir vigentes de forma continua hasta que se entregue la notificación de cese, generalmente con una antelación de al menos 12 meses. Si el acuerdo ha de estar vigente sin fecha de terminación, es habitual especificar un período mínimo antes de que se pueda notificar su fin natural.

También es habitual que los clientes busquen una ruta 'alternativa' en forma de cláusula de interrupción. Dichas cláusulas requieren mucha precaución, porque con toda seguridad, tendrán implicaciones comerciales. Se discuten más adelante, al tratar el fin del acuerdo.

Control de cambios

Se necesitará un mecanismo de control de cambios que facilite las modificaciones a los términos del contrato y a los requisitos del servicio. La obligación de regirse por el mecanismo de control de cambios se establecerá en una cláusula del contrato y el exacto mecanismo en sí probablemente estará incluido en una programación.

Propiedad intelectual actual y futura

Los derechos de propiedad intelectual existente deben protegerse y la misma protección se debe extender a las mejoras, modificaciones o cambios a la propiedad intelectual existente proporcionada o desarrollada por el proveedor, particularmente cuando la propiedad intelectual resultante contenga una mezcla de la original y la nueva. Esta sección debe asegurar todos los derechos sobre la propiedad intelectual existente, así como sobre las correcciones subsiguientes.

Los derechos a la propiedad inelectual nueva, generada como parte del servicio, también deben protegerse. Habrá que ir con cuidado en este tema, porque la ley de derechos de autor puede conferir la propiedad a quien la origina dependiendo de la jurisdicción legal, y no a la organización que la paga, como se podría pensar automáticamente. Por cierto, es posible dejar la propiedad intelectual en manos del proveedor (a cambio de un mejor precio sería lo ideal) y aun así, tener asegurados unos satisfactorios derecho 'de uso'. De todos modos, asegúrese de que dichos derechos permiten el uso por terceros, probablemente alguno de los competidores de su proveedor, en caso de que usted desee cambiar de proveedor de outsourcing en el futuro. Por este motivo, el consejo de su asesor legal en este tema es crucial. En todos los casos, reclame formalmente la propiedad, excepto si se han asegurado ventajas específicas en el contrato con las que sus asesores estén satisfechos.

Propiedad intelectual de terceros

Si el cliente está utilizando propiedad intelectual de terceros, puede ser necesaria una disposición especial para la transferencia de licencias u otros documentos a un proveedor de outsourcing. Los terceros que otorgan licencias probablemente querrán sustituirlas formalmente por nuevas, y algunos pueden desear, tal vez de forma injustificada, renegociar los términos. Si hay muchas licencias para sustituir, la renovación llevará más tiempo del que usted se imagina, así que comience cuanto antes.

Titularidad y riesgo

En el caso de que el cliente retenga la propiedad de recursos y activos específicos utilizados por el proveedor del outsourcing para la prestación del servicio, es importante establecer en esta sección una disposición al efecto de que la titularidad de los recursos y de los activos la tiene el cliente. También será necesario acordar y reflejar en el contrato cuál de las partes soporta los riesgos asociados con la renovación de activos y la adecuación para el propósito.

Además de la necesidad de ser preciso y ordenado, la claridad con respecto a la titularidad y los riesgos será importante para precisar con exactitud los activos cuando el acuerdo finalice.

Cargos y estructura de los mismos

Los términos precisos de las fórmulas acordadas para fijar los cargos deben establecerse en una programación del contrato. Esta sección de los términos y condiciones debe ocuparse de las atribuciones generales de los acuerdos para fijar los cargos, cubriendo aspectos como los siguientes:

- Restricción de la presentación de cargos sólo por aquellos servicios contemplados en el acuerdo o por los servicios acordados adicionalmente por escrito.
- Condiciones de pago y facturación.
- Impuesto sobre el valor añadido.

Esta sección también debe incluir detalles sobre cualquier tipo de fianzas o garantías a solicitar del proveedor, así como las formas acordadas de verificar la exactitud de los estados financieros entregados al proveedor en las IRS. Este proceso tendrá la forma de diligencia debida pre-contrato o de ejercicio de verificación post-contrato. Un ejercicio de tal naturaleza es necesario porque los acuerdos de outsourcing frecuentemente se basan en costes 'transferidos'. Los proveedores harán sus ofertas con base en la información financiera incluida en las IRS y querrán verificar la exactitud de la información contrastándola con los costes transferidos reales. Cualquiera que sea la forma de verificación de los costes, es probable que resulte en ajustes del precio del contrato. El proceso a seguir debe quedar claramente descrito en la programación que establece la fijación de cargos.

Remedios financieros

Esta sección reflejará los términos generales asociados con cualquier sistema de remedios financieros acordado, cuya descripción detallada se incluirá en una programación. En este contexto, remedios financieros es otra manera de decir 'penalizaciones por mala actuación'. Aunque sea prudente considerar remedios financieros para una actuación pobre, estos pueden impedir el desarrollo de una relación de trabajo y necesitar significativos recursos y esfuerzos adicionales para ser eficaces. El proveedor seguramente incluirá en su precio el coste de hacer frente a complicados sistemas de remedios financieros, así como algún tipo de cobertura financiera al riesgo que comportan. En otras palabras, usted probablemente pagará más.

Garantías

Esta sección refleja las garantías y cualquier obligación específica aceptada por cada una de las partes. A modo de ejemplo, el cliente puede pedirle al proveedor que garantice lo siguiente:

- El proveedor tiene suficiente capacidad de recursos para prestar un servicio satisfactorio.
- Los representantes del proveedor estarán capacitados y cualificados adecuadamente.

- Los servicios se prestarán con capacidad y cuidado razonables.
- Los servicios se prestarán con observación de leyes, estatutos y normativas.

Por otro lado, en el caso de existir cesión o transferencia de personal y equipamiento, el proveedor puede solicitar garantías con respecto a las condiciones del equipamiento, o sea, su adecuación para el propósito, y a la situación del personal, por ejemplo la existencia de sanciones disciplinarias vigentes.

Limitación de responsabilidades

Algunos proveedores intentarán limitar sus responsabilidades financieras en caso de fallos en el servicio, por ejemplo estableciendo una estimación de daños y perjuicios por no prestación y denegando las pérdidas consiguientes. En algunos sectores, ésta es una práctica aceptada, pero igualmente debe buscarse asesoramiento legal antes de aceptar cualquier limitación de responsabilidades.

Indemnizaciones

Las indemnizaciones son compensaciones por algo que se ha perdido o sufrido, normalmente por culpa de otro, y los proveedores frecuentemente las buscan cuando consideran servicios importantes estratégicamente. Las indemnizaciones se deben considerar con mucho cuidado y no se debe acordar ninguna sin una comprensión clara de sus consecuencias financieras o sin un asesoramiento detallado de sus expertos legales y financieros.

Deben considerarse las siguientes preguntas:

1. ¿El cliente, sus empleados y agentes solicitarán indemnización por:

   - la prestación del servicio contratado?
   - la imposibilidad de prestar el servicio contratado?
   - la negligencia del proveedor?
   - cualquier incumplimiento de las obligaciones del proveedor?
   - cualquier incumplimiento de la representación o garantía del proveedor?
   - pérdidas o daños a la propiedad?
   - daños o pérdida de datos, información o software?

2. ¿Cómo será la escala de indemnización?

   - ¿Ilimitada en todos los aspectos?
   - ¿Ilimitada por categorías específicas de riesgo? Por ejemplo:

— fallecimiento o daños personales
— pérdida y consiguiente nueva creación de datos
— violación de derechos de la propiedad del cliente
— violación de derechos de la propiedad de terceros
— violación de la confidencialidad
— daño a la propiedad tangible

- ¿Incluirá las pérdidas consiguientes?
- ¿Se limitará a una suma concreta para todos los casos? Si es así, ¿qué suma?
- ¿Se limitará a una suma concreta para cada caso? Si es así, ¿qué suma?
- ¿Se limitará a una suma concreta para un año en particular? Si es así, ¿qué suma?

3. ¿Qué cobertura de seguro se le pedirá al proveedor, si es que se le pide alguna?

- ¿Acuerdos para cubrir las responsabilidades del proveedor?
- ¿El interés del cliente incluido en las pólizas?
- Si se trata de un consorcio, ¿las pólizas tienen que estar a nombre de ambos proveedores?
- ¿Las pólizas las suscribirán conjuntamente el cliente y el proveedor?
- ¿El proveedor deberá proporcionar pruebas de que se pagan las primas?
- En caso de incumplimiento del proveedor, ¿el cliente podrá contratar los seguros adecuados y pasar los costes más las comisiones por manipulación al proveedor?

4. ¿El cliente pedirá una fianza de cumplimiento del contrato?
5. ¿El cliente pedirá una garantía empresarial?
6. En caso de fuerza mayor, ¿el cliente estará dispuesto a renunciar a algunos o a todos sus derechos de indemnización? Si es así, ¿cuáles podrían ser esas circunstancias?

- ¿Disputas laborales interpuestas por el personal, los agentes o los contratistas del proveedor?
- ¿Pagos atrasados?

El tema de las indemnizaciones es amplio y complejo. No hay normas que se puedan indicar aquí, excepto que se le debe prestar mucha atención y y que se debe solicitar consejo y asesoramiento experto.

Confidencialidad

Asegúrese de proteger cualquier información comercial confidencial relacionada con los asuntos privados del cliente. Algunos servicios de outsourcing requerirán, inevitablemente, que el proveedor tenga acceso legítimo a información confidencial, por lo que será importante imponer ciertas obligaciones al proveedor y su personal para que dicha información quede protegida.

Protección/seguridad

El cliente querrá imponer, cuando sea apropiado, sus normas y reglamentos de protección y seguridad. Esta sección debe incluir un resumen de ellos y detallarlos en una programación

Fin del contrato

Esta sección debe establecer las reglas para el cese del contrato a la luz de un abanico de circunstancias diferentes. Usted tendrá que decidir qué reglas se han de aplicar bajo las siguientes condiciones de cese:

- En virtud de incumplimiento del proveedor material.
- En virtud de incumplimiento del cliente material.
- En virtud de insolvencia, liquidación o incapacidad de pagar deudas del proveedor
- En virtud de cambio de propiedad del proveedor.
- En virtud de legislación gubernativa.
- En virtud del deseo del cliente de retirarse sin motivo.

Además, debe considerarse el cese parcial, que puede ser necesario en circunstancias en las que algunos aspectos del acuerdo pueden cesar pero sin perjudicar a otros.

Si hay motivos para que un contrato cese en virtud del incumplimiento de una parte:

- ¿Habrá un período de tolerancia?, y si es así, ¿de qué duración?
- ¿Se pedirá una compensación?, y si es así, ¿de qué cantidad?

En caso de cese del contrato, por incumplimiento del socio y también por su fin natural, habrá que considerar las consecuencias y dar respuesta a las siguientes preguntas:

- ¿A quién pertenecerán los activos?

- Si el proveedor tiene que proporcionar equipamiento o se ve obligado a dejar vacío un edificio, ¿quién paga los costes? ¿se pagará una compensación?
- ¿Qué disposiciones serán necesarias para

    — una nueva asignación de la propiedad intelectual?
    — el acceso a o la restitución de activos y documentación?
    — el acceso a o la recontratación de miembros clave del personal?
    — que el cliente pueda acceder a las instalaciones del proveedor, asegurar el mantenimiento de los niveles del servicio y facilitar la transferencia a terceros o al mismo cliente?
    — asegurar la cooperación del proveedor en la transferencia a terceros?
    — que los terceros puedan acceder a las instalaciones del proveedor?
    — mantener los niveles del servicio y las transferencia facilitadas?
    — el uso de productos patentados por parte del proveedor en la prestación del servicio?
    — determinar quién paga el coste de las transferencia del servicio?

Conflicto

En caso de conflicto, ¿se recurrirá a los tribunales, a un 'experto' o a un árbitro para que proponga una solución? Si el contrato especifica el nombramiento de un 'experto' como forma de resolver los conflictos, ¿qué organización independiente hará el nombramiento? Por ejemplo:

- El presidente del Colegio de Abogados.
- El director general de la asociación que agrupa los servicios involucrados.
- El instituto pertinente del servicio o del sector industrial específico.

Hay que tener cuidado con esta lista. Mientras que el Decano del Colegio de Abogados puede ser una elección obvia en el caso de un documento legal, un especialista del sector puede resultar más adecuado.

Interrupción

A menudo los clientes buscan contar con una 'ruta de escape' o cláusula de interrupción que les permita salir de los contratos de outsourcing que duren más de cinco años. Aunque tiene sentido incluir una cláusula de interrupción, su uso impropio conlleva serias implicaciones comerciales, debido a que los costes del proveedor estarán basados en una combinación de volumen de servicio requerido con duración del contrato (ver capítulo 12) y la cifra de inversión con su tasa de rendimiento en el tiempo. El 'tiempo' es, entonces, un elemento crítico en la fijación de precios de cualquier acuerdo de outsourcing. Esto significa que si usted le pide al proveedor que le de un precio para un acuerdo a cinco años y luego incluye un punto de interrupción al final del año tres, por ejemplo, el proveedor se ve obligado a basar sus cálculos en un acuerdo a tres años y no a cinco. Resulta obvio decir que esto tiene el efecto de subir el precio, cosa que no es de ninguna ayuda, especialmente cuando en realidad es improbable que usted necesite recurrir a la interrupción.

Existe una manera de contar con lo mejor (o casi) de ambos casos. Si se añade la idea de compensación a la opción de interrupción 'por sola voluntad', el proveedor puede basar sus cargos en la duración total del acuerdo sabiendo que, en caso de cese, quedará protegido, y el cliente puede rescindir el contrato a un coste que se reduce a medida que también se reduce lo que queda de la duración del contrato. Los principios de este enfoque se pueden resumir de la siguiente manera:

- El cliente puede interrumpir el acuerdo en cualquier momento.
- El cliente debe notificar su intención con al menos (12) meses de antelación.
- El proveedor no tendrá derecho a interrumpir el contrato.
- El proveedor será indemnizado por el cliente con respecto a:

  — todos los costes residuales justos y razonables en los que haya incurrido en nombre del cliente;
  — todos los costes de transición justos y razonables;
  — la pérdida de beneficios;
  — los costes residuales justos y razonables.

- Los costes de transición incluirán:

  — la formación del nuevo proveedor;
  — la gestión en la sombra o paralela con el nuevo proveedor;
  — los costes de entrega del control;
  — los costes en los que se ha incurrido como consecuencia de la transferencia de personal al nuevo proveedor;
  — La preparación de cualquier documentación adicional sobre procedimientos o prácticas que no exista y que con anterioridad no haya sido un requisito habitual para la prestación del servicio;
  — los costes legales que resulten de la interrupción.

- La pérdida de beneficios se calculará de la siguiente manera:

  ((por ejemplo, 75%) x componente del beneficio de los gastos fijos anticipados) + ((por ejemplo, 50%) x componente del beneficio del cargo por servicio adicional comprometido)

  Serían aplicables las siguientes interpretaciones:

- 'Gastos fijos anticipados' significa una suma igual a cualquier gasto fijo con respecto a requisitos futuros comprometidos más allá de la fecha de cese del contrato y a la estimación actual en ese momento de los requisitos futuros identificados por el cliente con respecto a todos los servicios comenzados antes de la fecha de ejercicio de la 'opción de interrupción'. Dichos gastos, si no fuera por el ejercicio de la opción de interrupción, serían pagaderos por el cliente al proveedor en caso de que el acuerdo expirase cinco años después de su fecha de comienzo.
- 'Cargo por servicio adicional comprometido' significa una suma igual a cualquier gasto por servicio adicional con respecto a requisitos futuros comprometidos más allá de la fecha de cese identificada por el cliente. Dichos cargos, si no fuera por el ejercicio de la opción de interrupción, los tendría que pagar el cliente al proveedor.
- 'Componente del beneficio' significa el margen bruto del objetivo acordado reducido en un (x por ciento) con respecto a los gastos generales.
- 'Costes residuales' significa aquellos gastos relacionados con el proveedor para los que existe una responsabilidad fija. Parece sensato sugerir que la responsabilidad del cliente por dichos costes residuales no se extienda más allá del año cinco a contar desde la fecha de comienzo del acuerdo de outsourcing, con base en que cinco años es un período suficientemente largo para absorber tales costes.

Acceso a auditoría

Los clientes pueden tener obligaciones de auditoría que deben mantenerse incluso si el servicio lo presta un tercero. Del mismo modo, el cliente puede querer asegurar la posible auditoría a los libros del proveedor en aquellas circunstancias en las que los acuerdos sobre cargos se basan en el sistema de 'libro abierto'. Por lo tanto, todas las obligaciones con respecto al acceso a auditoría del proveedor deben quedar registradas en esta sección.

Gestión del contrato

La gestión del contrato es una función importante de cualquier acuerdo de outsourcing (ver capítulo 19). El contrato debe poner al proveedor bajo la obligación de cumplir con los requisitos de gestión del contrato hasta donde esté involucrado, por ejemplo la entrega de informes de actividad. Los detalles de dichas obligaciones se deben describir en una programación adjunta. Un elemento principal en la programación de la gestión del contrato será el tema de la realización del servicio, y en particular, los acuerdos principales sobre nivel del servicio.

Si existe una historia satisfactoria de los requisitos del servicio y de la información relacionada con su prestación, el requisito del servicio preciso se puede intercalar y registrar en los acuerdos sobre el nivel del servicio después de que el contrato se haya puesto en marcha. El sentido de todo esto es imponer la obligación al proveedor de dirigir el trabajo real, una actividad que se realiza mejor después de entrar en vigor el contrato, cuando el proveedor está plenamente involucrado en el acuerdo.

Cláusulas estándar

Hay toda una gama de cláusulas estándar que los asesores legales querrán que sus clientes consideren para incluirlas en un borrador de contrato. Algunos ejemplos aparecen a continuación.

Publicidad: Los clientes pueden desear controlar los anuncios de prensa y otros tipos de publicidad.

Regalos ilegales: Los clientes pueden desear considerar como violación de las obligaciones contractuales al pago de incentivos ilegales por parte del proveedor a personal del cliente.

Fuerza mayor: Esta disposición puede excluir o no a ambas o a una de las partes de la responsabilidad contractual que comportan los efectos de circunstancias fuera del control de la parte obligada (ver Indemnizaciones más arriba).

Transferencia y subcontratación: Es práctica normal no permitir que el proveedor asigne el contrato de outsourcing a terceros. Sin embargo, los proveedores a menudo obtienen el permiso de subcontratar partes del acuerdo con organizaciones de especialistas, (por ejemplo limpiadores, transportes, entregas, mantenimiento de equipos) siempre que sigan siendo el contratista principal y que no queden desligados de ninguna obligación contractual (por ejemplo, la limpieza).

Acuerdo para la cesión de personal

El acuerdo para la cesión de personal describe los términos contractuales asociados con la transferencia de empleados al comienzo del contrato. Dicho acuerdo dejará de tener relevancia cuando todo el personal haya sido transferido. Su origen está en el trabajo realizado para definir las políticas de recursos humanos que se discuten en los capítulos 10 y 16. El acuerdo para la cesión de personal definirá en sí mismo las 'normas' para la transferencia de empleados, mientras que estos y sus detalles quedarán incluidos en la programación apropiada del acuerdo.

Acuerdo para la transferencia de activos

El acuerdo para las transferencia de activos describe los términos contractuales relacionados con dicha transferencia al comienzo del contrato, pero una vez que todos los activos hayan sido transferidos, probablemente perderá relevancia. Su origen está en el trabajo realizado para definir las políticas relacionadas con los activos que se discuten en los capítulos 11 y 16. El acuerdo para la transferencia de activos definirá en sí mismo las 'normas' para que sean traspasados, y los activos quedarán especificados en la programación apropiada del acuerdo.

Acuerdo de acomodación

El acuerdo de acomodación o distribución del espacio físico describe los términos contractuales relacionados con el uso de los lugares de trabajo relevantes. Define las 'normas' por las que se rige la acomodación, su uso y cualquier otro tema relacionado. Este acuerdo tendrá una relevancia duradera dependiento de las circunstancias que lo rodeen. Los acuerdos de acomodación son potencialmente complejos y un error contractual puede resultar muy caro. Se recomienda muy seriamente que se discutan la estructura y el contenido del acuerdo con un asesor legal adecuadamente cualificado.

Programaciones

Se han mencionado las programaciones varias veces en este capítulo. La programación de un contrato es un registro de detalles adicionales que describen o extienden el alcance de los términos y condiciones, o bien proporcionan un registro de los temas o asuntos afectados por los términos y condiciones. Las programaciones también pueden contener descripciones detalladas de procesos y mecanismos o copias de documentos relavantes a los que el contrato se refiere directamente.

La siguiente lista describe algunos de los temas o asuntos que son típicos de las programaciones de los contratos de servicios.

- Los servicios
  Descripción de los servicios que se han de prestar.
- Plan de implementación
  Copia del plan de implementación acordado.
- Proceso para controlar los cambios
  Descripción detallada del proceso para controlar los cambios acordados.
- Procedimiento de facturación
  Descripción de los acuerdos formales de pagos.
- Estructura para fijar cargos o costes
  En esta sección deben describirse todos los acuerdos completos que fijan los cargos. No permita que los acuerdos que fijan lo que usted va a pagar por el servicio aparezcan en alguna otra parte del contrato, y asegúrese de que esto sea así insistiendo que esta programación incluye una disposición que anula los detalles sobre cargos que no estén recogidos en ella.
- Acuerdo marco para el nivel del servicio (AMNS)
  Esta programación esbozará la obligación de producir un AMNS después del comienzo del contrato y describirá su contenido.
- Remedios financieros
  Si es necesario, esta sección describirá en detalle las medidas a tomar como remedios financieros.
- Valores tipo
  La calidad del servicio dependerá de los valores tipo acordados, que pueden incluir no sólo los valores técnicos, sino también los generales a los que el cliente se adapta por una cuestión de política, por ejemplo, seguridad en el lugar de trabajo, valores medioambientales o ergonómicos. El cliente también puede pedir que el proveedor se adapte a criterios de calidad certificada. Los valores tipo deben quedar claramente articulados en una programación.
- Proceso de reajuste
  Descripción del proceso de reajuste del contrato.
- Procedimientos de gestión del contrato
  Descripción detallada de las medidas acordadas para controlar y vigilar la actividad y los costes, las mejoras en el rendimiento, la administración, el acceso a auditorías, la utilización del espacio o acomodación y otros temas.

- Documentos previos

Copia (o referencia a una copia) de un documento significativo para el contrato, por ejemplo, copia de los acuerdos alcanzados con una organización sindical y que el proveedor debe respetar bajo los términos del acuerdo.

Vale la pena destacar que aunque los asesores legales se complacerán en redactar un borrador de los términos y condiciones del contrato, no les resultará tan fácil redactar las programaciones. Como parte del proceso de planificación, sería altamente beneficioso redactar las IRS de tal forma que, en su momento, resultara fácil reproducir directamente su texto en las programaciones del contrato, según conviniera.

Llegar a un acuerdo con rapidez

Los contratos de outsourcing son complejos y frecuentemente cubren circunstancias para las que, por un lado, hay una enorme cantidad de detalles, y por otro, muy poca información, por ejemplo los requisitos futuros no definidos. Recolectar estos datos, ponerlos en orden y asegurarse de su calidad puede causar un retraso significativo del proyecto, si se considera necesario que el contrato esté absolutamente completo antes de su firma y de su entrada en vigor. Existen algunas circunstancias, sin embargo, en las que la información detallada se puede recabar después de que el contrato haya comenzado (tal vez pueda hacerlo el proveedor) y consolidarla más tarde en los documentos contractuales apropiados. Algunos ejemplos aparecen a continuación.

Definición del servicio y niveles de actuación

En circunstancias en las que el acuerdo de outsourcing establece una transferencia completa de un proyecto o compromiso al proveedor, tal vez no sea necesario que el servicio y sus niveles asociados de actuación tengan que estar definidos con gran precisión antes de que se firme el acuerdo, siempre que:

- los límites y los componentes generales del servicio requerido estén descritos;
- los costes relacionados con aquellos servicios que residan dentro de los límites puedan ser calculados; y que
- el nuevo proveedor esté preparado para aceptar el compromiso de proporcionar servicios según el precedente histórico - requisito y resultados.

Bajo estas circunstancias, será totalmente razonable completar el trabajo detallado después de la firma del acuerdo.

Precio

En muchos acuerdos de outsourcing, la mayor parte de la base del coste se transfiere del cliente al proveedor. Por consiguiente, el proveedor se basa en la declaración de costes del cliente, tal como aparece presentada en las IRS, para formar su precio. Muchos proveedores piden un período de 'diligencia debida' inmediatamente antes de la firma del contrato, para que los costes reales (así como cualquier otro detalle de importancia comercial) puedan contrastarse con la información proporcionada en las IRS. Si el acuerdo es extenso y complejo, la entrada en vigor del contrato puede demorarse varios meses. Un enfoque alternativo es diseñar un 'proceso de verificación post-contrato' que permita comprobar los hechos después y que proporcione un proceso estrictamente mecánico para cambiar el precio si se descubren errores materiales.

Decisiones demoradas

Pueden haber circunstancias en las que demorar una decisión clave sea mutuamente beneficioso, y un ejemplo podría ser la asignación de la distribución del espacio al proveedor. Cuando el cliente tiene las oportunidades alternativas de disponer, puede ser comercialmente beneficioso que el proveedor tenga un período de gracia antes de comprometerse con la asignación de los temas relacionados con la acomodación. Si las circunstancias están adecuadamente documentadas en las programaciones, por ejemplo el tiempo previsto para las decisiones, el efecto sobre el precio, o las responsabilidades de las partes, no hay motivos para que el tema tenga que quedar resuelto antes de la firma.

Estos son tan sólo algunos ejemplos de lo que se puede hacer. Recuerde considerar cuidadosamente cada circunstancia, y cuando sea necesario, busque el consejo o el asesoramiento de los expertos.

14
Evaluación de las propuestas

La evaluación de un contrato convencional es bastante sencilla, pero la evaluación de un contrato para la provisión de servicios durante un período largo, en el que los requisitos cambiarán, está lejos de serlo. El propósito de este capítulo es ofrecer una visión más profunda y un apoyo práctico con respecto a la evaluación de las propuestas del proveedor, que entran en la naturaleza de las 'relaciones estratégicas'.

Visión general de la evaluación

Organización

La evaluación de las propuestas para un servicio a gran escala será compleja, y como resultado, habrá que tomar las medidas organizativas apropiadas lo antes posible. La Figura 14.1 propone un posible enfoque.

Panel de selección

El panel de selección estudiará todo el material de evaluación disponible y tomará la decisión final. Debería estar compuesto por directivos de alto rango e incluir representantes del departamento o departamentos destinatarios del ser-

Figura 14.1 Una estructura de evaluación

vicio que se busca y de los usuarios de los servicios que dichos departamentos prestan.

Equipo principal de evaluación

El equipo principal de evaluación efectivamente lleva y gestiona el servicio, desarrolla las metas del proyecto y, dependiendo de los términos de referencia que tenga, hace recomendaciones al panel de selección. Debería ser un equipo multidisciplinario pequeño, de no más de seis personas, al frente de las cuales debería haber un alto directivo del departamento para el que se contrata el servicio. Según el tamaño del proyecto, el equipo principal de evaluación se puede ver obligado a contar con más miembros cualificados para facilitar la atención a las tres áreas de evaluación: calidad, finanzas y referencias.

No es infrecuente que la tarea de procurar el servicio se delegue a niveles más bajos de la empresa. En el caso de proyectos de outsourcing grandes o complejos, es vital que esto no suceda, por las siguientes razones:

• Seguramente habrá necesidad de desarrollar políticas que luego pueden tener implicaciones de gran alcance para la organización en general.
• Todos los altos directivos de la empresa tendrán que estar involucrados en el proyecto de outsourcing y se verán influidos por éste.

Los directivos más jóvenes de la empresa no serán efectivos porque no es probable que tengan la amplitud de miras necesaria ni suficiente autoridad.

El alto directivo nombrado como líder del equipo principal de evaluación no debería ser miembro del panel de selección, y por lo tanto, no debería participar en sus decisiones, aunque obviamente asistiría a todas las reuniones de dicho panel como representante del equipo principal de evaluación. Este enfoque proporciona una separación entre el trabajo de evaluación detallado y la decisión final.

Recabar referencias, una parte clave del proceso de evaluación, puede llevar mucho tiempo. Por consiguiente, forme un pequeño equipo que se centre de forma continua en la tarea de recolección y análisis del material de referencia.

Proceso de evaluación

La figura 14.2 proporciona un resumen del proceso de evaluación

Relaciones entre los documentos de evaluación

A lo largo de la evaluación se utilizan muchos documentos y la Figura 14.3 ilustra la relación existente entre ellos. Cada documento recibirá una descripción detallada más adelante en este mismo capítulo.

Enfoque general de la evaluación

En la evaluación de un acuerdo complejo, hay un cierto número de facetas cuyos componentes principales se identifican a continuación y se discuten con mayor detalle más adelante en este capítulo.

Objetivos del acuerdo

Los objetivos del acuerdo ya se habrán fijado (ver capítulo 1), por lo que los modelos de evaluación deberán centrarse en ellos.

Lista final y evaluaciones primarias

Generalmente se requieren dos modelos de evaluación, uno para llegar a una lista final de candidatos y otro para determinar el proveedor preferido.

Consideración de las innovaciones

Los modelos de evaluación deben servir para comparar propuestas de manera análoga. Esto puede llevar a una cantidad excesiva de requisitos, lo que efectivamente impide la presentación de soluciones innovadoras y potencialmente de coste efectivo. O sea que tal vez resulte necesario pedir dos propuestas: una 'estándar' que se ajuste a un formato establecido adecuado para una comparación exacta, y otra 'no-estándar' que permita la introducción de innovaciones.

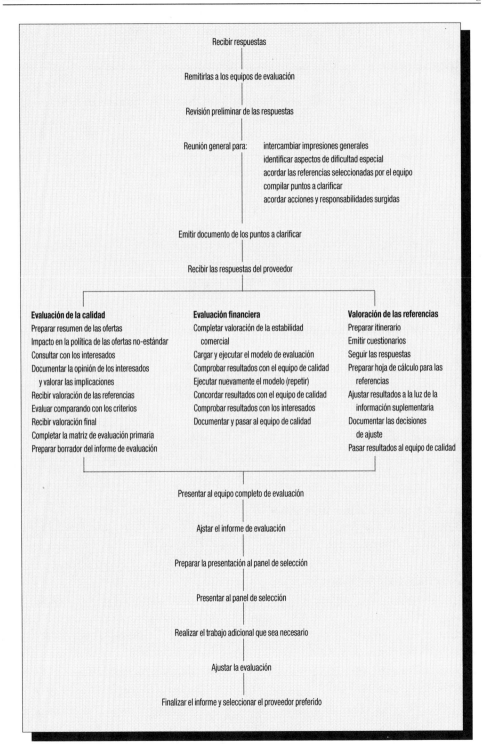

Figura 14.2 Un proceso de evaluación

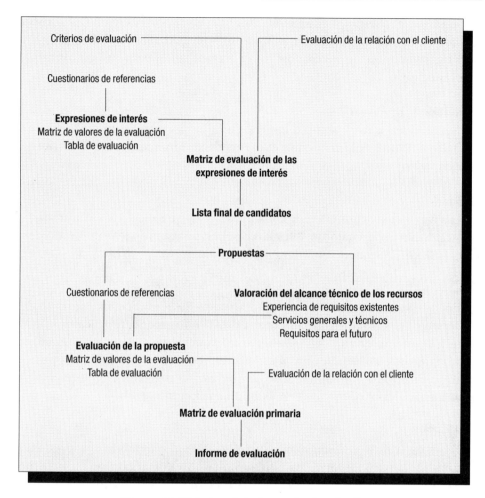

Figura 14.3 Relaciones de los documentos de evaluación

Relaciones

En el caso de un acuerdo previsto para que se aplique muchos anos, es importante valorar la capacidad de los proveedores potenciales de formar y mantener relaciones laborales efectivas durante largos períodos (ver capítulo 15).

Consorcios

Si el servicio requerido es grande y los recursos de un proveedor potencial son modestos en comparación, es común que los proveedores formen consorcios. Aunque no hay nada inherentemente malo en los consorcios, asegúrese de que haya un contratista principal al que se le pueda considerar responsable y con el que el cliente pueda firmar contrato en representación del consorcio. Además, será necesario examinar la situación legal y laboral del consorcio que se trate, estableciendo las disposiciones específicas al respecto en los modelos de evaluación.

Estabilidad comercial

Al entrar en una relación a largo plazo que posiblemente requiera importantes inversiones del proveedor, es esencial examinar su estado financiero y su estabilidad general.

Calidad

Las capacidades generales y la calidad del servicio son, por supuesto, componentes claves de cualquier servicio y deben ser examinadas con todo detalle en el proceso de evaluación.

Coste

El coste siempre será una parte importante de la evaluación, pero no debería ser un determinante fundamental. Dada la naturaleza empírica de la evaluación del coste, diferente de los aspectos algo menos estrictos relacionados con la calidad, se recomienda que al criterio del coste no se le asigne el peso que tiene en el sentido tradicional, sino que se le trate como un elemento separado a considerar dentro de la visión más amplia de la evaluación.

Valor añadido

En el capítulo 8 se discutió la naturaleza del valor añadido y se presentaron algunas ideas para lograrlo. Es difícil evaluar el valor añadido con un criterio único, pero si el acuerdo se prepara correctamente, el enfoque de evaluación sugerido a continuación permitirá hacerlo.

Propuestas estándar

Las propuestas estándar han de seguir de cerca las guías establecidas en las IRS (ver capítulo 16). Como consecuencia, las propuestas deben satisfacer las cuestiones de políticas incluidas en las IRS y servir de base común para su valoración.

Propuestas no-estándar

Por definición, las propuestas estándar deben imponer un abanico de restricciones sobre los proveedores, pero tal vez tengan el efecto de frenar la posibilidad de que los proveedores propongan un despliegue más innovador de sus recursos, lo que en consecuencia inhibiría el logro de beneficios adicionales para ambas partes.

Lograr estos beneficios adicionales puede requerir un cambio de política o políticas lo suficientemente profundo como para hacerlos inalcanzables. Sin embargo, es posible alcanzar un beneficio adicional destacado haciendo ajustes relativamente menores a las políticas, pero para ello, se debe invitar a los proveedores a presentar propuestas que, en principio, estén libres de restricciones políticas pero que cumplan con un mínimo de requisitos. Un ejemplo sería que las propuestas no-estándar deben incluir, como mínimo, los mismos elementos del servicio que incluyen las ofertas estándar.

El propósito de solicitar propuestas no-estándar es, entonces, todo lo siguiente:

- Asegurarse de que se han identificado los límites máximos de todos los beneficios posibles.
- Asegurar la consideración adecuada del grado en el que las políticas tendrían que cambiar para adquirir los beneficios, alcanzar un juicio claro de si las políticas deben cambiar para facilitar el logro de beneficios adicionales, y en caso de que las políticas no tengan que cambiar, documentar las razones para dejar de lado los beneficios adicionales.
- Protegerle a usted de los desafíos de los proveedores descartados, que creen que sus propuestas habrían sido mejores y se habría ahorrado dinero si se hubieran hechos pequeños ajustes de política.

Tenga presente que:

- Las IRS deben dejar claro que usted no estará obligado a aceptar ofertas que no son estándar. Esto le brinda protección contra las presiones para que acepte ofertas de bajo coste que exigen cambios inaceptables de política.
- Los términos y condiciones del contrato serán comunes a ambos tipos de propuestas, y por lo tanto, no pueden variarse dentro de una oferta no-estándar.
- Las ofertas estándar y no-estándar deben evaluarse aplicando los mismos criterios e igual proceso de evaluación para asegurar la comparación. Las ofertas no-estándar también estarán sujetas a una prueba adicional para identificar el impacto sobre las políticas del cliente. A partir de entonces se podrá juzgar si los cambios de política son aceptables·o no.

Bases para hacer la evaluación

Propuestas estándar y no-estándar

Las respuestas de los proveedores a las propuestas estándar y las no-estándar deben estudiarse bajo los siguientes títulos generales:

- Coste.
- Potencial para establecer y mantener una buena relación con el cliente.
- Estabilidad comercial.
- Impacto sobre la política (propuestas no-estándar solamente)
- Valoración de la calidad que ponga a prueba la capacidad de alcanzar los objetivos requeridos.

Matriz para la evaluación primaria

Se debe preparar una matriz de evaluación primaria que reúna todos estos factores de modo que facilite las discusiones y la decisión del panel de selección. La Figura 14.4 muestra una matriz de evaluación primaria para valorar las respuestas a las IRS.

La matriz de evaluación debe servir para evaluar las respuestas a la solicitud de expresiones de interés y a las IRS, aunque su forma y contenido variará ligeramente en cada caso. El epígrafe general de calidad debe valorarse mediante el uso de detallados criterios ponderados. Los epígrafes generales de coste, relación con el cliente, estabilidad comercial e impacto sobre la política no están sujetos a inclusión dentro de la valoración general de la calidad, y por lo tanto, se valoran por separado.

Aunque se deben hacer todos los esfuerzos necesarios para identificar criterios objetivos y que se puedan medir fácilmente, muchos aspectos de la evaluación serán inevitablemente objeto de juicios personales. En consecuencia, todas las anotaciones o entradas deberán examinarse, discutirse y acordarse por el equipo de evaluación en general, documentando los juicios u opiniones. Como precaución final para aquellas organizaciones en las que se dé el caso, puede resultar útil contar con la presencia de representantes de funciones de auditoría interna en todas las reuniones de evaluación, ya que ellos podrán auditar formalmente las decisiones que se tomen.

Las IRS deben identificar los requisitos mínimos que la respuesta del proveedor debe contemplar, y aquellas respuestas que no se ajusten se deben descartar. El panel de selección pasaría entonces a tomar en consideración todos los

Clasific.	Proveedores						Impacto en la política
	Estándar			No-estándar			
	A	B	C	A1	B1	C1	
	% / Valor	% / Valor	% / Valor	% / Valor	% / Valor	% / Valor	
Coste — VAN, % Reducción, % Reducción CSA, % Reducción XXX							
Relación con el cliente — Buena							
Estabilidad comercial — Estable							
Valoración de calidad							
Capacidad de outsourcing — Buena							
Objetivo 1 — Buena							
Objetivo 2 — Buena							
Preocupación por la plantilla — Buena							
Valor total de la calidad							

Figura 14.4 Matriz de evaluación primaria

aspectos de la matriz de evaluación primaria y cualquier otro que juzgue relevante para llegar a una decisión. Cabe destacar que no se trata de que cada epígrafe se considere un obstáculo a remover antes de pasar al siguiente elemento de la matriz, ni tampoco que los epígrafes se engloben en un único índice de resultados, ya que una suma total de ese tipo mezclaría diferentes valores de actividad para llegar a un resultado engañoso.

Los epígrafes de relación, estabilidad comercial y calidad han quedado separados deliberadamente para permitirle al panel de selección la libertad de juzgar el efecto individual de estos aspectos cuando se consideran en conjunto.

Matriz de evaluación primaria - epígrafes generales

Coste

El coste de las respuestas del proveedor, considerado para toda la duración del acuerdo, debe valorarse en las siguientes categorías generales:

- VAN (valor actual neto)
  Se trata de un análisis estándar para conocer el valor actual neto de cada propuesta.
- % de reducción
  Los proveedores propondrán un precio para el servicio habitual o para cada actividad específica del servicio habitual (ver capítulo 12). Los precios propuestos se deben comparar con los costes actuales y previstos del cliente, considerando el potencial de mejora interna de los resultados, y la diferencia se debe expresar como un porcentaje de reducción (o de incremento) dentro de la matriz. Una reducción del coste se debe expresar como un número positivo y un incremento se debe expresar entre paréntesis para denotar un número negativo.
- % de reducción del CSA (cargo por servicio adicional)
  Habrá cargos por servicios además de los establecidos para la prestación habitual, los llamados cargos por servicios adicionales (en forma abreviada, CSA en la Figura 14.4) (ver capítulo 12). Se creará una lista de estos servicios adicionales y se fijará el coste medio por unidad de servicio, lo que formará una línea de base que servirá para comparar los cargos del proveedor y para expresar la diferencia como un porcentaje de reducción (o incremento) dentro de la matriz. Una reducción del coste se debe expresar como un número positivo y un incremento del coste se debe expresar entre paréntesis para denotar un número negativo.
- % de reducción de XXX (otros componentes del servicio)

Pueden existir diferentes regímenes de cargos por otros componentes del servicio. Su tratamiento debe seguir las líneas generales discutidas más arriba pero usando parámetros diferentes.

Relación con el cliente

Hará falta examinar la capacidad de cada proveedor de crear y mantener una relación del tipo buscado (ver capítulo 15). Los juicios serán necesariamente subjetivos, pero deberán basarse en los objetivos declarados por el proveedor para participar en la relación (ver capítulo 17), los resultados de las visitas de referencias y cualquier otra información disponible.

El proveedor debe ser valorado como pobre, marginal, bueno o excelente. El nivel mínimo para obtener un 'aprobado' debe ser 'bueno', y una valoración de 'pobre' debe tener como resultado una descalificación automática. La valoración 'marginal' debe discutirse en el panel de selección, quien tomará en consideración todos los otros factores de valoración antes de llegar a una decisión.

Estabilidad comercial

La estabilidad comercial de los proveedores y sociedades matrices debe valorarse basándose en sus resultados financieros de los tres años anteriores, junto con otros factores como su cuota de mercado y el impacto en las tendencias del sector. La valoración es de 'aprobación' o 'suspenso', lo que quiere decir que los proveedores serán juzgados como estables o inestables. Estos últimos quedarán descalificados.

Impacto de la política (sólo para propuestas no-estándar)

El impacto de la política de las propuestas no-estándar se estudiará para cada uno de los epígrafes de calidad, y se le designará como mínimo, significativo o considerable. A continuación, el panel de selección juzgará los méritos relativos de cada propuesta no-estándar en relación con las implicaciones del cambio de política requerido. El panel de selección deberá considerar todas las propuestas no-estándar pero no tendrá la obligación de aceptar una de ellas por más atractiva que parezca.

Valoración de la calidad

Se debe examinar la calidad de las propuestas para determinar la capacidad del proveedor de alcanzar los objetivos fijados. Para ello, hará falta desarrollar criterios detallados y ponderaciones adecuadas. Además, se deben solicar datos de actividad real a referentes designados por el proveedor (ver más adelante en este capítulo un cuestionario de referencias completo y el Apéndice B).

La categoría de la capacidad de outsourcing está relacionada con el examen de las infraestructuras del proveedor para dar el servicio, lo que permitirá valorar la forma en que el proveedor entiende el outsourcing y la robustez de su sistema de proveerlo. El examen de la capacidad de outsourcing debe notarse en los valores dados a cada objetivo, porque un proveedor, por ejemplo, puede contar con las herramientas y habilidades adecuadas pero no tener medios fuertes o sostenibles para alcanzar dichos objetivos. Las Figuras 14.6 y 14.10 de este capítulo sugieren algunos criterios y ponderaciones a considerar.

La valoración inicial se hace completando la matriz de evaluación que aparece al final de este capítulo (Figura 14.10). A continuación, los valores se decantan a la tabla de evaluación (Figura 14.11), lo que proporcionará un análisis de cada epígrafe y objetivo general.

Para valorar las expresiones de interés, cada epígrafe general debe estar sujeto a un valor mínimo. Si es posible, los valores mínimos deben basarse en la valoración de la capacidad actual del cliente hasta donde pueda compararse con los requisitos de la relación contractual. Es probable que el umbral mínimo por debajo del cual se deba descalificar un proveedor sea del orden del 50 por ciento, aunque podría ser más alto.

Los valores del proveedor deben reunirse en la tabla de evaluación, de modo que se pueda comparar el valor total de un proveedor con el valor máximo posible y el valor en porcentaje calculado. Éste indicará, entonces, la valoración a hacer sobre la siguiente base:

- Pobre
  Un valor en porcentaje por debajo del 50 por ciento significará la descalificación, aunque se tendrán que considerar todos los aspectos del proceso de evaluación antes de llegar a una decisión.
- Marginal
  Un valor en porcentaje entre 51 y 59 por ciento debería ser equivalente a descalificación, pero puede necesitar unos análisis de sensibilidad más exhaustivos y una discusión explícita del panel de selección. Dicho panel debe determinar si es apropiado aplicar la descalificación a quien corresponda en la lista final de candidatos.
- Bueno
  Un valor en porcentaje entre 60 y 89 por ciento debe considerarse como aceptable.
- Excelente
  Cualquier valor en porcentaje por encima del 90 por ciento significa la aprobación automática y normalmente garantiza la inclusión en la lista final de candidatos.

Para la valoración de las respuestas a las IRS, para completar la matriz de evaluación primaria, los epígrafes generales no deben estar sujetos a un valor mínimo. Los valores del proveedor deben reunirse en la tabla de evaluación, y el valor final de un proveedor se deberá comparar entonces con el valor máximo posible y el valor en porcentaje calculado. El valor en porcentaje indicará, así, la calificación que se ha de otorgar, con base en los conceptos pobre, marginal, bueno o excelente.

Al determinar el proveedor preferido, el panel de selección debería tomar en consideración los siguientes factores:

- Los valores, califaciones e información sobre costes de la matriz de evaluación primaria.
- Cualquier grupo o subgrupo particular de valores de la matriz de evaluación primaria que ayuden a diferenciar las propuestas.
- Cualquier otra información, contenida en las propuestas o en las referencias recabadas, que no haya quedado reflejada en el modelo formal de evaluación.

Evaluación de las expresiones de interés

La matriz para evaluar las expresiones de interés aparece en la Figura 14.5 y es un subconjunto de la matriz de evaluación primaria. Cabe destacar que en esta etapa no se requiere información sobre costes, ya que se trata sobre todo de examinar la capacidad general y no propuestas concretas para un requisito específico. De hecho, la capacidad del proveedor se examina sobre una base general antes de que tenga que realizar ningún trabajo detallado de costes, porque de este modo se minimizan los costes de la oferta, tanto para el proveedor como para el cliente, y se reduce la posibilidad de que se presenten ofertas con precios inútilmente bajos por parte de proveedores no cualificados.

Criterios para la evaluación primaria y de las expresiones de interés

Los criterios de evaluación variarán en línea con los requisitos específicos, por lo que no se puede ser preceptivo, pero en general, los criterios aplicados a la evaluación de las expresiones de interés presentadas a consideración serán un subconjunto de los utilizados para completar la matriz de evaluación primaria. El equipo principal de evaluación deberá decidir cuáles criterios son relevantes para su circunstancia particular. La Figura 14.6 presenta algunos criterios genéricos que pueden tener que ser modificados, y la lista debe aumentarse con criterios específicos del sector.

	Requisito mínimo	Proveedores											
		A		B		C		D		E		F	
		%	Valor	%	Valor	%	Valor		Valor		Valor		Valor
Relación con el cliente	Buena												
Estabilidad comercial	Estable												
Valoración de la calidad													
Capacidad de outsourcing	Buena												
Objetivo 1	Buena												
Objetivo 2	Buena												
Preocupación por el personal	Buena												
Valor total de la calidad													

Figura 14.5 Matriz para las expresiones de interés

Objetivos del proveedor para establecer la relación

Evidencia de capacidad de reestructuración por medio de ejemplos con resultados

Alcance técnico de los recursos

Consorcios - naturaleza de la relación - responsabilidades de las partes

Enfoque general de la relación

Experiencia en la creación con éxito de una relación como la requerida

Experiencia en integración

Escala de los recursos disponibles

Apoyo al desarrollo del negocio

Gestión de entornos operativos a gran escala

Evidencia de la gestión del cambio dentro de la propia empresa y dentro de la organización absorbida

Medidas para mantener y desarrollar la relación

Metodología para la prestación del servicio

Metodología para la implementación del contrato

Plan de implementación

Enfoque general de la transferencia de personal y términos y condiciones habituales

Formación de personal y acuerdos de desarrollo

Grado de capacidad de apoyo a entornos con vendedores múltiples

Alcance de la filosofía de la empresa orientada a los servicios

Acuerdos sobre pensiones

Registro del crecimiento y de la reducción del personal durante los tres últimos años

Flexibilidad del acuerdo propuesto

Experiencia en el sector específico

Experiencia en outsourcing

Figura 14.6 Criterios genéricos de evaluación

Criterios genéricos ampliados

Objetivos del proveedor para establecer la relación

Se diseñan para verificar la 'adecuación' entre los objetivos del cliente y los del proveedor para establecer la relación. Los objetivos del proveedor deben valorarse por su compatibilidad general con los objetivos del cliente, la capacidad del cliente de atender a las implicaciones asociadas con los objetivos del proveedor y la posibilidad de medirlos. En el caso de los consorcios, se deben valorar los objetivos de sus integrantes.

Evidencia de capacidad de reestructuración por medio de ejemplos con resultados

Criterios pensados para comprobar la capacidad de los proveedores de apoyar la reestructuración de actividades funcionales del cliente en caso de ser necesario. Se debe valorar hasta qué punto los proveedores dependen de un enfoque particular y la base sobre la cual dispondrán de las herramientas y técnicas apropiadas. Se deben considerar como mínimo cinco referencias y aportar evidencia empírica que demuestre la capacidad.

Alcance técnico de los recursos

Es un criterio diseñado para comprobar las capacidades de los proveedores en cuanto a su abanico de productos y habilidades relevantes, así como también un factor primario para determinar la capacidad de los proveedores de responder con rapidez y flexibilidad a los cambiantes requisitos del cliente.

El alcance de la capacidad técnica se debe comprobar en términos del número de productos respaldados por el proveedor, la cantidad de empleados disponibles para apoyar o respaldar cada producto y el nivel de capacitación de dichos empleados. Más adelante en este mismo capítulo se proporcionará una base sobre la cual valorar las capacidades técnicas.

Consorcios - naturaleza de la relación - responsabilidades de las partes

Se trata de criterios pensados para reflejar los problemas adicionales que pueden tener lugar entre las partes de un consorcio, tanto en el mantenimiento de su relación por un período extenso como en la prestación de un servicio coherente. El valor positivo máximo debe ser cero y el valor negativo máximo debe ser (x). Es importante valorar las influencias negativas de los consorcios de este modo, ya que los aspectos positivos, tales como la capacidad adicional de absorber personal, capacidades más amplias, o más herramientas, aparecerán automáticamente al considerar los criterios diseñados para examinar esos aspectos particulares.

Enfoque general de la relación

Criterio diseñado para poner a prueba la estructura organizativa propuesta para la relación en términos de claridad, simplicidad y practicidad.

Experiencia en la creación con éxito de una relación como la requerida

Es un criterio que sirve para comprobar la relativa experiencia en la creación y mantenimiento de una relación estratégica del estilo y del tamaño de la que se pretende. Los proveedores deben describir ejemplos e incluir su duración, tamaño, naturaleza y objetivos.

La intención básica es comprobar la experiencia del proveedor en la creación y mantenimiento de relaciones con clientes en circunstancias en las que el proveedor tiene la responsabilidad directa de la gestión operativa, en representación del cliente, de aquellos recursos que han sido transferidos del cliente al proveedor. Las relaciones basadas solamente en la simple prestación de servicios no deben tenerse en cuenta para valorarlas bajo este criterio. Los acuerdos con una duración inferior a cinco años deben recibir una valoración más baja que los acuerdos con una duración de cinco años o más. Se deben estudiar cinco referencias.

Experiencia en integración

Este criterio está pensado para comprobar la capacidad y la experiencia de los proveedores de trabajar con otros proveedores en la integración de un cierto número de corrientes complejas de actividad. La valoración debe considerar la cantidad de años durante los que se han proporcionado servicios de integración, el número de acuerdos actualmente en vigor y el total de acuerdos firmados desde que se comenzó a ofrecer los servicios. Se deben estudiar cinco referencias y los proveedores deben aportar detalles sobre los diez contratos más grandes (en términos de costes durante su validez).

Escala de recursos disponibles

Este criterio sirve para examinar los recursos basados en el 'servicio' disponibles en todo el mundo, en Europa y en el propio país. La escala de recursos será un factor clave para determinar la capacidad de los proveedores de absorber los requisitos del cliente y de responder con rapidez y flexibilidad a las necesidades cambiantes.

Apoyo al desarrollo del negocio

Criterio diseñado para poner a prueba la sofisticación de las infraestructuras de realización en términos de su capacidad para vincular los recursos del proveedor con los requisitos del negocio del cliente. En particular, esta categoría debe valorar la estructura de la organización en cuanto al grado en el que se dirige hacia el negocio y los requisitos estratégicos del cliente, el apoyo al servicio habitual y el enfoque general adoptado.

Gestión de entornos operativos a gran escala

Criterio pensado para comprobar la capacidad de los proveedores de gestionar entornos operativos a gran escala, si es el caso, mediante el examen de la cantidad de entornos gestionados, la cantidad de entornos múltiples apoyados y el nivel general de resultados obtenidos. Se deben examinar cinco referencias y los proveedores deben aportar detalles de los diez contratos más grandes (en términos de costes durante su validez).

Evidencia de la gestión del cambio dentro de la propia empresa y dentro de la organización absorbida

Es un criterio que sirve para verificar la capacidad de los proveedores de gestionar programas de cambio a gran escala dentro de sus propias empresas y dentro de aquellas organizaciones adquiridas a través de relaciones estratégicas. Se debe solicitar evidencia que demuestre el número y el alcance de los programas de cambio realizados y también sus objetivos, logros y resultados.

Para los propósitos de este criterio, un acuerdo de outsourcing por sí mismo no constituye un programa de cambio. Los programas de cambio deben estar constituidos adecuadamente, con términos de referencia claros y logros formales. Los proveedores deben aportar detalles sobre los diez contratos más grandes (en términos de costes durante su validez) y se deben examinar cinco referencias.

Medidas para mantener y desarrollar la relación

Se trata de un criterio para examinar las propuestas de mantenimiento y desarrollo de la relación entre cliente y proveedor. En concreto, debe valorar la estructura que se propone para mantener y desarrollar la relación, los medios por los que se mantendrá la vitalidad de la misma y también los medios por los que se asegurará el logro de los objetivos establecidos para la relación.

Metodología para la prestación del servicio

Es un criterio diseñado para examinar la metodología que se aplicará a la prestación del servicio, tanto en su adecuación al propósito como en el nivel de sofisticación de outsourcing alcanzado por el proveedor. En particular, debe valorar la estructura de la organización para prestar el servicio, las disposiciones de apoyo al usuario, los acuerdos para informar sobre los resultados y el acuerdo marco sobre el nivel del servicio.

Metodología para la implementación del contrato

Se trata de un criterio diseñado para examinar la metodología que se aplicará a la implementación del contrato, tanto en su adecuación al propósito como en el nivel de sofisticación de outsourcing alcanzado por el proveedor. En particular, debe valorar la claridad con la que se identifican los aspectos de la implementación, el grado de énfasis puesto en las actividades principales, los recursos desplegados en cada caso y la programación de tiempo en la fase de implementación.

Plan de implementación

Examina la aplicación de la metodología para la implementación del contrato. Dado que el plan detallado para la implementación del contrato está relacionado específicamente con el cliente, se debe valorar por su adecuación al propósito fijado y por el nivel de sofisticación de outsourcing alcanzado por el proveedor.

Enfoque general de la transferencia de personal y términos y condiciones habituales

Diseñado para examinar el nivel de sofisticación de las estructuras relacionadas con la trasferencia de personal. En particular, valorará el grado de integración del personal cedido en la organización del proveedor, los medios por los que se concreta la cesión, hasta dónde se pueden comparar los términos y condiciones del proveedor con los del cliente, el grado de flexibilidad mostrado por el proveedor cuando busca negociar términos y condiciones individuales y el uso que hace de la asignación temporal de tareas durante el proceso de transferencia.

El uso de la asignación temporal de tareas durante el proceso de transferencia puede significar una valoración negativa porque aumenta la incertidumbre de los empleados, prolonga el período de transferencia y retrasa el momento en el que se estabilizan los empleados y los servicios. El uso de la asignación temporal de tareas dentro del proceso de transferencia no se debe confundir con el mismo uso posterior al proceso, ya que en este caso los cambios de tareas pueden resultar útiles para establecer la relación y lograr un mayor nivel de flexibilidad y desarrollo del personal.

Formación de personal y acuerdos de desarrollo

Este criterio está diseñado para comprobar la sofisticación de las infraestructuras relacionadas con la formación y el desarrollo del personal. En concreto, valorará la naturaleza de los sistemas propuestos, la eligibilidad del personal transferido para participar en ellos, la programación de tiempo para llegar a la participación total y el grado en el que se supervisa y asegura la participación.

Grado de capacidad de apoyo de entornos con vendedores múltiples

Este criterio sirve para examinar la capacidad de los proveedores de apoyar, cuando se dé el caso, entornos con vendedores múltiples considerando el número de diferentes vendedores que se respalda y la cantidad de entornos con vendedores múltiples que se gestionan en la actualidad. Se deben considerar cinco referencias.

Alcance de la filosofía de la empresa orientada a los servicios

Criterio diseñado específicamente como un reto a los fabricantes de equipamientos que creen que pueden proporcionar 'servicios' sin entender las diferencias entre fabricación y prestación de servicios. Comprueba el número de años durante los que los 'servicios', en oposición a la fabricación, han sido una actividad principal de la empresa, y también establece el total de ingresos por 'servicios' así como la importancia de los ingresos por 'servicios', como porcentaje de la facturación total.

Acuerdos sobre pensiones

Se trata de una comparación entre los acuerdos de pensiones ofrecidos por los proveedores y los que tiene actualmente el cliente.

Registro del crecimiento y la reducción de personal durante los tres últimos años

Es un criterio que examina la capacidad de los mecanismos de prestación de servicios y de desarrollo organizativo para hacer frente a un significativo crecimiento del negocio y sus implicaciones para el personal. Se deben valorar los siguientes aspectos:

- Ingresos y beneficios por 'servicios' antes de impuestos de los tres últimos años.
- Grado de crecimiento de los ingresos y beneficios por 'servicios' año por año.
- Número de empleados relacionados con los 'servicios' año por año.
- Número bruto de empleados relacionados con los 'servicios' que han sido desvinculados año por año (cualquiera que sea la causa).

Flexibilidad del acuerdo propuesto

Criterio diseñado para comprobar la flexibilidad de las propuestas de los proveedores según el grado de restricciones contractuales y la simplicidad y flexibilidad de las fórmulas de control.

Experiencia en el sector específico

Este criterio examina la experiencia en el sector de actividad específico del cliente en cuanto a grado de participación, naturaleza de la experiencia obtenida y también de cualquier otra experiencia relevante.

Experiencia en outsourcing

Criterio que sirve para comprobar el grado de experiencia del proveedor en outsourcing mediante el examen del número de clientes con un perfil de requisitos similar al del cliente, el número de años durante los que ha prestado servicios de outsourcing, el número de acuerdos de outsourcing que tiene actualmente en vigor y la cantidad total de acuerdos de outsourcing firmados desde que ofreciera el servicio por primera vez. Se deben estudiar cinco referencias y los proveedores deben aportar detalles de los diez contratos más grandes (en términos de costes durante su validez).

Consideración de referencias

A pesar de que valorar los criterios relacionados con la calidad es algo particularmente subjetivo, en cierto grado es posible contrarrestar los efectos de la subjetividad mediante la consideración de una amplia gama de referencias, aunque de forma muy estructurada. Se debe considerar un gran número de referencias por las siguientes razones:

- Si están estructurados en la forma adecuada, los puntos de vista subjetivos se pueden convertir en valoraciones.
- Las respuestas tendrán un mayor valor estadístico.
- Los efectos de los pronósticos estadísticos quedarán minimizados.

Relacionando las referencias con los criterios de evaluación, resulta posible contruir un cuestionario de referencias pensado para lograr una visión más objetiva de la acción del proveedor. El Apéndice B contiene un cuestionario muestra, que incluye el cuestionario de relación con el cliente.

Valores en la evaluación de la calidad

Dos hojas de cálculo de evaluación captan los valores de la calidad, la matriz de evaluación de los valores (Figura 14.10) y la tabla de evaluación (Figura

14.11). Habrá dos grupos de valores, uno para las expresiones de interés y otro para la evaluación primaria.

Aunque habrá superposición de información entre los grupos, la evaluación de las expresiones de interés será necesariamente menos rigurosa que la evaluación primaria. Las hojas de evaluación primaria contendrán algunos criterios que no estén incluidos en las hojas de expresión de interés, y se deberá considerar una gama más amplia de referencias y realizar una exploración en mayor profundidad de los aspectos técnicos y de actividad. De forma ideal, las referencias para las expresiones de interés no serán las mismas que las presentadas para la evaluación primaria, aunque en algunos casos la repetición será necesaria.

Matriz de evaluación de los valores

La matriz de evaluación de los valores es la hoja de cálculo en la que constan los valores ponderados básicos otorgados a cada proveedor, como ilustra la Figura 14.10. Cabe destacar que cualquier número contenido en la ilustración es solamente indicativo.

Tabla de evaluación

La tabla de evaluación asigna, por proveedor y criterio, los valores ponderados básicos otorgados a los objetivos establecidos para la relación. La Figura 14.11 proporciona un ejemplo de tabla de evaluación. Los números contenidos en la ilustración son solamente indicativos.

Valoración del alcance técnico de los recursos

El alcance técnico de los recursos de que dispone el proveedor es de importancia crítica para la prestación flexible de servicios futuros. En general, un alcance amplio significa mayor flexibilidad. El alcance técnico de los recursos debe valorarse bajo los siguientes epígrafes:

- Experiencia con productos o servicios relevantes actualmente en uso por el cliente y que puede transferirse al proveedor.
- Servicios generales y técnicos - la extensión general de la experiencia técnica.
- Requisitos del futuro - en particular, conocimiento y experiencia en áreas de interés conocidas.

Experiencia con productos y servicios actuales

Los proveedores deben completar la tabla 'Experiencia con productos y servicios actuales' (ver Figura 14.7), indicando el número de empleados con al menos dos años de experiencia significativa. Dicho número se debe multiplicar a continuación por la ponderación. Esta tabla debe contener una lista de los productos primarios y los servicios en uso en la actualidad.

Servicios generales y técnicos

Los proveedores deben completar la tabla 'Servicios generales y técnicos' (ver Figura 14.8), indicando el número de empleados con al menos dos años de experiencia significativa. Dicho número se debe multiplicar a continuación por la ponderación.

Requisitos del futuro

Los proveedores deben completar la tabla 'Requisitos del futuro' (ver Figura 14.9), indicando el número de empleados con al menos dos años de experiencia significativa. Dicho número se debe multiplicar a continuación por la ponderación. Esta tabla debe contener una lista de los productos, habilidades y servicios que se utilizan en la actualidad, así como también los que se considere que probablemente serán necesarios en el futuro.

Conversión de valores en la matriz de evaluación

El criterio 'alcance técnico de los recursos', dentro de la matriz de evaluación, tendrá un valor máximo de 150, por ejemplo. Por lo tanto será necesario convertir los valores reales de las Figuras 14.7, 14.8 y 14.9 a un valor que esté dentro de los límites permitidos por la matriz de evaluación de los valores (150). Esto se puede hacer aplicando un factor de reducción a cada sección, de modo que los valores de las secciones combinadas estén dentro del límite de (150), como se explica a continuación:

- Experiencia con productos y servicios actuales = (30 por ciento).
- Servicios generales y técnicos = (40 por ciento).
- Requisitos del futuro = (30 por ciento).

Servicio 1	Peso	Nº de empl.	Valor	Producto 1	Peso	Nº de empl.	Valor	Servicio 2	Peso	Nº de empl.	Valor
Partida 1				Partida 1				Partida 1			
Partida 2				Partida 2				Partida 2			
Partida 3				Partida 3							
Partida 4											
Partida 5											
Partida 6											
Subtotal				Subtotal				Subtotal			
Ponderación del grupo				Ponderación del grupo				Ponderación del grupo			
Total				Total				Total			

Total de la experiencia

Figura 14.7 Experiencia de productos y servicios actuales

Capacidad funcional	Peso	Practicante preparado	Pract. muy preparado	Practicante experimentado	Practicante especialista	Practicante principal	Director	Valor total
Reestructuración, conversión y migración								
Instalaciones y capacidades de laboratorio								
Gestión de la configuración y el cambio								
Gestión del proyecto								
Inspección de calidad								
Auditoría técnica								
Evaluación de productos comparables								
Planificación estratégica								
Investigación y desarrollo técnico								
Estimación de la viabilidad								
Anál. de inf. sobre la empresa y los productos								
Total								

Capacidad funcional	Peso	Practicante preparado	Pract. muy preparado	Practicante experimentado	Practicante especialista	Practicante principal	Director	Valor total
Total								

Figura 14.9 Requisitos del futuro

	Totales por criterios			
	Máximo		**Real**	
	%	Valor	%	Valor
Objetivos de los proveedores para establecer la relación	100	150		
"Adecuación" general	40	60		
Grado en el que la visión comercial del proveedor ayudará a los objetivos	100	60		
Grado en el que la visión comercial del proveedor puede impedir los objetivos - valor mínimo (60)	0	0		
Capacidad para hacer frente a las implicaciones de los objetivos del socio	30	45		
Implicaciones de realización	40	18		
Implicaciones comerciales	40	18		
Implicaciones legales	20	9		
Capacidad para medir objetivos	30	45		
Metas claramente definidas	50	22.5		
Adecuación del sistema de indicadores	50	22.5		
Evidencia de la capacidad de reestructuración	100	150		
Evidencia de la mejora de resultados lograda	40	60		
Grado de dependencia del proveedor de un enfoque o unas herramientas	30	45		
Base sobre la que las herramientas y técnicas se han de poner a disposición	30	45		
Alcance técnico de los recursos	100	150		
Experiencia de productos actuales, servicios técnicos y requisitos futuros	100	150		
Subtotal (suma y sigue)		450		

Figura 14.10 Matriz de evaluación de los valores

	Totales por criterios			
	Máximo		**Real**	
	%	**Valor**	**%**	**Valor**
Subtotal (suma anterior)		450		0
Consorcios - naturaleza de la relación	100	0		
Responsabilidades de las partes - valor mínimo (150)				
Capacidad para trabajar conjuntamente con éxito - valor mínimo (60)		0		
Evidencia de haber completado proyectos conjuntos con éxito - valor mínimo (18)		0		
Evidencia de haber participado con éxito en acuerdos de outsourcing - valor mínimo (42)		0		
Responsabilidades de las partes - valor mínimo (45)				
Claridad de límites - valor mínimo (29)		0		
Enfoque apropiado de la capacidad - valor mínimo (8)		0		
Superposición de capacidades - potencial de conflicto - valor mínimo (8)		0		
Acuerdos organizativos propuestos entre las partes - valor mínimo (45)		0		
Número de partes $-2 = 0$, $3 = (5)$, $>3 = (29)$		0		
Claridad de estructura - valor mínimo (8)		0		
Simplicidad de enfoque - valor mínimo (8)		0		
Enfoque general de la relación	100	120		
Naturaleza y estructura de la entidad legal	50	60		
Simplicidad de enfoque	25	30		
Claridad de enfoque	25	30		
Subtotal (suma y sigue)		570		

Figura 14.10 Matriz de evaluación de los valores (continuación)

	Totales por criterios			
	Máximo		**Real**	
	%	Valor	%	Valor
Subtotal (suma anterior)		570		0
Experiencia en la creación con éxito de una relación como la requerida	100	120		
Número de relaciones creadas	30	36		
Duración de las relaciones	30	36		
Más de cinco años de antigüedad	66	24		
Menos de cinco años de antigüedad	33	12		
Naturaleza y objetivos de las relaciones	40	48		
Experiencia en integración	100	100		
Grado en el que los proyectos han tendio éxito	60	60		
Logrados dentro del tiempo planificado	30	18		
Logrados dentro de los presupuestos	30	18		
Logrados a satisfacción del cliente	40	24		
Cantidad de años que se han ofrecido los servicios	20	20		
Cantidad de acuerdos actualmente en funcionamiento	20	20		
Escala de los recursos disponibles	100	100		
Base de recursos para servicios mundiales	40	40		
Base de recursos para servicios europeos	30	30		
Base de recursos para servicios nacionales	30	30		
Subtotal (suma y sigue)		890		

Figura 14.10 Matriz de evaluación de los valores (continuación)

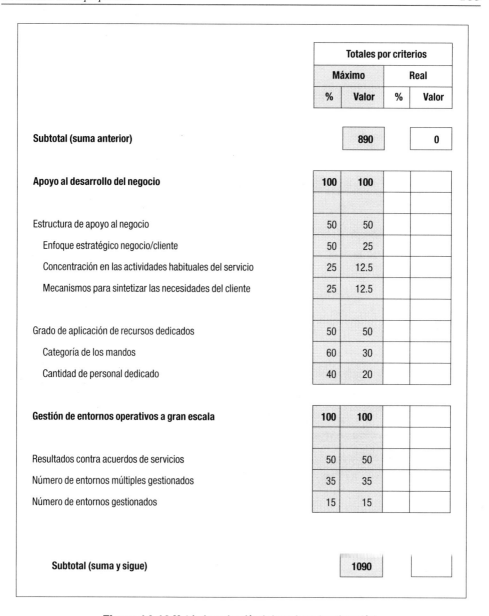

| | Totales por criterios | | | |
| | Máximo | | Real | |
	%	Valor	%	Valor
Subtotal (suma anterior)		890		0
Apoyo al desarrollo del negocio	100	100		
Estructura de apoyo al negocio	50	50		
Enfoque estratégico negocio/cliente	50	25		
Concentración en las actividades habituales del servicio	25	12.5		
Mecanismos para sintetizar las necesidades del cliente	25	12.5		
Grado de aplicación de recursos dedicados	50	50		
Categoría de los mandos	60	30		
Cantidad de personal dedicado	40	20		
Gestión de entornos operativos a gran escala	100	100		
Resultados contra acuerdos de servicios	50	50		
Número de entornos múltiples gestionados	35	35		
Número de entornos gestionados	15	15		
Subtotal (suma y sigue)		1090		

Figura 14.10 Matriz de evaluación de los valores (continuación)

	Totales por criterios			
	Máximo		Real	
	%	Valor	%	Valor
Subtotal (suma anterior)		1090		0
Evidencia de la gestión del cambio dentro de la propia empresa y dentro de las empresas absorbidas	100	90		
Ejemplos de programas de cambio con objetivos y resultados	60	54		
Complejidad del programa de cambio	40	21.6		
Relevancia de los objetivos	30	16.2		
Grado en el que los objetivos fueron alcanzados	30	16.2		
Número y escala de programas de cambio comenzados y finalizados con éxito	40	36		
Número de programas comenzados	40	14.4		
Escala del cambio organizativo intentado indicada por el número de empleados afectados	60	21.6		
Medidas para mantener y desarrollar la relación	100	90		
Estructura para mantener y desarrollar la relación	30	27		
Medio por el que la atención de la alta dirección se centrará en los temas de la relación	50	13.5		
Instrumentos e indicadores para controlar la salud de la relación	50	13.5		
Medios por los que se mantendrá la vitalidad de la relación	30	27		
Nivel y naturaleza de las relaciones de la alta dirección	30	8.1		
Grado en el que se toman provisiones específicas	50	13.5		
Adecuación de las provisiones específicas	20	5.4		
Medios por los que se asegurará el logro de los objetivos de la relación	40	36		
Provisión de mecanismos específicos para controlar los avances	70	25.2		
Adecuación de los mecanismos de avances	30	10.8		
Subtotal (suma y sigue)		1270		

Figura 14.10 Matriz de evaluación de los valores (continuación)

	Totales por criterios			
	Máximo		Real	
	%	Valor	%	Valor
Subtotal (suma anterior)		1270		0
Metodología para la prestación del servicio	100	90		
Estructura de la organización	60	54		
Modelo y procesos de prestación del servicio de outsourcing	40	21.6		
Modelo y procesos de apoyo técnico	30	16.2		
Mecanismos para asegurar la calidad	15	8.1		
Interrelaciones del desarrollo organizativo	15	8.1		
Acuerdos para el apoyo del usuario	20	18		
Métodos de gestión de servicio y mostrador de ayuda	50	9		
Resultados contra niveles de servicio acordados	50	9		
Acuerdos para informar sobre resultados	10	9		
Métodos habituales de información	50	4.5		
Calidad de la documentación	50	4.5		
Acuerdo marco para el nivel de servicio	10	9		
Extensión, o sea, operaciones, desarrollo, simplicidad de mantenimiento	50	4.5		
Metodología para la implementación del contrato	100	90	·	
Claridad con la que se identifican los aspectos de la implementación	50	45		
Alcance de la atención aplicada a las actividades principales	40	36		
Modelo de planificación de tiempo para las fases de implementación	10	9		
Subtotal (suma y sigue)		1450		

Figura 14.10 Matriz de evaluación de los valores (continuación)

	Totales por criterios			
	Máximo		Real	
	%	Valor	%	Valor
Subtotal (suma anterior)		1450		0
Plan de implementación	100	90		
Adecuación al propósito	100	90		
Alineación de la metodología a las circunstancias actuales	40	36		
Recursos desplegados contra actividades de implementación	30	27		
Programación de tiempos y fases	15	13.5		
Metas	15	13.5		
Enfoque general de la transferencia de personal y términos y condiciones habituales	100	90		
Número de empleados que probablemente será absorbido	40	36		
Grado de integración de los empleados en la organización del proveedor	30	27		
Uso de la asignación de otras tareas en el proceso de transferencia (valor negativo máximo (50))	0	0		
Claridad con que se identifican los problemas	10	9		
Flexibilidad entre las condiciones particulares	10	9		
Comparabilidad de las condiciones	10	9		
Subtotal (suma y sigue)		1630		

Figura 14.10 Matriz de evaluación de los valores (continuación)

	Totales por criterios			
	Máximo		Real	
	%	Valor	%	Valor
Subtotal (suma anterior)		1630		0
Formación del personal y acuerdos de desarrollo	100	90		
Naturaleza del programa propuesto	25	22.5		
Programa empresarial integrado, es decir, departamental o de toda la empresa	40	9		
Sendas claras del desarrollo del personal	40	9		
Calidad de la documentación	20	4.5		
Eligibilidad del personal para participar	25	22.5		
(i) Eligibilidad automática - valor máximo	100			
(ii) A criterio de los directivos locales - valor mínimo 0	0			
Si no es (i) ni (ii), entonces valorar (iii)				
(iii) Período de prueba - naturaleza, duración y medios de valoración	100			
Escala de tiempos para llegar a la plena participación	25	22.5		
Grado en el que se controla y asegura la participación	25	22.5		
(i) Control automático por los máximos directivos - valor máximo	100			
(ii) A discreción de los directivos locales - valor mínimo 0	0			
Si no es (i) ni (ii), entonces valorar (iii)				
(iii) Capacidad del sistema de control de asegurar el cumplimiento	100			
Subtotal (suma y sigue)		1720		

Figura 14.10 Matriz de evaluación de los valores (continuación)

	Totales por criterios			
	Máximo		Real	
	%	Valor	%	Valor
Subtotal (suma anterior)		1720		0
Grado de capacidad de apoyo de entornos con vendedores múltiples	100	80		
Resultado general contra acuerdos de nivel de servicio	50	40		
Número de vendedores sostenido	25	20		
Número de entornos con vendedores múltiples sostenido	25	20		
Alcance de la filosofía de la empresa orientada al servicio	100	80		
Porcentaje de ingresos por servicios del total de ingresos de la empresa	50	40		
Ingresos totales por servicios	25	20		
Número de años durante los que los servicios han sido la actividad principal	25	20		
Acuerdos sobre pensiones	100	80		
Comparación del programa ofrecido con el actual	100	80		
Registro del crecimiento y la reducción del personal durante los tres últimos años	100	70		
Ingresos y beneficios por servicios antes de impuestos año por año	25	17.5		
Crecimiento de los ingresos y beneficios por servicios año por año	25	17.5		
Número de empleados de los servicios año por año	25	17.5		
Número bruto de personal de los servicios que ha sido apartado año por año	25	17.5		
Subtotal (suma y sigue)		2030		

Figura 14.10 Matriz de evaluación de los valores (continuación)

	Totales por criterios			
	Máximo		Real	
	%	Valor	%	Valor
Subtotal (suma anterior)		2030		0
Flexibilidad del acuerdo propuesto	100	60		
Alcance de las restricciones contractuales	50	30		
Simplicidad y flexibilidad de las fórmulas de control	50	30		
Experiencia en el sector específico	100	50		
Alcance de la participación	40	20		
Naturaleza de la participación	40	20		
Otras experiencias relacionadas	20	10		
Experiencia en outsourcing	100	40		
Número de clientes con perfil similar	40	16		
Número de años durante los que se han ofrecido los servicios	20	8		
Número de acuerdos actualmente en vigor	20	8		
Número total de acuerdos firmados	20	8		
Total	100	2180		

Figura 14.10 Matriz de evaluación de los valores (continuación y final)

Criterios	Experiencia en outsourcing			
	Máximo		Real	
	%	Valor	%	Valor
Enfoque general de la relación	**100**	**150**		
Naturaleza y estructura de la entidad legal	50	75		
Simplicidad del enfoque	25	38		
Claridad del enfoque	25	38		
Objetivos del proveedor para establecer la relación	**60**	**90**		
"Adecuación" general	40	36		
Capacidad de hacer frente a las implicaciones de los objetivos del socio	30	27		
Capacidad de medir los objetivos	30	27		
Consorcios - naturaleza de la relación - responsabilidades de las partes	**100**	**0**		
Valor máximo 0 – valor mínimo (150)				
Potencial de rotura de la relación	40	0		
Responsabilidades de las partes	30	0		
Acuerdos organizativos propuestos entre las partes	30	0		
Experiencia en la creación con éxito de una relación como la requerida	**60**	**90**		
Número de relaciones creadas	25	23		
Duración de las relaciones	25	23		
Naturaleza y objetivos de las relaciones	25	23		
Visitas de referencia	25	23		
Evidencia de la capacidad de reestructuración	**0**	**0**		
Visitas de referencia	50	0		
Grado de dependencia del proveedor de un enfoque o unas herramientas	25	0		
Bases sobre las que se pondrán a disposición las herramientas y las técnicas	25	0		
Relevancia y calidad del enfoque alternativo a lo requerido	**40**	**60**		
Grado en el que se mejoran los objetivos de desarrollo	40	24		
Grado en el que se mejoran los cargos	30	18		
Grado en el que se mejora el perfil de cargos	15	9		
Grado en el que se mejoran las oportunidades de retener al personal	15	9		
Grado en el que se incrementan los riesgos (valor negativo máximo (150))	0	0		

Subtotal (suma y sigue)   390   0

Figura 14.11

Objetivo 1				Objetivo 2				Preocup. por el personal				Totales por criterios			
Máximo		Real		Máximo		Real		Máximo		Real		Máximo		Real	
%	Valor	%	Valor	%	Valor	%	Valor	%	Valor	%	Valor	%	Valor	%	Valor
0	0			0	0			0	0			100	150		
0	0			0	0			0	0			50	75		
0	0			0	0			0	0			25	37.5		
0	0			0	0			0	0			25	37.5		
15	23			15	23			10	15			100	150		
40	9			40	9			40	6			40	60		
30	6.8			30	6.8			30	4.5			30	45		
30	6.8			30	6.8			30	4.5			30	45		
0	0			0	0			0	0			100	0		
0	0			0	0			0	0			40	0		
0	0			0	0			0	0			30	0		
0	0			0	0			0	0			30	0		
15	23			15	23			10	15			100	150		
25	5.6			25	5.6			25	3.8			25	37.5		
25	5.6			25	5.6			25	3.8			25	37.5		
25	5.6			25	5.6			25	3.8			25	37.5		
25	5.6			25	5.6			25	3.8			25	37.5		
50	75			50	75			0	0			100	150		
50	38			50	38			50	75			50	75		
25	19			25	19			25	0			25	37.5		
25	19			25	19			25	0			25	37.5		
25	38			25	38			10	15			100	150		
40	15			40	15			40	6			40	60		
30	11			30	11			30	4.5			30	45		
15	5.6			15	5.6			15	2.3			15	22.5		
15	5.6			15	5.6			15	2.3			15	22.5		
0	0			0	0			0	0			0	0		

159	0	159	0	45	0	750	0

Tabla de evaluación

Criterios	Experiencia en outsourcing			
	Máximo		Real	
	%	Valor	%	Valor
Subtotal (suma anterior)		**390**		**0**
Escala de los recursos disponibles	**0**	**0**		
Base de recursos para servicios mundiales	40	0		
Base de recursos para servicios europeos	30	0		
Base de recursos para servicios nacionales	30	0		
Enfoque general de la transferencia de personal y términos y condiciones habituales	**50**	**50**		
Número de empleados que probablemente será absorbido	60	30		
Grado de integración del personal en la organización del proveedor	20	10		
Uso de la asignación de tareas secundarias durante el proceso de transferencia (valor negativo máximo (50))	0	0		
Grado de comparación de términos y condiciones	10	5		
Flexibilidad para alinear términos y condiciones individuales	10	5		
Provisión de apoyo al desarrollo del negocio y de los sistemas	**40**	**40**		
Estructura de apoyo al servicio	30	12		
Grado de aplicación de recursos dedicados del proveedor	30	12		
Enfoque a adoptar	20	8		
Extensión y alcance de la flexibilidad	20	8		
Medidas para mantener y desarrollar la relación	**40**	**40**		
Estructura para mantener y desarrollar la relación	30	12		
Medios para mantener la vitalidad de la relación	30	12		
Medios para asegurar el logro de los objetivos de la relación	40	16		
Metodología para la implementación del contrato	**100**	**100**		
Claridad de identificación de los aspectos de la implementación	50	50		
Grado de atención aplicado a las actividades principales	30	30		
Recursos desplegados contra aspectos de la implementación	10	10		
Programación de tiempos para la fase de implementación	10	10		
Subtotal (suma y sigue)		**620**		**0**

Figura 14.11

Objetivo 1				Objetivo 2				Preocup. por el personal				Totales por criterios			
Máximo		Real		Máximo		Real		Máximo		Real		Máximo		Real	
%	Valor	%	Valor	%	Valor	%	Valor	%	Valor	%	Valor	%	Valor	%	Valor
	158		0		158		0		45		0		750		0
40	40			40	40			20	20			100	100		
40	16			40	16			40	8			40	40		
30	12			30	12			30	6			30	30		
30	12			30	12			30	6			30	30		
0	0			0	0			50	50			100	100		
60	0			60	0			60	30			60	60		
20	0			20	0			20	10			20	20		
0	0			0	0			0	0			0	0		
10	0			10	0			10	5			10	10		
10	0			10	0			10	5			10	10		
20	20			40	40			0	0			100	100		
30	6			30	12			30	0			30	30		
30	6			30	12			30	0			30	30		
20	4			20	8			20	0			20	20		
20	4			20	8			20	0			20	20		
15	15			30	30			15	15			100	100		
30	4.5			30	9			30	4.5			30	30		
30	4.5			30	9			30	4.5			30	30		
40	6			40	12			40	6			40	40		
0	0			0	0			0	0			100	100		
50	0			50	0			50	0			50	50		
30	0			30	0			30	0			30	30		
10	0			10	0			10	0			10	10		
10	0			10	0			10	0			10	10		
	233		0		268		0		130		0		1250		0

Tabla de evaluación (continuación)

Criterios	Experiencia en outsourcing			
	Máximo		Real	
	%	Valor	%	Valor
Subtotal (suma anterior)		620		0
Metodología para la prestación del servicio	50	50		
Estructura de la organización	60	30		
Acuerdos para el apoyo al usuario	20	10		
Acuerdos para informar sobre resultados	10	5		
Acuerdo marco para el nivel de servicio	10	5		
Evidencia de gestión del cambio dentro dentro de la propia empresa y de la absorbida	40	36		
Visitas de referencia	40	14		
Ejemplos de programas de cambios con objetivos y resultados	30	11		
Número y escala de los programas de cambios iniciados y completados con éxito	30	11		
Experiencia en outsourcing	50	45		
Visitas de referencia	40	18		
Número de clientes con perfil similar	30	14		
Número de años durante los que se han ofrecido los servicios	10	4.5		
Número de acuerdos actualmente en vigor	10	4.5		
Número total de acuerdos firmados	10	4.5		
Experiencia en integración	0	0		
Visitas de referencia	60	0		
Número de años durante los que se han ofrecido los servicios	30	0		
Número de acuerdos actualmente en vigor	10	0		
Subtotal (suma y sigue)		751		0

Figura 14.11

Objetivo 1				Objetivo 2				Preocup. por el personal				Totales por criterios			
Máximo		Real		Máximo		Real		Máximo		Real		Máximo		Real	
%	Valor	%	Valor	%	Valor	%	Valor	%	Valor	%	Valor	%	Valor	%	Valor
	233		0		268		0		130		0		1250		0
15	15			35	35			0	0			100	100		
60	9			60	21			60	0			60	60		
20	3			20	7			20	0			20	20		
10	1.5			10	3.5			10	0			10	10		
10	1.5			10	3.5			10	0			10	10		
0	0			30	27			30	27			100	90		
40	0			40	11			40	11			40	36		
30	0			30	8.1			30	8.1			30	27		
30	0			30	8.1			30	8.1			30	27		
0	0			25	23			25	23			100	90		
40	0			40	9			40	9			40	36		
30	0			30	6.8			30	6.8			30	27		
10	0			10	2.3			10	2.3			10	9		
10	0			10	2.3			10	2.3			10	9		
10	0			10	2.3			10	2.3			10	9		
50	45			50	45			0	0			100	90		
60	27			60	27			60	0			60	54		
30	14			30	14			30	0			30	27		
10	4.5			10	4.5			10	0			10	9		
	293		0		398		0		180		0		1620		0

Tabla de evaluación (continuación)

Criterios	Experiencia en outsourcing			
	Máximo		Real	
	%	Valor	%	Valor
Subtotal (suma anterior)		**751**		**0**
Extensión y naturaleza de los recursos del proveedor	**0**	**0**		
Recursos del proveedor	60	0		
Equipamiento, instalaciones y número de personal profesional	40	0		
Alcance técnico de los recursos	**0**	**0**		
Experiencia con productos actuales, servicios técnicos y requisitos futuros	100	0		
Plan de implementación	**60**	**54**		
Adecuación al propósito	100	54		
Metodología para la transferencia de personal	**25**	**23**		
Claridad de identificación de los temas	50	11		
Alcance de la atención prestada a las actividades clave	30	6.8		
Recursos desplegados contra aspectos de la transferencia	10	2.3		
Escala de tiempos de la fase de transferencia	10	2.3		
Acuerdos sobre pensiones	**0**	**0**		
Comparación de los acuerdos ofrecidos con los actuales	100	0		
Grado de capacidad de apoyo de entornos con vendedores múltiples	**25**	**20**		
Visitas de referencia	50	10		
Número de vendedores sostenido	25	5		
Número de entornos múltiples sostenido	25	5		
Alcance de la filosofía de la empresa orientada a los servicios	**50**	**40**		
Porcentaje de ingresos por servicios del total de ingresos de la empresa	50	20		
Ingresos totales por servicios	25	10		
Número de años durante los que los servicios han sido la actividad principal	25	10		
Subtotal (suma y sigue)		**888**		**0**

Figura 14.11

Objetivo 1				Objetivo 2				Preocup. por el personal					Totales por criterios			
Máximo		Real		Máximo		Real		Máximo		Real			Máximo		Real	
%	Valor	%	Valor	%	Valor	%	Valor	%	Valor	%	Valor		%	Valor	%	Valor
	293		0		397		0		180		0			1620		0
50	45			25	23			25	23				100	90		
60	27			60	14			60	14				60	54		
40	18			40	9			40	9				40	36		
75	113			75	113			0	0				100	150		
100	113			100	113			100	0				100	150		
0	0			0	0			40	36				100	90		
100	0			100	0			100	36				100	90		
0	0			0	0			75	68				100	90		
50	0			50	0			50	34				50	45		
30	0			30	0			30	20				30	27		
10	0			10	0			10	6.8				10	9		
10	0			10	0			10	6.8				10	9		
0	0			0	0			100	80				100	80		
100	0			100	0			100	80				100	80		
75	60			0	0			0	0				100	80		
50	30			50	0			50	0				50	40		
25	15			25	0			25	0				25	20		
25	15			25	0			25	0				25	20		
25	20			25	20			0	0				100	80		
50	10			50	10			50	0				50	40		
25	5			25	5			25	0				25	20		
25	5			25	5			25	0				25	20		
	531		0		553		0		387		0			2280		0

Tabla de evaluación (continuación)

Criterios	Experiencia en outsourcing			
	Máximo		Real	
	%	Valor	%	Valor
Subtotal (suma anterior)		888		0
Formación del personal y acuerdos de desarrollo	0	0		
Naturaleza del plan propuesto	25	0		
Eligibilidad del personal para participar	25	0		
Escala de tiempos para la participación plena	25	0		
Grado en el que se controla y asegura la participación	25	0		
Registro del crecimiento y la reducción del personal de los últimos tres años	25	18		
Ingresos y beneficios por servicios antes de impuestos año por año	25	4.4		
Crecimiento de los ingresos y beneficios por servicios año por año	25	4.4		
Número de personal de los servicios año por año	25	4.4		
Número bruto de personal de los servicios desvinculado año por año	25	4.4		
Flexibilidad del acuerdo propuesto	0	0		
Alcance de las restricciones contractuales	50	0		
Simplicidad y flexibilidad de las fórmulas de control	50	0		
Experiencia en el sector específico	0	0		
Alcance de la participación	40	0		
Naturaleza de la participación	40	0		
Otras experiencias relacionadas	20	0		
Total	36	906		0

Figura 14.11

Objetivo 1				Objetivo 2				Preocup. por el personal					Totales por criterios			
Máximo		Real		Máximo		Real		Máximo		Real			Máximo		Real	
%	Valor	%	Valor	%	Valor	%	Valor	%	Valor	%	Valor		%	Valor	%	Valor
	530		0		552		0		386		0			2280		0
0	0			0	0			100	70				100	70		
25	0			25	0			25	18				25	17.5		
25	0			25	0			25	18				25	17.5		
25	0			25	0			25	18				25	17.5		
25	0			25	0			25	18				25	17.5		
0	0			0	0			75	53				100	70		
25	0			25	0			25	13				25	17.5		
25	0			25	0			25	13				25	17.5		
25	0			25	0			25	13				25	17.5		
25	0			25	0			25	13				25	17.5		
0	0			100	60			0	0				100	60		
50	0			50	30			50	0				50	30		
50	0			50	30			50	0				50	30·		
0	0			100	50			0	0				100	50		
40	0			40	20			40	0				40	20		
40	0			40	20			40	0				40	20		
20	0			20	10			20	0				20	10		

| 21 | 530 | | 0 | 26 | 662 | | 0 | 20 | 509 | | 0 | | 100 | 2530 | | 0 |

Tabla de evaluación (continuación y final)

15
Evaluación de las relaciones

Los acuerdos de outsourcing se hacen cada vez más largos y pueden sobrepasar los diez años de duración. Si la intención es establecer un acuerdo a largo plazo, parece entonces prudente valorar el historial de los proveedores potenciales en cuanto a su capacidad de crear y mantener relaciones buenas y de confianza con sus clientes.

Lo habitual es que el primer año de cualquier acuerdo de outsourcing razonablemente complejo sea difícil. Por ejemplo, si no hay un claro entendimiento del significado o de las intenciones de algunas cláusulas del contrato, esto se verá rápidamente una vez el acuerdo haya comenzado. La resolución de estos temas puede provocar tensiones en la relación embrionaria. Además, se están poniendo juntas dos culturas dispares con diferentes estilos de trabajo y tal vez con diferentes expectativas. Si se pretende que la relación sobreviva a ese primer año, usted necesitará saber que el proveedor elegido ha demostrado previamente su integridad y es digno de su confianza.

Enfoque general de la evaluación

La valoración de la capacidad de los proveedores de relacionarse de forma efectiva con sus clientes debe basarse principalmente en la información recabada de los referentes o garantes nombrados por el proveedor. La naturaleza de la información que se ha de valorar y los medios con la que se recaba, necesariamente dan lugar a una valoración subjetiva, por lo que resulta preferible contar con la opinión de aquéllos que tengan una experiencia real con los candidatos a proveedores. Por esta razón, se deben consultar tantos garantes como sea posible, para minimizar el posible sesgo de la evaluación, y los valores finales deben ser discutidos y otorgados por el equipo de evaluación en general y no por un solo individuo.

Las relaciones con los clientes se pueden examinar bajo los siguientes epígrafes:

Valores

Son aquellos atributos de las organizaciones proveedoras que guían la manera en que se realiza la actividad y se proporcionan los servicios, además de fijar los límites del comportamiento profesional y de sus principios.

Énfasis corporativo

Indicación del enfoque con que las prioridades del proveedor se relacionan con el despliegue de recursos y la atención a su gestión.

Grado de respuesta

La manera en que los proveedores responden a las cambiantes necesidades de sus clientes.

Fiabilidad

Grado en el que la actividad del proveedor, en todos sus aspectos, queda asegurada sin la indebida intervención del cliente.

Estabilidad

Grado en el que todos los aspectos del comportamiento y la actividad del proveedor se pueden predecir con acierto.

Criterios de evaluación

Tomando los epígrafes generales como guía, la Figura 15.1 fija los criterios detallados para evaluar las relaciones con los clientes.

Criterios ampliados de las relaciones con los clientes

Valores

Confianza/actitud abierta: Grado en el que el proveedor se ha mostrado abierto en sus tratos comerciales y digno de confianza en sus obligaciones y compromisos.

Criterios	Peso	Valor máximo
Valores		
Confianza/actitud abierta	50	500
Adaptación/flexibilidad	50	500
Compromiso	50	500
Altos niveles de calidad y servicio	50	500
Ética	40	400
Mantenimiento de la reputación/orgullo en la organización	30	300
Mantenimiento cultural	30	300
Énfasis corporativo		
Clientes	100	1000
Personal	50	500
Prestaciones	80	800
Innovación	50	500
Beneficios/accionistas (valor negativo máximo menos 70)	(70)	0
Calidad (apoyada por firmes sistemas de auditoría)	50	500
Grado de respuesta		
Velocidad de respuesta	50	500
Disposición a adaptarse	50	500
Disposición a aceptar molestias	40	400
Fiabilidad		
Necesidad de supervisión/gestión	80	800
Logros comparados con las escalas de tiempo acordadas	80	800
Logros de costes acordados	90	900
Logros de niveles de calidad	50	500
Estabilidad		
Valores estables/énfasis/grado de respuesta/fiabilidad	50	500
Ciclos bajos para personal clave	40	400
Prestación de servicio constante	50	500
Valor total máximo	—	12100

Figura 15.1 Criterios de evaluación de la relación con el cliente

Adaptación/flexibilidad: Grado en el que el proveedor ha demostrado su disposición a adaptarse, sin discusiones, a las variaciones de naturaleza no comercial en planes, requisitos o acuerdos.

Compromiso: Grado en el que el proveedor ha demostrado su compromiso inequívoco con la empresa y con los objetivos de servicio de sus clientes.

Altos niveles de calidad y servicio: Grado en el que el proveedor establece para sí y proporciona a los demás unos niveles de servicio y calidad por encima de los que probablemente requerirán sus clientes.

Ética: Grado en el que el proveedor ha establecido niveles de comportamiento y códigos de práctica que regulan y controlan el comportamiento ético de la organización y sus trabajadores.

Mantenimiento de la reputación/orgullo en la organización: Grado en el que el proveedor ha demostrado tener conciencia de su reputación comercial y su disposición a dedicar un esfuerzo considerable a protegerla.

Mantenimiento cultural: Grado en el que el proveedor posee una identidad cultural fuerte y sigue procesos empresariales firmes para mantenerla y desarrollarla.

Énfasis corporativo

Clientes: Grado en el que el proveedor ha centrado sus procesos empresariales y sus pensamientos de gestión en las necesidades del cliente, hasta el punto en el que los clientes son conscientes de esa atención y sienten sus efectos.

Personal: Grado en el que el proveedor ha establecido políticas que aseguran el desarrollo efectivo del personal para apoyar tanto a su negocio como a las necesidades del cliente.

Prestaciones: Grado en el que el proveedor ha establecido un claro énfasis de gestión en la prestación de servicios o realización de proyectos, hasta el punto en el que los clientes comprendan los mecanismos de prestación y tengan confianza en su supervisión y ajuste.

Innovación: Grado en el que el proveedor ha demostrado su capacidad y disposición para buscar y proporcionar soluciones innovadoras, incluso hasta el punto en el que la solución propuesta pueda quedar fuera de la gama habitual de servicios del proveedor.

Beneficios/accionistas: Grado en el que el proveedor ha demostrado su voluntad de anteponer sus requisitos de beneficios a las necesidades del cliente, más que de obtener beneficios atendiendo a dichas necesidades.

Calidad (apoyada por firmes sistemas de auditoría): Grado en el que el proveedor se ha comprometido con niveles de calidad demostrables y con sistemas de auditoría claros para mantenerla.

Grado de respuesta

Velocidad de respuesta: Grado en el que el proveedor responde a temas y requisitos dentro de unos parámetros acordados y sin discusión.

Disposición a adaptarse: Grado en el que el proveedor es o no es capaz de reaccionar favorablemente a los cambios en las circunstancias o los requisitos.

Disposición a aceptar molestias: Grado en el que el proveedor ha demostrado su capacidad de absorber, de buen grado, una cantidad razonable de trabajo no previsto o de compensar deficiencias de los clientes.

Fiabilidad

Necesidad de supervisión/gestión: Grado en el que el proveedor requiere la supervisión del cliente o una indebida participación de su gestión.

Logros comparados con las escalas de tiempos acordadas: Grado en el que el proveedor cumple con las escalas de tiempo acordadas para lograr los servicios o proyectos.

Logros de costes acordados: Grado en el que el proveedor alcanza los parámetros de costes acordados.

Logros de los niveles de calidad: Grado en el que el proveedor llega a los niveles de calidad acordados.

Estabilidad

Valores estables/énfasis/grado de respuesta/fiabilidad: Grado en el que el proveedor mantiene una actividad estable y constante en todos los atributos de valores, énfasis corporativos, grado de respuesta y fiabilidad.

Ciclos cortos para personal clave: Grado en el que el proveedor cambia a los altos directivos relacionados con el cliente dentro de un ciclo de (dieciocho meses). En algunas industrias de alta tecnología, esto es mucho tiempo. Para algunos sectores más tradicionales, un período más largo puede ser más apropiado.

Prestación de servicio constante: Grado en el que el proveedor presta el servicio de forma constante dentro de unos límites acordados.

Proceso

La información de base se recaba de los garantes durante las visitas de referencia, o por teléfono o correo cuando dichas visitas no se realizan. Para cada proveedor se debe considerar el mismo número de garantes o referentes, haciendo los registros de la información en la sección 'relación con el cliente' del cuestionario de referencia (ver capítulo 14).

A los referentes se les ha de pedir que valoren, en una escala de 1 a 10, la actuación y el comportamiento del proveedor en relación a cada uno de los criterios. En general, el 0 indica una valoración pobre y el 10, una buena. En el caso del énfasis corporativo - beneficio/accionistas, la puntuación debe ser negativa, o sea que el valor máximo debería ser cero, y por lo tanto, 0 es igual a bueno y menos 10 es igual a pobre.

Los valores dados en un cuestionario a un proveedor determinado deben ordenarse y registrarse en la hoja que resume la valoración de la relación con el cliente (ver Figura 15.2), ya que esta hoja reúne todos los valores de las referencias y añade los factores de ponderación de los criterios para llegar al valor total final de cada proveedor. Los valores obtenidos por los proveedores se registran en la matriz de evaluación de la relación con el cliente para ser comparados (ver Figura 15.3). A continuación, se compara la valoración total de un proveedor con el valor máximo posible y se calcula el valor en porcentaje. Este porcentaje indicará la valoración que se debe dar en base a los siguientes conceptos:

- Pobre
  Un valor en porcentaje por debajo del 50 por ciento debería llevar a la descalificación, aunque la decisión final la debe tomar el panel de selección a la luz de todos los demás factores de valoración.
- Marginal
  Un valor en porcentaje entre el 51 y el 59 por ciento también debería llevar a la descalificación, pero ello tal vez necesite mayores análisis de sensibilidad y una discusión explícita dentro del panel de selección, quien determinará si

Proveedor	Referentes					Sub-total	Peso	Valor total
	Ref. 1	Ref. 2	Ref. 3	Ref. 4	Ref. 5			
Valores								
Confianza/actitud abierta								
Adaptación/flexibilidad								
Compromiso								
Altos niveles de calidad y servicio								
Ética								
Mantenimiento de la reputación								
Mantenimiento cultural								
Subtotal								
Énfasis corporativo								
Cliente								
Personal								
Prestación								
Innovación								
etc.								

Figura 15.2 Hoja de resumen de la valoración de la relación con el cliente

	Valores	Criterios				Valor total	Valor máximo posible	% sobre el max.	Valoración			
		Énfasis	Grad. de resp.	Fiabilidad	Estabilidad				Pobre <50%	Marginal 51%–59%	Bueno 60%–89%	Excelente >90%
Proveedor 1												
Proveedor 2												
Proveedor 3												

Figura 15.3 Matriz de evaluación de la relación con el cliente

la descalificación es apropiada a la luz de todos los demás factores de valoración.

- Bueno

  Un valor en porcentaje entre 60 y 89 por ciento puede considerarse como una valoración buena para su aprobación automática.

- Excelente

  Un valor en porcentaje por encima de 90 por ciento es claramente aceptable.

En el caso de los consorcios, cada integrante principal del consorcio debe se evaluado de forma individual y sus valores se deben hacer constar en la matriz de evaluación de la relación con el cliente. La puntuación media otorgada al consorcio se utilizará como la base final de su valoración.

La matriz de evaluación de la relación con el cliente se sumará, entonces, a la matriz de evaluación primaria. (ver capítulo 14).

16
La Indicación de Requisito de Servicio (IRS)

Cuando se buscan respuestas o propuestas que concursen como parte de un proceso de outsourcing, hace falta que el cliente comunique sus requisitos a los proveedores potenciales. Esta comunicación generalmente se hace en forma de una Indicación de Requisito de Servicio (IRS), y en este capítulo se verán sus componentes típicos.

La calidad de las respuestas que den los proveedores se verá influida de forma significativa por la calidad de la IRS. Además, el ejercicio de valoración de las propuestas será marcadamente más fácil si la IRS ha sido construida adecuadamente, con indicaciones y directrices claras, así como suficiente información para los proveedores que presenten sus ofertas. Las deficiencias en la creación y en el contenido de la IRS puede llevar a los siguientes problemas.

Evaluación

La evaluación puede ser difícil debido a que las propuestas de los proveedores pueden contener supuestos o conceptos equivocados resultantes de una información insuficiente, una articulación inadecuada o la omisión u omisiones de un determinado aspecto o posición de la IRS. En tal caso, los proveedores pueden llegar a interpretaciones diferentes de las esperadas, lo que haría imposible valorar las propuestas sobre una base unitaria sin algún tipo de acción reparadora, lo que, a su vez, costaría tiempo y dinero, además del posible daño a la credibilidad del equipo de realización del outsourcing.

Negociación

Si ha habido interpretaciones equivocadas o una mala comprensión de la IRS, es probable que no aparezcan hasta que las negociaciones estén en marcha, o peor aún, hasta después de la firma del acuerdo. El proceso de concreción del servicio puede sufrir demoras sustanciales.

Incrementos del precio

Si existen interpretaciones equivocadas y no se detectan hasta después de la firma del acuerdo, el proveedor elegido podrá incrementar el precio de su servicio como resultado directo de una mala redacción de la IRS.

Objeciones

Un proveedor descartado puede considerar que existen motivos (o causas suficientes, si son aplicables las disposiciones de la UE o de la Organización Mundial del Comercio) para presentar objeciones sobre la base de que el texto de la IRS conduce a conclusiones erróneas. Se trata de algo especialmente relevante para organizaciones gubernamentales locales y centrales, aunque es más probable que ocurra con mayor frecuencia en el sector comercial a medida que crece la competencia. Las organizaciones tienen, en su mayoría, procedimientos formales para informar a los proveedores descartados, lo que reduce la posibilidad de estos de presentar objeciones. Por consiguiente, merece la pena asegurarse de que nuestros procedimientos se conocen desde el primer momento, que todas las partes interesadas los entienden y que se implementan correctamente.

Componentes de la IRS

La composición exacta de la IRS dependerá mucho de la naturaleza de la organización que busca un acuerdo de outsourcing para una determinada función, pero en términos generales, una IRS bien construida tendrá los siguientes componentes.

Avisos de impedimentos

En portada, la IRS debe dejar claramente establecidos los impedimentos apropiados a la realización del outsourcing, algunos de los cuales pueden ser los siguientes:

- Situación legal de socio (ver más abajo).
- Confidencialidad (ver más abajo).
- Representación de la información / no responsabilidad por el uso de información.
- No garantía de asignación de contrato como resultado de la presentación de ofertas o propuestas.
- Libertad para elegir la oferta/propuesta con independencia del precio más bajo.

La naturaleza del servicio que se busca puede sugerir requisitos específicos, y el departamento jurídico del cliente tendrá textos estándar adecuados a las diferentes circunstancias, así como una lista de los impedimentos obligatorios. Los párrafos siguientes son ejemplos de dos de tales textos.

Situación legal de un acuerdo con respecto a los principios de 'sociedad'

'A lo largo de esta IRS, se han hecho referencias al proyecto aquí descrito como "Sociedad Estratégica". Esta descripción refleja la visión del cliente de la íntima cooperación que será necesaria entre el cliente y el proveedor elegido. Los proveedores deben entender que las palabras "socios" y "sociedad", dentro de este documento, se utilizan para indicar la necesidad de íntima cooperación y no la estricta definición legal de dichos términos como aparecen establecidos en la legislación mercantil. Los contratos negociados serán independientes y describirán la base para la provisión de servicios por el proveedor elegido. El proveedor al que se asigne el contrato será en todo momento un contratista independiente'.

Confidencialidad

'El proveedor queda avisado de que toda la información contenida en esta IRS, o que se hace saber en correspondencia ulterior, o que se proporciona u obtiene en las negociaciones subsiguientes, es confidencial'.

'El proveedor no debe comunicar, desvelar o facilitar de algún otro modo esta información a un tercero que no sea el establecido más abajo, ni utilizar esta información para cualquier propósito comercial o industrial que no tenga conexión con la realización de este servicio'.

'El proveedor puede comunicar, desvelar o facilitar de algún otro modo esta información a un empleado, un consultor profesional o un subcontratista que solicite la información en conexión con la preparación de la oferta/propuesta del proveedor o para apoyar cualquier negociación subsiguiente siempre que esté limitada por condiciones equivalentes de confidencialidad'.

'En vista de la naturaleza sensible de parte de la información contenida en esta IRS, el cliente solicita la devolución de todos los documentos de la IRS así como de las copias completas o parciales, inmediatamente después de hecha dicha solicitud'.

Tabla de contenidos

Aunque resulte obvio, una tabla de contenidos completa y detallada no sólo ayudará a los proveedores a presentar propuestas efectivas y exactas, sino que también ayudará al equipo de realización a moverse alrededor de la IRS y de las propuestas durante las etapas de evaluación y negociación.

Información de base

Esta sección debe describir la organización del cliente e incluir información de base sobre la función o departamento que recurrirá al outsourcing. Será útil describir cualquier política empresarial que haya influido o llevado a la decisión de utilizar el outsourcing.

Comunidad de usuarios

Esta sección debe describir la comunidad de usuarios de la función objeto del outsourcing, y en particular, la naturaleza de las interacciones entre ellos. La importancia de esta sección dependerá de la naturaleza del acuerdo y cualquier requisito de información detallada vendrá dado por su relativa importancia en la creación de las propuestas de los proveedores.

Actividad paralela

Cualquier trabajo paralelo (por ejemplo proyectos/iniciativas/cambios) que se esté realizando dentro de la función objeto del outsourcing o en otras áreas de la organización puede tener un peso en las propuestas de los proveedores y en la implementación del contrato que se busca. Si la actividad paralela es relevante, habrá que proporcionar su descripción y su impacto potencial en la realización del servicio.

Visión general del acuerdo requerido

Antes de proporcionar potencialmente grandes volúmenes de información detallada con respecto a los servicios a realizar, a los proveedores les resultará útil contar con una visión general de los requerimientos en sí que se discutan, como mínimo, en los siguientes aspectos.

Principios del acuerdo

Los principios del acuerdo y la base de evaluación ya estarán establecidos, como se ha visto en los capítulos 8 a 15. Esta sección debe esbozar los principios de alto nivel asociados con el requisito de servicio e incluir la siguiente información:

- Naturaleza del acuerdo: sociedad/contrato independiente.
- Naturaleza del requerimiento: basado en un proyecto/servicio en vigor.
- Base de pago: fija/variable/tarifas/unidades, etc.
- Necesidad de medir resultados: acuerdos de servicio/remedios financieros.
- Base para la evaluación.

Posteriormente, deberán darse descripciones más detalladas en la IRS, pero una descripción de alto nivel en este punto del documento ayudará a la comprensión del proveedor y evitará, tal vez, que se dejen de lado aspectos importantes.

Objetivos de la relación

Los objetivos para establecer la relación habrán sido preparados como se vio en el capítulo 1. En este punto, se deben establecer dichos objetivos y sus indicadores asociados en la IRS.

Líneas generales del requerimiento de servicio

Como se vio en el capítulo 9, esta sección debe esbozar los requerimientos operativos del servicio en términos de los límites del servicio que se han de imponer y los elementos del servicio que quedan dentro de dichos límites. Se debe describir la naturaleza de cualquier límite o restricción, por ejemplo:

- Factores que provienen de la valoración del riesgo del cliente y de los procesos de gestión (ver capítulo 5).
- Tareas o requisitos retenidos que el cliente cree estar en mejor situación de proporcionar, con independencia del tamaño o la capacitación del proveedor.
- Elementos normalmente ligados con el requerimiento de servicio pero que no están específicamente incluidos (en particular, cuando están asociados con la transferencia de personal o de activos).

- Características técnicas, por ejemplo capacidades de ingeniería específicas del fabricante, en especial para circunstancias en las que existe un claro efecto comercial, como el caso de equipo anticuado o poco común para el que la experiencia cualificada es escasa o cara.
- Habilidades/atributos nuevos y adicionales identificados por la innovación técnica o la mejora de resultados (ver capítulo 2).

Proceso de realización y calendario

El proceso de realización del servicio habrá quedado determinado tal como se vio en el capítulo 6, y junto con el calendario acordado, deberá incorporarse a la IRS en este punto.

El proveedor preferido verá una ventaja en la negociación si el cliente, por legítimas razones operativas, fija una fecha de implementación inamovible. Es preferible ofrecer fechas como 'metas a alcanzar' y dejar la negociación abierta, incluso si realmente existe una fecha de implementación inamovible.

Términos contractuales, duración e interrupciones

Se deben indicar, de forma esbozada, los términos contractuales requeridos, su duración total y cualquier requisito necesario para las interrupciones (ver capítulo 13). Si no se llega a especificar un mínimo de requerimientos contractuales, pueden aparecer las siguientes dificultades:

- Una gran variedad de posiciones de los proveedores, lo que imposibilitará la evaluación sobre una base unitaria.
- Precios del proveedor invalidados, dado que los cambios en los términos contractuales a menudo se traducirán en cambios en los precios.

Por lo tanto, hay que asegurarse de que los términos contractuales sobre los que se deben basar las propuestas quedan claramente presentados.

Requerimiento de servicio

El requerimiento de servicio habrá quedado definido como se vio en el capítulo 9 y se establecerá en la IRS en este punto. La no articulación del requerimiento completo puede llevar a los siguientes problemas:

- Evaluación inadecuada.
- Demoras en completar la negociación.
- Cargos o costes adicionales.
- Riesgo de objeciones por parte de los proveedores descartados.

Detalles sobre el personal

Si el acuerdo incluye la transferencia de personal al proveedor elegido, los ofertantes necesitarán amplia información que les permita construir sus propuestas. Como mínimo, se necesitará la siguiente información.

Tamaño y organización de la función

Esta sección debe proporcionar la siguiente información:

* Número de trabajadores empleados.
* Estructura organizativa.
* Lista del personal que será transferido, incluyendo para cada trabajador el coste de su paquete salarial básico, el coste de empleo, de pensión y de cualquier otro beneficio. Cabe destacar que los nombres de los trabajadores afectados normalmente no aparecen en la IRS.

Personal externo

Debe describirse claramente el uso de personal contratado, asesor o eventual en términos de número y coste. Los proveedores consideran al personal externo como un objetivo básico de la reducción de costes o la mejora del precio. En todo caso, los proveedores demostrarán un gran interés en el personal externo, y cualquier deficiencia en la información relacionada con dicho personal casi con seguridad afectará al precio del proveedor.

Normas sobre Transferencia de Compromisos/Protección del Empleo

Las bases sobre las que se transfiere o cede personal deben realizarse de acuerdo con la legislación vigente. En esta sección de la IRS se debe establecer la política específica que se ha de adoptar, ya que tiene implicaciones económicas.

Despido y jubilación anticipada

Las políticas asociadas con los temas de despido y jubilación anticipada habrán sido formuladas según lo indicado en el capítulo 10, y en este punto deben incorporarse a la IRS

Pensiones

Se necesitarán detalles completos del actual plan de pensiones del cliente para que los proveedores puedan preparar una comparación con el suyo. Si no se proporcionan los detalles, puedan haber retrasos en el calendario de realización y el equipo de realización del outsourcing puede verse en la necesidad de preparar la comparación.

Sindicatos

Esta sección debe incluir la información relacionada con las políticas sobre sindicatos y representación de los trabajadores, según lo visto en el capítulo 10.

Desarrollo del personal

Aquí se debe incluir la información relacionada con las políticas sobre desarrollo del personal, según lo visto en el capítulo 10.

Términos y condiciones del personal

Deben proporcionarse detalles completos sobre los términos y condiciones del personal. La lista puede incluir los siguientes aspectos, aunque no está limitada a ellos:

- Estructura de grados.
- Escala actual de pagos.
- Acuerdos sobre horas extra.
- Asignaciones por comidas, turnos o disponibilidad.
- Sistemas de trabajo por turnos o detalles de horarios fuera de la jornada.
- Reglas para el horario de trabajo flexible.
- Notificación de renuncia.
- Política de fumadores en el lugar de trabajo.
- Vacaciones anuales y permisos especiales.
- Ausencia por enfermedad.
- Acuerdos sobre bajas por maternidad.
- Normas para los viajes oficiales.
- Normas para la reubicación.
- Afiliación sindical.
- Reconocimiento de sindicatos y asociaciones de personal.
- Oportunidades de desarrollo de la carrera profesional.
- Acuerdos sobre vehículos de la empresa.

Activos

Las IRS en general deben proporcionar instrucciones claras para todos los activos relevantes, ya sean activos fijos, bienes raíces o acomodación, activos realizables o intangibles. Las políticas discutidas para los activos en el capítulo 11 deben incorporarse en este punto a la IRS en cuestión.

Costes del servicio

Es una opinión muy extendida que proporcionar a los proveedores información detallada sobre los costes del servicio que se ha de transferir es desventajoso para el comprador. De hecho, en circunstancias en las que se han de transferir servicios grandes y potencialmente complejos, una información detallada sobre costes y, en particular, la información relacionada con las mejoras potenciales de rendimiento interno (ver capítulo 2) aguzarán la competencia, al asegurar que todos los proveedores que presenten propuestas conocerán claramente el umbral de oferta.

Si los proveedores se ven obligados a adivinar los costes reales, con seguridad adivinarán al alza, para así cubrir su percepción del riesgo y del error. Por consiguiente, esta sección debe contener toda la información sobre costes relacionada con los servicios definidos en la sección de requisito de servicio de la IRS (ver capítulo 9). En el caso de que se tengan que transferir costes, se debe declarar una base de costes clara y sin ambigüedades, basándola en hechos o en un conjunto detallado de cuentas que indiquen claramente la composición de los costes si se trata de un requisito de servicio grande o complicado.

Una base de costes claramente delineada será un elemento importante para la firma pre-contractual de un ejercicio de diligencia debida o para el proceso de verificación de costes posterior a la firma del contrato. Cuando se trate de acuerdos grandes y complejos, es casi seguro que los costes, y por lo tanto los precios, se ajustarán como resultado de verdaderos errores de comprensión y omisiones o de intentos deliberados de algunos proveedores de mejorar su posición comercial después de haber ofertado precios bajos para aventajar a la competencia y haber quedado sujetos por contrato. Esto quiere decir que hay un valor tangible en una base de costes cuidadosamente estructurada con la que comparar, seguir y verificar cualquier movimiento al alza o a la baja.

Sistema de precios requerido

Estableza en este punto de la IRS sus requisitos para los precios según lo visto en el capítulo 12. Deberá ser razonablemente preceptivo para que la oferta estándar permita una evaluación sobre una base única, pero recuerde que debe procurar que se evite la pérdida de innovación (ver capítulo 14), así que necesitará unas reglas menos preceptivas para las ofertas no-estándar.

Seguridad requerida y acuerdos especiales

Cualquier requisito especial de seguridad debe quedar claramente descrito para que los proveedores puedan tener en cuenta las posible implicaciones comerciales a la hora de preparar sus propuestas. Dada la naturaleza sensible de los temas de seguridad, a veces un subgrupo del equipo de realización del outsourcing o personal especializado en seguridad de la empresa cliente preparan documentos separados que describen dichos requerimientos. Estos documentos pasan a la consideración de pequeños grupos de personal especializado en seguridad de la empresa proveedora, para evitar así una mayor dispersión de información sensible.

Acuerdos de servicio

Cuando se transfiere una operación en marcha o se requiere que se reproduzca otra igual, es importante describir los niveles y resultados del servicio actual. Si existen acuerdos de servicio (a veces llamados acuerdos de nivel de servicio) entre departamentos de servicios y departamentos de usuarios, se deben indicar los términos asociados con ellos.

Acuerdos para la gestión del contrato

Si se desean obtener verdaderos beneficios del acuerdo de outsourcing, será necesario que haya una gestión cuidadosa (ver capítulo 19). Los proveedores deben recibir una indicación de la naturaleza y del alcance del régimen de gestión del contrato que se desea que contenga, como mínimo, la siguiente información.

Gestión del contrato

Esta sección debe describir los requerimientos de interacción en varios niveles de gestión, por ejemplo:

- Interacción estratégica.
- Interacción de la gestión del contrato.
- Interacción de la gestión de usuarios
- Interacción operativa.

Temas de interés

Pueden haber temas específicos que sean relevantes y para los que habrá que asegurar una atención especial, entre ellos:

* Información sobre resultados.
* Resultados comparados con objetivos.
* Reuniones de la jerarquía.
* Acuerdos de servicios.
* Control del proyecto.
* Control de los cambios.
* Procedimientos de reajuste.
* Gestión de cuentas.
* Remedios financieros.

Requisitos contractuales específicos/posibilidad de negociación

Es aconsejable negociar utilizando borradores de contratos preparados por asesores legales. Cuando sea posible, los borradores de contratos deben incluirse en la IRS (como un anexo). Esta sección de la IRS debe describir los borradores de contratos e indicar las cláusulas que no son negociables, así como describir cualquier requisito legal adicional, como por ejemplo la necesidad de una escritura de garantía de una empresa matriz.

Requisitos operativos específicos

Puede haber aspectos específicos del servicio operativo que el proveedor elegido tendrá que proporcionar. A continuación se describen algunos ejemplos:

Contingencias del servicio

Descripción de las previsiones que mantiene actualmente el proveedor, o que puede requerir en el futuro, para el caso de contingencias específicas del servicio o de solución de desastres.

Control de los cambios

Descripción de medidas específicas, tal vez englobando el uso de procedimientos actuales, que el proveedor desea que se mantengan, o especificación de nuevos procedimientos.

Acceso a auditorías

A veces el cliente tiene obligaciones de auditorías que deben preservarse incluso si el servicio lo proporciona un proveedor de outsourcing. Otros clientes pueden desear el establecimiento de facilidades de auditoría como parte del régimen de gestión del contrato. En uno u otro caso, el requerimiento debe quedar claramente descrito en la IRS.

Requerimientos de calidad

Se trata de una declaración de niveles específicos de calidad que el proveedor debe observar. Si es posible, se deben requerir niveles formales de calidad, por ejemplo ISO9000 o EFQM (European Foundation For Quality Management).

Requerimientos para la implementación del acuerdo

Aunque la responsabilidad de la implementación del acuerdo la tendrá el proveedor, a efectos de la evaluación resultará útil conocer cómo pretende llevar a cabo la tarea (ver capítulo 20). Por otro lado, es probable que usted tenga algunos requerimientos concretos para la implementación. Esta sección de la IRS debe especificar sus requisitos mínimos, que normalmente incluirán los siguientes:

- Nombre y posición del personal del proveedor que participará en la implementación y la gestión del acuerdo.
- Las obligaciones de implementación específicas del cliente.
- La aportación de la documentación y los planes del proyecto de implementación habituales.
- Si es necesario, la forma en que se llevará a cabo la transferencia de personal y de activos.
- La forma en que se realizará la verificación de diligencia debida o posterior al contrato de los recursos transferidos.

Avisos a los ofertantes

Esta sección de la IRS debe ofrecer a los proveedores información relacionada con las formalidades del proceso de realización. Se ha de poner gran cuidado en esta sección, ya que su calidad determinará, en buena medida, la facilidad con la que las propuestas se podrán valorar sobre la misma base. Debe incluir los siguientes elementos:

Preguntas previas a la presentación de ofertas

Las preguntas previas sobre el contenido de la IRS deben canalizarse por escrito a través de un representante asignado por el cliente. La IRS debe indicar la fecha a partir de la cual no se contestarán más preguntas, y también si las preguntas y respuestas se harán circular entre todos los que presenten ofertas.

Discusiones previas a la presentación de ofertas

Esta sección debe desautorizar cualquier discusión previa entre el cliente y los proveedores a efectos de valorar y preparar el contrato.

Presentación de ofertas

Esta sección debe esbozar los detalles para la presentación de ofertas, incluyendo fecha máxima, lugar de entrega, etc. A veces, cuando la fecha es incierta, estos detalles se pueden incluir en una carta de presentación.

Rechazo de ofertas

Es práctica común indicar que los ofertantes pueden ser rechazados si no cumplen con las condiciones especificadas en la IRS, porque de esta forma se evita que los que presentan sus ofertas de servicio creen condiciones o términos especiales que no se puedan evaluar correctamente. Sin embargo, esto no prohibe que los proveedores presenten una o más ofertas adicionales no-estándar, si la IRS así lo prevee. Será importante identificar qué condiciones son aplicables tanto a las ofertas estándar como a las no-estándar.

Costes excluidos

Es práctica común entre los proveedores 'excluir' algunos costes de sus ofertas por error o interpretación errónea, pero a veces también de forma deliberada, para obtener una ventaja comercial. Por consiguiente, hará usted bien en dejar bien claro en este punto de la IRS que el precio indicado en las respuestas de los proveedores se entiende que cubre todos los aspectos del servicio descrito en la IRS, a no ser que se acompañe específicamente de una lista de 'costes excluidos'.

Aceptación de la oferta

Es práctica común que la IRS indique que el cliente no se verá obligado a aceptar la oferta más baja, ni siquiera alguna de las ofertas, ni entrar en negociaciones.

Instrucciones para los ofertantes

Esta sección debe proporcionar a los proveedores las instrucciones precisas sobre el formato de su propuesta, la descripción del proceso de evaluación de las propuestas y la base sobre la que las propuestas serán valoradas.

Formato de presentación de la propuesta e información a proporcionar

A pesar de los esfuerzos que usted haga, algunos proveedores no cumplirán con los requisitos previstos en la IRS, lo que dificultará la evaluación más de lo necesario. Por lo tanto, vale la pena hacer algún esfuerzo en un intento de minimizar el alcance de la 'desviación del proveedor'. Dicho de forma más sencilla, cuanto más logre usted que las respuestas de los proveedores se ajusten a los requerimientos especificados en la IRS, más fácil será su evaluación. El ejemplo a continuación ilustra el estándar requerido.

El ofertante presentará su oferta en el siguiente formato y aportará la información requerida en cada apartado. Cada respuesta debe tener, en su encabezamiento, la cuestión, el número de apartado y el número/referencia de la sección a la que se refiere. Los ofertantes no combinarán las cuestiones. Se aportará una lista de comprobación que identifique la página de la respuesta a cada requisito, junto con las referencias a cualquier otra información relevante.

Descripción del proceso de evaluación de las propuestas

Esta sección debe describir los demás pasos en el proceso de realización.

Bases para la evaluación

Las bases sobre las que se evaluarán las propuestas se habrán preparado según lo descrito en los capítulos 14 y 15. Usted deberá asegurarse de que los proveedores entienden las bases generales sobre las que serán evaluados, de modo que puedan cumplir con los requisitos de formato de la propuesta y los requisitos de información de los modelos de evaluación, y de que el cliente puede asegurar la disponibilidad de información suficiente para los modelos de evaluación. Esto quiere decir que será necesario publicar los criterios que se aplicarán en la evaluación de los proveedores. Sugerimos que la matriz de evaluación de valores (Figura 14.10) se establezca en este punto de la IRS, pero sin declarar los valores y las ponderaciones que se usarán.

Apéndices de la IRS

La IRS debe ser un documento compacto y de fácil referencia. Su estructura puede verse ayudada por el uso de apéndices que incluyan datos técnicos, folletos y extractos de otros documentos o archivos. La lista a continuación ilustra sobre algunos aspectos que podrían incluirse en la IRS como apéndices.

- Gestión de la contabilidad de costes; cuentas anuales y otros detalles sobre costes.
- Copias de informes internos sobre el servicio.
- Declaraciones de carga de trabajo y programación del servicio.
- Inventarios de planta y maquinaria.
- Inventarios de activos 'soft', por ejemplo propiedad intelectual.
- Detalles sobre instalaciones y propiedades.
- Copias (extractos) de contratos externos.
- Informes, folletos y manuales relacionados con el personal.
- Borradores de contratos.
- Publicaciones, por ejemplo Informe Anual/Plan de Operaciones.
- Lista de publicaciones o folletos no proporcionados como parte de la IRS pero disponibles para su inspección, por ejemplo manuales, planos de la propiedad, manuales técnicos.

TERCERA PARTE

REALIZACIÓN DEL ACUERDO Y GESTIÓN DE SU IMPLEMENTACIÓN

Introducción a la tercera parte

Bien, habiendo llegado hasta aquí, usted habrá pensado mucho, se habrán creado muchas piezas de un rompecabezas y habrá adquirido una idea más clara de la cuestión. El siguiente problema es poner a prueba sus ideas en el mercado y tratar de alcanzar un acuerdo, punto en el que usted descubrirá el nivel de calidad del trabajo realizado hasta la fecha.

En la tercera parte de este libro, el capítulo 17, 'Crear un mercado', aporta algunas ideas sobre cómo involucrar a los proveedores en el proceso de realización, de modo de ganar su confianza, asegurar su entusiasmo y finalmente, obtener un positivo impacto comercial y de resultados sobre el acuerdo. El capítulo 18, 'Negociar el acuerdo', sugiere un enfoque para lograr un acuerdo efectivo a pesar de todas las complejidades que aparecen en el camino. Y para finalizar, después de haber asegurado un buen contrato de outsourcing, el capítulo 19, 'Gestión del contrato', y el capítulo 20, 'Implementación del contrato', discuten las difíciles tareas de poner en marcha y gestionar el contrato para obtener el máximo de la relación durante los próximos años.

17
Crear un mercado

Uno podría pensar que si estuviera en juego la posibilidad de obtener un enorme contrato de servicios con una duración de muchos años, se formaría una larga cola de proveedores potenciales en la puerta. Paradójicamente, algunas veces es así y otras no, pero lo que es peor, cuando hay una larga cola de candidatos, la mayoría de ellos no pueden cumplir con los requisitos que usted tiene, a pesar de la elegancia de sus folletos y, a veces, de unos embustes dignos de Pinocho. ¿Y esto por qué es así?

Algunas funciones empresariales, como tecnología de la información o mantenimiento de la sede, están razonablemente bien servidas en relación al número disponible de proveedores de outsourcing, mientras que otras, como recursos humanos, no lo están. Cuando hay una disponibilidad inmediata de proveedores, es probable que sólo unos pocos estén en condiciones de madurez y competitividad en sentido técnico y de outsourcing; los demás, simplemente serán incompetentes. Para aquellas funciones en las que no hay una disponibilidad inmediata de proveedores, la situación es incluso peor.

Resulta obvio, por consiguiente, que hay que dirigirse al 'mercado' con mucho cuidado y también un poco de astucia. Si hay un pequeño número de proveedores competentes con la experiencia adecuada en outsourcing, ésos son los que, en general, conseguirán los contratos. De aquí se derivan dos implicaciones importantes:

- Los proveedores competentes pueden permitirse ser más selectivos con respecto a las oportunidades de negocio por las que presentarán sus ofertas, y cada vez hay más evidencias de que los proveedores con experiencia no harán ofertas si no les gusta lo que ven. Y todavía más, pueden retirarse de un proceso de realización si consideran que el cliente potencial no es de confianza o no tiene la capacitación suficiente para observar las obligaciones contractuales.
- Sus sistemas de recursos y gestión se ven presionados a medida que se expanden rápidamente.

Al dirigirse a sectores servidos sólo por un pequeño número de proveedores de outsourcing competentes, será interesante tener alguna idea sobre cómo nos ven los proveedores cuando nos valoran. Habrá que presentar al mercado una oportunidad de negocio atractiva que estimule a los proveedores competentes y nos señale como clientes 'inteligentes', capaces de crear y mantener una buena relación comercial durante varios años. Por supuesto que usted, como cliente inteligente, buscará con atención cualquier evidencia de negocio realizado por encima del capital disponible por parte de los proveedores que le hayan impresionado.

En el caso de proveedores con la experiencia técnica adecuada pero con insuficiente experiencia en outsourcing, el enfoque debe ser diferente. Siempre es posible encontrar suficientes empresas que generen una competencia, pero tal vez haya que educarlas sobre la necesidad de ideas flexibles y presentación adecuada del servicio. Esto es así porque los acuerdos de outsourcing a menudo requieren formas 'imaginativas' de presentar los cargos o costes (ver capítulo 12) y a los proveedores inexpertos les resulta difícil adecuarse a fórmulas que incluyen como factor una clara comprensión de, por ejemplo, sus costes reales. En casos extremos, algunos proveedores de outsourcing sin experiencia se han retirado de la mesa de negociación simplemente por no entender claramente la dinámica del negocio del outsourcing. Además de la necesidad de no 'espantar los caballos' durante la negociación, habrá que examinar su escala de recursos y la calidad de su infraestructura de suministro de servicios para determinar la capacidad que tiene el proveedor de que se trate de proporcionar el servicio objeto del outsourcing.

Aunque el enfoque general para 'crear un mercado' es el mismo en todas las circunstancias, el énfasis variará en relación con la madurez del sector. Los sectores maduros necesitan seducción, pero los inmaduros requieren educación.

Dado que resulta difícil dominar estos temas de forma eficaz una vez comenzado el proceso formal de realización del servicio, la motivación principal para 'crear un mercado' es la siguiente:

- Hacer participar a los proveedores potenciales en conversaciones informales.
- Establecer una comprensión y unas líneas de comunicación claras con respecto a sus necesidades tácticas y estratégicas.
- Articular y controlar el proceso, incluyendo su realización, mediante el que usted trata de alcanzar sus objetivos tácticos y estratégicos.
- Establecer con cada proveedor potencial una buena relación de trabajo que pueda luego continuarse con el que obtenga el contrato.
- Establecer sus credenciales como cliente 'inteligente'.

El proceso de creación de un mercado

Hay una serie de pasos a dar si se busca que el mercado quede correctamente implicado. Son los siguientes:

- Preparar el paquete informativo.
- Seleccionar los proveedores participantes
- Fijar el calendario, la forma y el contenido de las reuniones.
- Llevar a cabo la reunión 1 - entrega y discusión del paquete informativo.
- Llevar a cabo la reunión 2 - escuchar las primeras observaciones y preguntas de los participantes.
- Llevar a cabo la reunión 3 - acordar ajustes del enfoque y confirmar su comprensión y objetivos.
- Proporcionar paquete informativo suplementario, si es necesario.

Preparar el paquete informativo

El paquete informativo es un elemento útil que garantiza mensajes coherentes al mercado, minimiza las interpretaciones erróneas y ayuda a las discusiones dentro de las organizaciones del cliente y el proveedor. Resulta útil hacer llegar el paquete informativo a todas aquellas personas que tienen un interés directo (ver capítulo 4), ya que de este modo se alcanza, cuando es posible, un documento acordado para presentar a los proveedores potenciales.

El paquete informativo reúne las diferentes corrientes de actividad y pensamiento en un solo juego de documentos, el que a su vez se puede usar como base de discusión y comunicación con los proveedores. De hecho, será la agenda de la primera reunión, y como mínimo, debe contener la siguiente información:

- El proceso de crear un mercado.
- Calendario de reuniones con los participantes.
- Sus objetivos e indicadores.
- Esbozo general del requerimiento.
- Probables capacitaciones del proveedor.
- Criterios de evaluación.
- Límites de la participación del proveedor.
- Proceso de realización y calendario.

El proceso de crear un mercado

Descripción del proceso a seguir durante esta primera etapa de la realización, con un preámbulo del siguiente estilo:

El proceso de crear un mercado está pensado para poner los cimientos de una relación duradera. Busca establecer la comprensión más clara posible, por ambas partes, de sus respectivos objetivos, medidas, temores y límites. Los pasos principales del proceso son los siguientes:

- Fijar calendario, forma y contenido de las reuniones.
- Reunión 1 - entrega y discusión del paquete informativo.
- Reunión 2 - escuchar las observaciones y preguntas iniciales de los participantes.
- Reunión 3 - acordar los ajustes al enfoque y confirmar comprensión y objetivos.
- Proporcionar paquete informativo suplementario, si es necesario.

Calendario de reuniones con los participantes

Descripción de las reuniones que se han de mantener en esta fase y los objetivos a alcanzar en cada reunión. El calendario de reuniones proporciona a los participantes la información siguiente, a la vez que sugiere aspectos a incluir en los documentos apropiados.

Los nombres de otros participantes: Esta lista no sólo tiene el efecto de establecer una relación abierta, sino que estimula la competencia.

Base de selección: Esta sección ofrece una base de selección en esta etapa y puede tomar la siguiente forma:

Los participantes han sido seleccionados según una valoración superficial de su tamaño y capacidad en relación con el tamaño de (nombre de su empresa) y el probable requisito futuro. Cabe destacar que al hacer la lista de participantes, no hay intención de evitar que cualquier proveedor pueda responder al anuncio de 'expresión de interés', en caso de que éste se publique.

Estructura, forma y contenido de las reuniones: Esta sección describe la estructura, forma y contenido de las reuniones y puede expresarse de la siguiente manera:

El estilo y tono de las reuniones debe ser abierto y relajado. Cada una de las partes debe sentirse libre de expresar todos y cada uno de sus temores con respecto a las otras. Se trata de una conversación privada que se mantendrá en estricta confidencia y sin perjuicio de cualquier proceso de realización subsiguiente. El objetivo es poner los cimientos de una verdadera relación que florecerá sólo si es completamente abierta. Esto quiere decir que las discusiones deben trascender lo que normalmente se considera como una conversación sobre 'ventas'.

Se mantendrán tres reuniones con cada participante. La primera será introductoria por naturaleza y se entregará y discutirá un paquete informativo. Se discutirán los siguientes principios:

- Ambas partes tendrán sus propios objetivos y metas a alcanzar en la relación. Como primer paso, deben exponerse y comprenderse claramente por la otra parte.
- Ambas partes deben acordar que, en principio, ambos conjuntos de objetivos se pueden cumplir y son generalmente complementarios.
- El foco de atención primaria de los requisitos del servicio será indicado por (nombre de su empresa), o en otras palabras, el mantenimiento de servicios rutinarios de confianza o la consecución de objetivos a más largo plazo, o ambas cosas.
- (nombre de su empresa) expresará su clara intención de lograr un alto grado de valor por el dinero para asegurar que las expectativas del participante están correctamente fijadas.
- (nombre de su empresa) también expresará su clara comprensión de que el participante debe obtener unos rendimientos razonables.
- Se pedirá a los participantes que definan la expresión 'rendimientos razonables' para asegurarse de que las expectativas de (nombre de su empresa) están correctamente fijadas.
- Ambas partes discutirán la viabilidad y la necesidad potencial de la presentación de ofertas a 'libro abierto'.

- (nombre de su empresa) expresará su intención de minimizar la carga y el coste que tendrá el participante como consecuencia de presentar su oferta para el contrato. Se debe invitar a los participantes a hacer observaciones sobre cómo pueden mejorarse las ideas actuales que (nombre de su empresa) tiene sobre el proceso de realización del servicio.
- (nombre de su empresa) expresará su clara comprensión de las obligaciones y los compromisos que aceptará como una de las partes de la relación. También debe demostrar su determinación de cumplir con sus obligaciones.
- (nombre de su empresa) compartirá de forma abierta cualquier preocupación que tenga sobre la disposición, actividad o percepción de un participante en particular.
- Debe quedar claro que cualquier observación 'negativa' hecha por (nombre de su empresa) tiene como meta proporcionar a cada participante la oportunidad de corregir cualquier interpretación errónea por parte de (nombre de su empresa) o de reaccionar ante la observación de la forma que considera adecuada antes del inicio del proceso formal de realización.
- El participante debe compartir abiertamente cualquier preocupación que tenga con respecto a (nombre de su empresa) y su capacidad de cumplir con las obligaciones y los compromisos de la relación.

La segunda reunión servirá para que el participante dé sus respuestas consideradas. La tercera reunión confirmará la comprensión que cada parte tiene de los requisitos, temores y límites de participacion de la otra. A partir de este momento, cesarán todas las comunicaciones informales previas al inicio del proceso formal de realización del servicio (si es que tiene lugar), sujetas sólo a la aportación de documentación suplementaria que actualice el paquete de información inicial a la luz de las discusiones precedentes.

Una vez acabadas todas las reuniones, se puede preparar un documento para uso exclusivo de (nombre de su empresa) en el que se describan los límites de implicación del candidato potencial, se informe del acuerdo general de presentación del proceso (ver capítulo 8), de la estructura y contenido de la IRS (ver capítulo 16) y de la forma en que se redactará el anuncio solicitando 'expresiones de interés', si resulta apropiado.

Objetivos e indicadores

Articulación escrita de los objetivos del negocio, la empresa o el proyecto, que proporcione un punto de referencia para la discusión. Los objetivos e indicadores son los que se derivan del capítulo 1.

Esbozo general del requerimiento

Descripción del requerimiento de servicio que sirva de contexto a las discusiones planificadas. Debe ser un esbozo general de los servicios, que evite detalles reales y que se derive del trabajo discutido en el capítulo 9.

Probables capacidades del proveedor

Descripción de las expectativas que usted tiene, cuya discusión permitirá que el proveedor actualice, y si es necesario corrija, sus percepciones. Esta sección ofrecerá a los participantes un resumen de las capacidades que el cliente cree que son necesarias para cumplir con los requisitos del servicio. Si se prepara cuidadosamente, puede usarse para regular respuestas sin alienar el mercado, o en otras palabras, la indicación de capacidades puede ser más o menos exigente dependiendo de la condición general de los proveedores potenciales.

Criterios de evaluación

Descripción de la base por la que usted juzgará las propuestas presentadas. Proporciona una visión de alto nivel de los posibles criterios de evaluación pero no de las ponderaciones (ver capítulos 14 y 15).

Límites a la implicación del proveedor

Esta descripción de las fronteras que rodean al probable requerimiento de servicio puede ser útil para identificar aquellos aspectos del servicio que no pasarán al proveedor, o sea, la retención del control estratégico (ver capítulo 8).

Proceso y calendario de la realización

Descripción del proceso a seguir en la realización del servicio y calendario general de cada fase (ver capítulos 6 y 7).

Seleccionar a los participantes

Probablemente los participantes se elegirán entre proveedores bien establecidos, y como tales, deben comprender claramente que una invitación a las reuniones para crear un mercado no confiere privilegios o una condición preferente. Los siguientes aspectos son relevantes:

- Se debe hacer comprender a los participantes que las discusiones informales no tienen la intención de ser una discusión de ventas por adelantado. Debe reconocerse que, aunque el proceso les da la oportunidad de crear una buena impresión, su propósito principal es promover una clara comprensión y permitirles influir en las ideas y el enfoque.

• Los proveedores de servicios actuales relacionados serán muy sensibles a su posición y a la posibilidad de perder negocio. Dado que sus servicios probablemente se requerirán hasta el inicio de un acuerdo de outsourcing y sólo tal vez hasta un poco después, deberán ser tratados con cuidado. Su exclusión de este proceso puede enviar señales poco útiles y crear reacciones adversas. En cambio, incluir en el proceso en este punto a proveedores actuales relevantes, incluso si hay pocas perspectivas de negocio continuado, puede resultar útil para la concreción del ejercicio de realización y el mantenimiento de los servicios existentes.

Fijar calendario, forma y contenido de las reuniones

El enfoque de crear un mercado sugiere una serie de tres reuniones, aunque en algunos casos puede ser más importante que haya tal vez cuatro.La cuestión aquí es que las reuniones se deben planificar, y una vez fijadas, deben programarse dentro del alcance del proyecto completo. La declaración de un calendario de reuniones, con fechas y horas, proporciona a todo el mundo una idea clara del ritmo al que se llevará el proceso.

Unas palabras de advertencia, de todos modos. Dado que las reuniones serán individuales, a mayor cantidad de organizaciones seleccionadas, mayor número de reuniones a realizar. Cuatro reuniones de medio día de duración con seis organizaciones representan 12 días de trabajo - un compromiso pesado para directivos muy ocupados. Sin duda habrá un equilibrio entre el número de organizaciones a involucrar y la dedicación de tiempo.

Reunión 1 - Entregar y discutir el paquete informativo

El propósito de esta primera reunión es discutir el contenido del paquete informativo, utilizando este último como orden del día. Limite la reunión a este orden. Si hace falta una discusión más amplia, probablemente el paquete informativo es incompleto. Permita que las partes escuchen, absorban y se lleven sus temas y comentarios con ellos; usted está buscando observaciones pensadas, no reacciones instantáneas.

Reunión 2 - Recibir observaciones y preguntas de los probables proveedores

Las diferentes organizaciones regresan con sus comentarios y observaciones; es la oportunidad que tiene el cliente de escuchar mientras el proveedor intenta influir y educar. Inevitablemente aparecerán algunos sesgos ya que cada proveedor expresará sus comentarios en términos adecuados a su disposición comercial y de recursos. Sin embargo sus comentarios, tomados en general, serán una valiosa aportación a las ideas asociadas con la realización del servicio. Aunque algunas preguntas de los proveedores podrían contestarse de forma inmediata, cuando éste no sea el caso evite una respuesta rápida y reserve el tema para posterior reflexión y discusión en la Reunión 3.

Reunión 3 - Acordar ajustes al enfoque y confirmar comprensión y objetivos.

Una vez considerados los comentarios hechos durante la Reunión 2, usted podrá traer los temas a debate y las partes podrán llegar a algunas conclusiones. Lo ideal es que los proveedores se vayan de esta reunión con la clara intención de presentar su oferta cuando se inicie el proceso de realización. El cliente debe salir de la reunión con una elevada percepción del requerimiento y una mejor idea de cómo llevar a cabo el proceso.

Aportar paquete informativo suplementario

Dependiendo de las discusiones que se hayan llevado a cabo, usted puede sentir la necesidad de actualizar el paquete informativo. Si las políticas han sido ajustadas, ciertamente hay un fuerte argumento a favor de actualizar el paquete informativo que ha de circular entre colegas y proveedores.

18
Negociar el acuerdo

Este capítulo trata los elementos básicos de la negociación de un acuerdo de outsourcing que el equipo de realización del mismo debe conocer si su meta es alcanzar un acuerdo satisfactorio y equilibrado. Cabe destacar que la posibilidad de fracasar es más alta en acuerdos de outsourcing debido a su escala y duración. Si el proveedor está descontento con el acuerdo desde el principio, el riesgo de fracaso se incrementa de forma muy destacada.

Los aspectos de la negociación se discuten bajo los siguientes epígrafes generales:

- El equipo de negociación.
- El proceso de negociación.
- Temas generales.

El equipo de negociación

El tamaño y la composición de su equipo de negociación dependerá del alcance y la complejidad del acuerdo requerido, pero en general, debe tener las siguientes características:

- El equipo debe contar con una mezcla de capacitaciones apropiadas al tema principal de la negociación.

- El equipo debe ser capaz de mantener su atención centrada en la negociación y de ofrecer un sólido hilo conductor a lo largo de todo el proceso.
- El equipo debe ser capaz de mantener una visión general de cómo va tomando forma toda la transacción y cómo se interrelacionan los diferentes componentes.

El equipo de negociación debe mantener una interacción entre el propio equipo y el equipo emergente de gestión del contrato (ver capítulo 19). También es importante que el equipo de negociación mantenga interacciones con todas las partes interesadas (ver capítulo 4).

Funciones de los miembros del equipo de negociación

El equipo de negociación tendrá un número de funciones a tiempo completo y a tiempo parcial. Todos los miembros del equipo de negociación deberán entender las demandas que la negociación les impondrá y deberán comprometerse con dicho nivel de esfuerzo. También deberán comprender la necesidad de un alto grado de disciplina personal y estar preparados para planificar cada sesión de negociación de forma cuidadosa y sin dejar de lado ningún aspecto.

Líder de la negociación

El líder de la negociación tiene la responsabilidad de conducirla como un todo. Dirigirá las actividades del equipo de negociación, y como presidente del equipo y portavoz, llevará las negociaciones directas con el equipo de negociación del proveedor. Tendrá la responsabilidad de informar de los avances producidos y de aclarar temas de principios, políticas o dirección del negocio con directores o autoridades competentes. Y lo que es más importante, tendrá el poder de dar por finalizada la negociación.

Durante las sesiones de negociación, el líder dará el uso de la palabra, de modo que los miembros del equipo nunca se interrumpan o contradigan. Tampoco debe pedirle a alguien que hable en la mesa de negociación si previamente, en la reunión de planificación interna, no se ha establecido lo que dicha persona tiene que decir.

Líder delegado del equipo de negociación

Para algunas negociaciones puede ser prudente nombrar un líder delegado que controle la adhesión a la política acordada y a las decisiones de negociación. Si la negociación tiene premura de tiempo, el delegado debe estar preparado para cubrir la ausencia del líder o para presidir negociaciones paralelas.

Director de la negociación

El director de la negociación es responsable de la administración de la negociación, por ejemplo orden del día, actas, adhesión a políticas acordadas, etc. Mantendrá una visión general de la transacción para asegurar que el equipo de negociación está funcionando en línea con la política y los objetivos del proceso.

Aunque el director de la negociación no tiene voz, asistirá a todas las reuniones y adoptará un papel vigilante, atento a problemas potenciales con algunos puntos de la negociación que puedan pasar desapercibidos a otros miembros del equipo en el calor del debate.

En especial, llevará un 'mapa' de cada uno de los aspectos básicos de la negociación que presenta cada una de las partes, de modo que, cuando la posición comercial de cada parte vaya y venga, la posición comercial del cliente se pueda seguir y comparar con la del proveedor potencial, así como formular la respuesta adecuada para la siguiente sesión de negociación.

Asesores comerciales

El líder de la negociación puede nombrar asesores especializados como miembros a tiempo completo del equipo que apoyen o den asesoramiento comercial relacionado con el acuerdo propuesto.

Asesor legal

Un representante legal debe estar presente en el equipo de negociación. La representación legal puede tomar dos formas:

- Un asesor legal de máxima categoría que podrá negociar directamente sobre aspectos legales.
- Un asesor legal más joven que podrá tomar las notas apropiadas para actualizar los borradores de contratos.

Algunos líderes de la negociación pueden decidir deliberadamente no contar con la presencia de un asesor legal de máxima categoría, de modo que los puntos difíciles de la negociación puedan ser 'acordados, sujetos a asesoramiento legal'. De este modo, el punto en cuestión se puede considerar lejos de la mesa negociadora, donde todas las capacitaciones del equipo se pueden utilizar en la formulación de una respuesta.

Si una de las partes decide incluir un asesor legal de la máxima categoría en su equipo, la otra parte se verá obligada a hacer lo mismo. A veces se considera una ventaja no permitir la asistencia de asesores legales, porque así las discusiones entre ambas partes se concentran en los principios del contrato y en otros aspectos del negocio más que en tecnicismos legales. Si éste es el enfoque preferido, siempre se deberá contar de todos modos con la experiencia legal apropiada en apoyo de todas las reuniones de planificación interna. Hacia el final de la ronda de negociaciones, casi con seguridad se necesitará la aportación de un asesor legal de máxima categoría para facilitar la redacción definitiva del contrato.

Expertos

Para algunas partes relevantes de la negociación se pueden necesitar expertos en aspectos específicos de los requisitos del servicio. Sin embargo, se ha de tener mucho cuidado con la forma en que los expertos se introducen en el equipo. Su papel dentro del mismo debe quedar claramente entendido y controlado, y los expertos deben ser informados exhaustivamente sobre la disciplina de la negociación. El líder de la negociación debe conocer de antemano lo que el experto va a decir.

Administración/secretariado

El alcance de la administración dependerá en gran medida del enfoque dado a la documentación legal y a los medios para controlar los pasos del proceso. No se debe subestimar el tiempo ni los recursos necesarios para estas actividades.

Documentación legal: El control de los borradores de los documentos legales debe retenerlo el equipo del cliente. Los borradores de contratos necesitarán ser actualizados y puestos en circulación oportunamente. (Los proveedores incluyen a menudo estas actividades como parte de sus servicios).

Medios para controlar los pasos del proceso: Si se requiere un control detallado, incluyendo las actas de todas las reuniones, el esfuerzo administrativo necesario será considerable. Recuerde que la persona involucrada tiene que asistir a todas las reuniones, tomar notas escritas, hacer circular documentos y probablemente mantener un archivo documental.

El proceso de negociación

La importancia de la planificación

Para que un equipo de negociación esté bien preparado para reunirse con el proveedor, debe dedicar el tiempo suficiente a la planificación. Los planes eficaces llevarán de 4 a 6 horas de preparación por cada hora pasada en la mesa negociadora. La planificación incluirá los siguientes aspectos, aunque no se limitará a ellos:

- Preparar el orden del día - ver más abajo.
- Revisar el entorno.
- Preparar una declaración inicial - ver más abajo.
- Verificar los documentos que serán necesarios en cada sesión y procurar copias suficientes.
- Identificar las personas que toman decisiones o son miembros clave del equipo del proveedor, dado que pueden variar de una reunión a otra.
- Revisar borradores y actualizaciones de contratos.
- Asegurarse de que los puntos clave han sido redactados o rectificados correctamente.
- Comprobar la comprensión que el equipo tiene de los puntos clave.
- Identificar áreas potencialmente contenciosas y decidir la línea a seguir.
- Comprobar cifras y cálculos relevantes.
- Preparar la postura en temas fundamentales/identificar umbrales de acuerdo.
- Identificar una ruta por encima del miembro de mayor categoría del equipo de negociación del proveedor.
- Planificar la actitud a tomar ante cualquier intento del proveedor de escalar por encima de su equipo de negociación.
- Identificar los puntos que no se pueden conceder.
- Repasar la lista de directivos involucrados.

Redacción de contratos

La redacción y actualización de la documentación contractual representan un compromiso muy importante. Sin embargo, el control de la documentación es una significativa ventaja negociadora. Inevitablemente, el primer borrador de un contrato tendrá sesgos inclinados hacia el equipo redactor, por lo que a la parte contraria le tocará encontrar los sesgos y negociar su eliminación. Su equipo de negociación, por lo tanto, debe tomar la responsabilidad de redactar el contrato y sus programaciones asociadas.

El director del proyecto debe calcular que haya tiempo suficiente en el plan del proyecto, entre el nombramiento del proveedor elegido y la primera reunión negociadora, para redactar el contrato y las programaciones. Bajo ninguna circunstancia acepte el contrato estándar del proveedor, ni siquiera si el proyecto va muy justo de tiempo.

La agenda

La agenda de reuniones (tanto las de planificación como las de negociación) es una ayuda muy importante para la planificación y cumple un número de propósitos como los siguientes:

- Fija el contenido de la reunión negociadora.
- Establece el orden de la discusión.
- Asegura que los temas no se pasen por alto o se olviden.
- Pone disciplina en el proceso de planificación.
- Condiciona las actitudes y las respuestas de los demás.
- Proporciona una base para gestionar el tiempo.

La siguiente lista de comprobación ayudará a su formulación:

- Identificar los temas a discutir.
- Predecir los objetivos de la otra parte para la reunión.
- Clasificar temas por orden de prioridad beneficioso para su equipo.
- Identificar aspectos secundarios que pueden ser pospuestos por falta de tiempo.
- Programar recesos y descansos.

Declaración inicial

El líder de la negociación debe preparar una declaración inicial para la primera reunión. Dicha declaración condicionará la atmósfera y la negociación posterior, e incluirá un recordatorio de los beneficios para el proveedor del contrato propuesto, un resumen del contrato y de su operación prevista, así como los requisitos que se aplicarán a la conducción de las negociaciones.

Si hace falta, prepare una declaración inicial para cualquier reunión subsiguiente en la que se tenga que alcanzar una atmósfera, tono u objetivo particular. Todas las declaraciones iniciales deben ponerse por escrito y ensayarse, para tener la seguridad de que el texto acordado se presenta correctamente.

Programa

Cuando sea posible, defina un programa formal y cíclico de negociación como el que sigue:

- Día 1 - reunión de planificación interna.
- Día 2 - reunión negociadora con el proveedor.
- Día 3 - reunión de revisión interna para discutir las negociaciones del día anterior y dar instrucciones al asesor legal que redactará el contrato.
- Día 4 - actualizar el borrador del contrato.
- Día 5 - entregar el borrador actualizado al proveedor.

Si es posible, construya el programa de negociación alrededor de un ciclo semanal o quincenal, ya que esto facilita la fijación de la agenda y minimiza la innecesaria pérdida de avances debida a otros compromisos.

Instalaciones

Prepare cuidadosamente el lugar donde se llevará a cabo la negociación. Dado que es posible modificar la atmósfera de trabajo mediante la creación de un entorno hostil o relajado, el cliente debe ser, invariablemente, el anfitrión de las negociaciones, excepto si existen razones obvias para reunirse en las instalaciones del proveedor, como por ejemplo, acceso a la información.

Distribuya los asientos de forma adecuada a la composición del equipo negociador. En etapas posteriores de la negociación, siempre ponga a disposición del proveedor una habitación cercana para sus discusiones privadas durante los recesos.

Aspectos generales

La negociación es una actividad cualificada. Si el tamaño, alcance o valor del proyecto lo requiere, procure de antemano la formación de los negociadores por especialistas. Con toda seguridad, uno o dos días de formación del equipo negociador valdrán la pena. Hasta los negociadores más curtidos se pueden beneficiar refrescando sus experiencias y conocimientos.

A continuación se describen algunos aspectos generales de la negociación.

Personas que toman las decisiones

Asegúrese de conocer la persona del equipo del proveedor que toma las decisiones y fíjese si él o ella asiste a las reuniones negociadoras. Lo ideal es que ambos negociadores tengan el poder de tomar decisiones vinculantes.

Si las negociaciones llegan a estancarse, no permita que el negociador o los altos directivos del proveedor pasen por alto la mesa negociadora, ya que esto puede llevar a que los máximos directivos del cliente hagan concesiones sin comprender en su totalidad algunos temas potencialmente complejos.

Objeciones/quejas

Una forma común de defensa contra cuestiones difíciles de la negociación es la queja o la objeción. Responda a dichas tácticas con argumentos lógicos de persuasión y explicaciones profesionales. Si ha habido suficiente planificación, su posición debe ser lógicamente inexpugnable.

Silencio

Al enfrentarse con una pregunta extraña o una línea argumental inútil, el proveedor puede permanecer en silencio para evitar una respuesta. Un silencio prolongado pretende ser embarazoso y obligar a la otra parte a desviar el tema. El líder de la negociación no debe romper el silencio, excepto para repetir la pregunta o el argumento.

Información

Un equipo negociador cualificado aprovechará todas las oportunidades de recoger información y pasarla al líder de la negociación. Si el proveedor tiene la necesidad de hablar con los 'expertos' que no son parte de su equipo negociador, su líder debe:

- Asegurarse de que el experto está completamente informado y sabe lo que se debe decir.
- Asegurarse de que el experto esté acompañado por un miembro del equipo negociador durante las discusiones.

Lenguaje corporal

La postura y los gestos pueden proporcionar importante información al equipo negociador del proveedor. Todos los miembros de su equipo deben ser concientes de sus propios gestos - la formación será de gran ayuda en este caso - y en la medida de lo posible, evitar pasar información de forma no consciente al equipo contrario.

En particular, asegúrese de que los miembros de su equipo negociador se abstienen de indicar con la cabeza su aprobación a determinados puntos. Si el proveedor hace una propuesta aceptable que, por el momento, el líder de la negociación no desea conceder, un rechazo verbal de la cuestión no tendrá mucho valor si el resto de su equipo está indicando que sí con la cabeza.

El director de la negociación debe proponer el seguimiento del lenguaje corporal de ambas partes. A continuación, una vez reunido el equipo negociador para valorar cómo ha ido la reunión, se debe ofrecer un informe del lenguaje corporal del proveedor, así como hacer los recordatorios necesarios de sus propios gestos que puedan haber debilitado posiciones importantes.

Números

Nunca permita que la otra parte haga los cálculos que le pertenecen a usted. Repase siempre las cifras que aparecen en la negociación. Lleve un total permanente del valor del contrato y consúltelo con regularidad. Y muy especialmente, en la medida de sus posibilidades, mantenga siempre una visión de la posición comercial de la otra parte, de modo que pueda juzgar cuándo ejercer presión para lograr una posición mejor o cuándo dejar de ejercerla porque se ha alcanzado un acuerdo equilibrado.

19
Gestión del contrato

Cualquier acuerdo de outsourcing de una cierta envergadura requerirá una gestión coherente y firme si se han de alcanzar los objetivos y lograr los beneficios buscados. Aunque cada acuerdo será diferente en los detalles, los principios que rigen una buena práctica son comunes a todos ellos. Este capítulo ofrece una visión de los principios generales, los procesos de alto nivel y las estructuras organizativas que guiarán el desarrollo del acuerdo para gestionar un contrato.

El tamaño y forma definitivos de la función gestora del acuerdo quedarán determinados por un grupo principal de actividades, pensadas para mantener la propiedad contractual y el logro de los objetivos del acuerdo. La forma exacta del equipo de gestión del contrato no se puede determinar sin una visión de cuáles son esas actividades principales, de los principios generales a los que sirven y de su relación con aspectos contractuales más amplios.

Principios generales

Conceptualmente, se puede decir que las actividades requeridas para gestionar un contrato operan en cuatro niveles:

- Nivel 1
Interacción proactiva con el cliente - mecanismo por el que el equipo de gestión del contrato y el proveedor del outsourcing entienden los requisitos continuamente cambiantes del usuario.
- Nivel 2
Conversión de los requisitos del usuario en adquisición de recursos y servicios para así maximizar el valor por el dinero del contrato.
- Nivel 3
Supervisión de la actividad - asegurar la actividad operativa y el cumplimiento comercial/técnico.
- Nivel 4
Facilitación del logro de los objetivos del acuerdo de outsourcing.

Los niveles 1, 2 y 3 pueden considerarse como rutinarios, ya que están relacionados con la operación diaria de la relación, pero 'rutinarios' no quiere decir 'sencillos', y hay que superar algunas dificultades si se quiere garantizar la efectividad. El nivel 4 puede considerarse como una función de más alto nivel, en el sentido de que el contrato carece de propósito si no alcanza los objetivos buscados, pero sin embargo no resulta obvio de forma inmediata cómo dar efecto a las actividades del nivel. La posición se hace más difícil dado que las complejidades inherentes a los niveles 1, 2 y 3 oscurecerán aún más los aspectos relacionados con el nivel 4 y entorpecerán el logro de los objetivos del acuerdo.

La discusión es, por lo tanto, que los acuerdos para la gestión del contrato deben contener en su centro mecanismos específicamente diseñados para facilitar el logro de los objetivos del acuerdo, y al mismo tiempo, cumplir con los requisitos de los niveles 1, 2 y 3. Sin un apoyo claro de los temas relacionados con el nivel 4, las complejidades y el mero volumen de la actividad diaria serán más lentas en el mejor de los casos, y en peor, impedirán alcanzar los objetivos del acuerdo. Por consiguiente, la función gestora del contrato debe ser multiestratificada, con actividades del nivel 4 firmemente dirigidas hacia el logro efectivo de los objetivos del acuerdo, y debe asegurar que los mecanismos pertenecientes a los niveles 1, 2 y 3 mantienen sus eficacia en el tiempo.

Habilidades generales requeridas

Nivel 1 - Interacción proactiva con el cliente

Este nivel es básicamente el primer contacto con el cliente/negocio y permite establecer la interacción primaria entre el cliente/negocio y la provisión del servicio. Dado que el director del contrato debe ser conciente de los requisitos del usuario final y estar de acuerdo con ellos, este nivel también tendrá que ver con la planificación del negocio, y cuando sea apropiado, con la conversión de los requisitos comerciales en requisitos técnicos.

El equipo gestor del contrato necesitará:

- buenas habilidades interpersonales;
- un conocimiento técnico apropiado y/o cualificaciones técnicas;
- una comprensión experta de la planificación interna relevante y de los mecanismos administrativos; y
- la convicción de que el éxito se mide por el grado de satisfacción, en términos del servicio, de los usuarios finales.

Nivel 2 - Conversión de los requisitos del usuario

El nivel 2 se ocupa de asegurar que los requisitos del usuario identificados en el nivel 1 sean convertidos correctamente en servicios apropiados, pero de un modo que maximice la rentabilidad del contrato. En otras palabras, el equipo gestor del contrato se asegurará de que las estimaciones del proveedor referentes a los recursos requeridos por el nuevo servicio sean razonables y que se compren en línea con las fórmulas de costes acordadas. Cualquier falta de rigor sobre este punto permitirá una escalada de costes en el tiempo.

Nivel 3 - Supervisión de la actividad

El nivel 3 se encarga de supervisar la actividad del proveedor comparándola con los términos del contrato, por lo que requiere una sólida comprensión de los mecanismos operativos así como de los mecanismos básicos del contrato. Será esencial contar con la habilidad de aplicar sofisticados procesos de supervisión de forma siempre meticulosa, dado que será necesario interpretar cualquier incipiente señal de advertencia y reaccionar de forma efectiva ante situaciones negativas en los resultados de la actividad.

Nivel 4 - Logro de los objetivos estratégicos

Las actividades del nivel 4 deben ir firmemente dirigidas hacia el logro de los objetivos contractuales (para ambas partes) y de la eficacia de los procesos de los niveles 1 y 2. El nivel 4 requiere una clara comprensión de las culturas y de los modus operandi de las distintas partes, así como la habilidad de aplicar consideraciones y técnicas comerciales.

Procesos fundamentales de la gestión contractual

Áreas principales de actividad

Para apoyar los objetivos centrales dentro de la función gestora del contrato, las siguientes áreas principales de actividad necesitarán procesos sólidos que, dependiendo de la complejidad del acuerdo, serán informatizados. Dichos procesos son necesarios para gestionar el contrato y también para diferenciar las tareas, de modo que el equipo gestor tenga alguna elasticidad en el tiempo a medida que el personal cambie. Las actividades principales son las siguientes:

- Mantenimiento de los niveles de servicio y de la información sobre resultados.
- Gestión de contratos basados en recursos.
- Control de cambios.
- Respuesta a la información sobre resultados y a los ajustes.
- Mejora de los resultados.
- Administración general.

El coste de establecer y aplicar estos procesos deberá quedar equilibrado con los beneficios y riesgos del contrato. Si el contrato es razonablemente sencillo, y hay que hacer todos los esfuerzos necesarios para que así sea, las medidas para su gestión también pueden simplificarse. Sin embargo, si los beneficios potenciales son grandes y se requiere un servicio complejo para lograrlos, lamentablemente entonces también se necesitarán medidas de gestión contractual más complejas.

Mantenimiento de los niveles de servicio

La actividad fundamental de cualquier función gestora de un contrato es asegurar que el proveedor cumple satisfactoriamente con los estándares de actividad. Los detalles de los niveles requeridos deben aparecer listados y descritos en una programación, y si es necesario, deben describirse con mayor detalle en un acuerdo marco para el nivel de servicio (AMNS). De forma alternativa, los detalles del servicio se pueden definir en un cierto número de acuerdos contractuales separados - acuerdos sobre el nivel de servicio (ANS) relacionados con el usuario - cuyo alcance y formato se describirá en una de las programaciones contractuales. Esta última solución puede ser particularmente apropiada cuando el departamento que contrata tiene sus propios usuarios o clientes, como por ejemplo un departamento de mantenimiento que proporciona servicios de mantenimiento a diferentes departamentos, ya que cada uno de ellos es un usuario por derecho propio, con necesidades de servicio específicas descritas en el ANS.

Programación del contrato/acuerdo sobre el nivel de servicio: La programación del contrato/acuerdo sobre el nivel de servicio sirve para definir, en términos cualitativos y cuantitativos, los componentes fundamentales del servicio, las restricciones sobre la demanda del servicio, los cargos o costes y el método que se utilizará para medir los resultados e informar sobre ellos durante la vigencia del acuerdo.

Cuando la realización del servicio es compleja, se puede recurrir específicamente a un acuerdo marco para el nivel de servicio (AMNS) que cubra los acuerdos contractuales, a la vez que proporcione un paraguas protector a todos los componentes del servicio en general. Lo habitual es que exista un AMNS para cada tipo principal de servicio que se debe proporcionar. Los acuerdos sobre el nivel de servicio existen dentro del marco del AMNS y pueden aportar variaciones aplicables a un componente concreto del servicio. En situaciones en las que no existe un ANS, los elementos del AMNS representarán el nivel mínimo de servicio.

Un acuerdo sobre el nivel de servicio incluirá los siguientes aspectos:

- Fechas de aceptación y realización.
- Disponibilidad.
- Fiabilidad.
- Resultados.
- Funcionalidad.
- Seguridad.
- Procesos del ANS.

Los procesos relacionados con la creación y el mantenimiento de acuerdos sobre el nivel de servicio incluyen los siguientes aspectos:

- Aprobación de nuevos servicios y proyectos.
- Especificación y creación de acuerdos sobre servicios para los nuevos servicios y proyectos.
- Obtención de las aprobaciones adecuadas.
- Ratificación de enmiendas a servicios existentes (control de los cambios).
- Mantenimiento y ajuste de acuerdos de servicios existentes con clientes.
- Actualización de los acuerdos sobre nivel de servicio en línea con los impactos por eficacia o las mejoras tecnológicas.

Está claro que algunos de estos procesos tendrán interacciones con las actividades de realización o negociación del contrato, ya que el ANS formará parte del contrato y afectará materialmente a los costes.

Requisitos especiales: En ciertas circunstancias pueden necesitarse procesos adicionales para supervisar la conformidad con requisitos especialistas, por ejemplo:

- Confidencialidad.
- Mantenimiento de archivos satisfactorios a efectos de auditorías.
- Requisitos técnicos específicos.
- Especificaciones ambientales.
- Contingencia/elasticidad del sistema.
- Sistemas de calidad.

Los niveles y normas de actuación relacionados con estos requisitos deben aparecer, con diferentes niveles de detalle, en el contrato del servicio, el AMNS y los acuerdos sobre nivel de servicio.

Información sobre resultados: Estos procesos dirigen los informes rutinarios sobre resultados que salen de las fuentes operativas. Las declaraciones sobre resultados y avances las recogen los departamentos operativos y pasan la información a la dirección del contrato para su cotejo y posterior presentación diaria, semanal, mensual o trimestral, según lo que resulte apropiado. Estos informes cubrirán los resultados cuantitativos y el cumplimiento de los acuerdos aceptados sobre nivel de servicio. Algunos informes estarán fechados antes del comienzo del acuerdo de outsourcing, mientras que otros habrán sido preparados especialmente, tal vez por el proveedor, después del inicio del acuerdo.

La información sobre resultados debería facilitar las respuestas y la información retroactiva de los usuarios y del equipo gestor del contrato mediante el régimen de reuniones, los procedimientos de ajuste y los procesos de información sobre excepciones.

Los elementos principales de la información sobre resultados son los siguientes:

- El cálculo de tiempo, el modo, el formato y la presentación de la información sobre resultados que se definen en el acuerdo marco para el nivel de servicio y (si es aplicable) en los acuerdos sobre nivel de servicio.

- La información y el mantenimiento regular de registros sobre resultados de forma diaria, semanal, mensual y trimestral, concluyendo cada 12 meses con un informe anual.
- La aportación de datos cuantitativos sobre resultados operativos, avances del proyecto e incidentes.
- La rápida asimilación de cuestiones, problemas y observaciones por parte del proveedor, con la provisión de una mesa de ayuda (si hace falta) y un eficaz proceso de diseminación informativa.

Gestión de contratos basados en recursos

Existe una tendencia continua hacia contratos basados en una previsión de demanda de recursos. Dichos contratos presentan un significativo potencial de ahorro de costes, ya que los proveedores pueden ofrecer tarifas beneficiosas para una carga de trabajo conocida (ver capítulo 12). Lo habitual es que este tipo de contrato esté basado en un perfil de recursos mínimos por el que se cobraría (aunque no fuera usado) y en la perspectiva de utilizar recursos adicionales, cuyo nivel de coste dependería del tiempo de preaviso dado para el requisito.La utilización de este conjunto de recursos quedaría absorbida por los diferentes servicios/proyectos a proporcionar a la comunidad de usuarios.

La gestión de la utilización de recursos y los procesos de planificación futura son fundamentales para obtener lo siguiente:

- Máxima utilización del conjunto de recursos contratado.
- Compra de recursos a los precios más ventajosos.
- Advertencia de que comprar a los precios más ventajosos puede ser imposible.
- Cálculo e informe del efecto acumulativo de las oportunidades perdidas.

Los cambios en la provisión del servicio, ya sea por reducción o expansión de plantilla, deben considerar el impacto sobre cualquier plan futuro de contratar recursos. El cálculo de tiempo para la realización del servicio puede ser importante dada la posibilidad de menores costes por notificar los requisitos con antelación.

Control de los cambios

Ocasionalmente se requerirá una enmienda para un contrato de servicios que necesita un sencillo proceso de revisión que, a su vez, llevará a la discusión y el acuerdo. Los principales elementos del proceso serán los siguientes:

- Revisión del cambio contractual, para incluir el impacto sobre el ANS.
- Formulación de la propuesta de cambio.
- Obtención del acuerdo para la propuesta.
- Inicio del cambio.
- Supervisión e informe de la puesta en marcha.

Respuesta a la información sobre resultados y a los ajustes

La información sobre resultados debe facilitar las respuestas y la información retroactiva mediante el régimen de reuniones, los procesos de excepción y los procedimientos de ajustes. Estos procesos deben llevar a cabo las siguientes funciones:

- Reaccionar ante la información de resultados pobres.
- Asegurarse de que se ponen en marcha medidas correctoras.
- Asegurarse de que los ajustes necesarios llegan a tiempo.
- Supervisar e informar de los avances mientras se completan las medidas correctoras.

Se debe identificar y registrar la existencia de resultados pobres en el servicio (con la ayuda de un equipo de apoyo, si lo hay) en respuesta a los comentarios de usuarios o de los gestores del contrato. Cualquier incidente, con independencia de su origen, debe ser notificado a la dirección y a los usuarios implicados.

Los procesos deben cubrir la evaluación y la autorización de las acciones correctoras. Los gestores del contrato deben considerar las implicaciones contractuales que puedan presentar las opciones de acciones correctoras, conjuntamente con los departamentos operativos y el proveedor del servicio. Sin embargo, es probable que los tecnicismos detallados de la acción correctora queden fuera de las atribuciones de la función gestora del contrato. Además, el alcance de una acción correctora puede ser de tal magnitud como para constituir un proyecto (y un contrato) por derecho propio, en cuyo caso puede resultar necesario interceptar la provisión normal del servicio o el proceso de requerimientos del mismo.

Los avances de la acción correctora se deben supervisar e informar, y si es necesario, se deben invocar procedimientos de ajuste. En el caso de que la acción correctora no pueda proporcionar el resultado buscado, el proceso debe recomenzar y quedará sujeto a ajustes dentro de la jerarquía directiva apropiada.

Mejora de los resultados

Cuando se han puesto en marcha programas concretos para obtener mejores resultados, los procesos tendrán que realizar las siguientes funciones:

- Supervisar los avances.
- Predecir la posibilidad de ejecución exitosa en cada etapa de control.
- Informar de forma rutinaria sobre los avances.
- Capturar la producción.
- Equiparar la producción con los beneficios buscados y los costes del proyecto.
- Informar sobre la realización del programa y el impacato sobre el logro de los objetivos de la relación.

Administración general

Para administrar el contrato se necesitarán procesos no técnicos. Por ejemplo:

- Verificar y pagar las facturas del proveedor. De forma inevitable, este proceso tendrá una interacción con los procesos financieros existentes.
- El personal que gestiona el contrato debe registrar y distribuir las actas de las reuniones y las notas sobre conversaciones telefónicas.
- Se necesitará un archivo documental para guardar las últimas versiones de todos los documentos vinculados a la relación y el acuerdo. Es una buena práctica asegurarse de que la forma en que se lleven todas las reuniones queda registrada por el equipo gestor del contrato, de modo de contar con un 'equilibrio' adecuado en el control de los pasos del proceso.

Otros aspectos de la gestión del contrato

En algunas circunstancias, puede haber un cierto número de aspectos más amplios de la gestión contractual que necesiten consideración y para los que hagan falta procesos. Incluyen los temas indicados a continuación, aunque no se limitan a ellos.

Valoración de la viabilidad

De vez en cuando, los cambios en la carga de trabajo (mejoras, nuevos proyectos) pueden requerir la verificación técnica de los recursos que ofrece el proveedor. Asegúrese de contar con la capacitación de un especialista o de haber localizado una fuente adecuada de experiencia, posiblemente externa.

Financiación y planificación

Se puede necesitar la cualificación financiera de un especialista para aspectos de la gestión del contrato tales como el 'acceso libre a las cuentas' y otros requisitos de auditoría.

Vinculación cliente/usuario

Cuando un cierto número de sus departamentos o funciones (usuarios) reciban un servicio, es importante representar los intereses de cada departamento de forma satisfactoria. La función de gestión del contrato debe asegurarse de que los procesos de gestión contractual sean sensibles a las percepciones de los usuarios. Dichos procesos fracasarán en su función si no pueden detectar la insatisfacción de los usuarios.

Gestión de proveedores

Puede haber circunstancias en las que dos o más fuentes o proveedores diferentes proporcionen servicios complementarios o relacionados. Se necesitarán entonces procesos especiales para medir los indicadores principales de actividad de tal modo que quede asegurado que las faltas o errores en el servicio son atribuidas correctamente.

Gestión de seguridad y calidad

Se pueden necesitar procesos de gestión de contrato para la supervisión de medidas especiales de seguridad contractual o de requisitos de calidad especialmente críticos.

El Apéndice C presenta una visión general de alto nivel de los procesos de gestión contractual.

20
Implementación del contrato

Si se ha hecho el esfuerzo suficiente para preparar y negociar el contrato, sin duda que después de la segunda copa de champán en la ceremonia de la firma usted sentirá que ha coronado la cima de la montaña. Pues bien, disfrute del champán mientras pueda, porque ahora tiene por delante la tarea más difícil: ¡hacer que funcione! El contrato tiene que implementarse, y la habilidad con la que se lleve a cabo la tarea de su puesta en marcha determinará el éxito duradero del contrato.

La gestión de la implementación es la actividad central para el comienzo del acuerdo contractual. La conducta y actitud de ambas partes en este momento fijará el tono de la relación subsiguiente entre su proveedor y usted. Tome note del efecto de un enfoque o estilo particular. En su forma ideal, la implementación es una oportunidad de establecer el marco de un acuerdo caracterizado por la confianza, el apoyo y la atención a los objetivos de ambas partes. Al mismo tiempo, sin embargo, se tomarán decisiones que afectarán al acuerdo durante toda su vigencia, así que extreme las precauciones para estar seguro de que el proveedor, quien también puede apreciar la importancia de este período, no utiliza la fase de implementación para mejorar la situación comercial del acuerdo pero en desventaja financiera para usted. Su director de negociación debe asegurarse de que comprende las implicaciones a largo plazo de todas y cada una de las pretensiones del proveedor, y no debe dejar pasar ninguna que no esté clara y no sea considerada razonable.

El proceso de realización en sí debe dar la seguridad de que los proveedores están obligados a proporcionar borradores de sus planes de implementación como parte de sus ofertas (ver capítulo 14). Usted debe desarrollar su propio plan de implementación para el período que llega hasta el inicio de las operaciones, usando planes de implementación propuestos por el proveedor, cualquier plan previo de otros acuerdos de outsourcing y las percepciones del equipo de realización del outsourcing. El proveedor también producirá su propio plan de implementación, basado en los términos del contrato, que se pondrá en marcha una vez el contrato haya sido firmado. Existen tres etapas de implementación:

- Pre-contrato, o sea, actividades previas a la firma del acuerdo.
- Post-contrato, o sea, actividades posteriores a la firma del contrato pero anteriores al inicio operativo del contrato acordado.
- Post-inicio, o sea, actividades posteriores al inicio operativo del contrato.

Implementación pre-contrato

Las actividades de implementación pre-contrato son aquéllas que se llevan a cabo antes de que los documentos contractuales hayan sido dados por finalizados entre las partes. Es una buena idea prepararse para la implementación lo más que uno pueda, pero permaneciendo circunspecto sobre cualquier actividad que pudiera socavar su posición negociadora hasta que los contratos se den por definitivos (ver 'Socavar la negociación' más adelante).

Planificar con tiempo

El mensaje más importante para la implementación pre-contrato es que una buena planificación, hecha con tiempo, no sólo facilita una puesta en marcha del contrato suave y exitosa, sino que también crea un medio por el que se pueden identificar las dificultades potenciales provenientes de terceros. Un plan de implementación completo debe estar en su lugar, y ser acordado con el proveedor, antes de que se firme el contrato. El Apéndice D proporciona un plan de implementación ilustrativo. En la realidad, por supuesto, el verdadero contenido depende de la función que será objeto del outsourcing y del enfoque general del proveedor del outsourcing.

Terceros

En la mayoría de los acuerdos, se necesita consultar con terceros si se ven afectados por la solución contractual planificada. Hay que establecer con antelación si algún tercero reaccionará de forma negativa al acuerdo planificado o a determinados aspectos de la implementación. Algunas empresas pueden poner objeciones a los que usted propone, por ejemplo, la renovación de un acuerdo a un competidor importante, y causar dificultades o demoras. Otras empresas tal vez no pongan objeciones al plan, pero reaccionen con poca rapidez a los requerimientos.

Hay que ir con mucho cuidado en este tema, porque algunos terceros pueden ver la oportunidad de obtener ingresos adicionales pidiéndole a usted 'derechos de transferencia' por la creación de contratos. Francamente, se trata de una 'prueba', y todo lo que hace falta es un poco de firmeza. De todos modos, en el campo de la información tecnológica en particular, los contratos con terceros contienen cada vez con más frecuencia cláusulas específicas relacionadas con el outsourcing. Será tarea del equipo de realización del outsourcing, pues, revisar los contratos y licencias con terceros, identificar las cláusulas relevantes (por ej., no nuevas asignaciones) y formular un enfoque apropiado.

Debilitar la posición negociadora

Cuando piense en comenzar las actividades de implementación pre-contrato, debe ser consciente de que, por definición, el contrato no está firmado, las negociaciones continuarán y alcanzarán su máximo grado de sensibilidad y dificultad. No debe permitir que ninguna actividad socave su posición negociadora. Por ejemplo, si ha de haber transferencia de personal, el proveedor puede sugerir empezar a conocer y presentar a los trabajadores. Una vez que el proveedor ha entrado en contacto con su personal, y tal vez, establecido algunas expectativas, resulta más difícil considerar retirarse de la negociación si existe un punto de fricción. En efecto, los contactos con el personal habrán debilitado su posición negociadora. Dado que los temas pendientes al final de la negociación siempre serán los más difíciles y los más contenciosos, se debe poner mucho cuidado en mantener la posición negociadora más fuerte posible.

Vínculos contractuales con el proveedor

En esta etapa resulta útil pedirle al proveedor, antes de que usted se comprometa, que proporcione los nombres que integran su equipo de implementación y de sus directivos responsables. También merece la pena establecer sobre qué bases el equipo de implementación del proveedor informará de los avances y la regularidad de las reuniones entre empresas sobre los progresos que se logren.

Implementación post-contrato

La implementación post-contrato se refiere a las actividades de puesta en marcha que se llevan a cabo después de que el contrato se da por definitivo y se firma, pero antes de su comienzo operativo. El tiempo que pase entre la firma del contrato y el inicio del mismo se verá afectado por muchos factores, incluyendo los siguientes:

- Conveniencia operativa.
- Oportuno cálculo de tiempo para los cambios
- Temas de personal, incluyendo la necesidad de realizar consultas.
- Novación de acuerdos con terceros.

Lo ideal es que no transcurra ningún lapso entre la firma y el inicio de las operaciones, pero si es inevitable, debe ser tan corto como sea razonablemente posible. Un inicio retrasado puede causar inquietud, especialmente si hay transferencia de personal. Usted debe intentar que el proveedor ocupe su sitio y sea operativamente responsable lo antes posible.

El director de la negociación debe tener muy presentes las tareas que se han de completar antes del inicio del contrato. Por ejemplo, hay quien dice que la información relacionada con el pago de la nómina del personal que se transfiere debe entregarse antes de que el contrato entre en vigor. De hecho, la fecha límite tiene que ser la última fecha posible en la que el departamento encargado de pagar las nóminas puede recibir dicha información para pagar al personal transferido. La fecha límite para grandes cantidades de empleados que cobran por semanas puede muy bien ser anterior al inicio del contrato, mientras que para un menor número de empleados que cobran por meses generalmente es después del inicio.

Implementación post-inicio

La implementación post-inicio se refiere a las actividades que se llevan a cabo después del inicio operativo del contrato.

Una vez que un acuerdo ha comenzado a operar, el peso del plan de implementación pasa al proveedor, y gran parte de la involucración del cliente será en respuesta al trabajo del proveedor. Por esta razón, es esencial que el plan de implementación del proveedor sea visible para las partes y que su validez haya sido formalmente acordada entre ellas.. Recuerde que como parte de los procesos de realización y evaluación, ya ha visto un esbozo de plan de implementación (ver capítulo 14). Asegúrese de que este plan se usa como base para ajustarlo al plan real. Cuando el plan quede acordado, solicite informes regulares sobre los avances y vigile el efecto sobre la provisión del servicio hasta que la implementación esté completa. También recuerde que habrán tareas para el cliente, aunque estén restringidas a firmar los logros del proyecto. Si no se cumple con tales obligaciones, el proveedor tendrá excusas para no alcanzar los objetivos marcados.

Frecuentemente los proyectos de implementación no concluyen formalmente sino que se marchitan por el desinterés. Hay un dicho muy sabio que indica que el último 20 por ciento de cualquier proyecto consume el 80 por ciento del tiempo. A veces, el último 20 por ciento nunca se lleva a cabo. Recomendamos firmemente que establezca tres elementos significativos de la gestión contractual del proveedor:

- Una clara separación entre metas a alcanzar y actividades en el plan de implementación.
- Un archivo actualizado de los logros de la implementación.
- Información de los avances formales del proyecto de implementación reflejada en las actas de reuniones regulares.

De forma ideal, todos los programas de implementación se darán por formalmente concluidos con la firma de un informe a la dirección, aunque algunas actividades no hayan acabado en realidad. Las actividades legítimamente retrasadas pueden terminarse más tarde, pero asegúrese de que la función gestora del contrato las controla y las tiene presentes. Si se trata de una tarea sin importancia, entonces elimínela del plan desde el principio y evítele un trabajo irrelevante al proveedor.

El Apéndice D presenta un plan de implementación ilustrativo.

CUARTA PARTE

LA PERSPECTIVA DE LOS PROVEEDORES: TRES ESTUDIOS DE CASOS

Introducción a la cuarta parte

Inevitablemente, cuando se trata de conocer a un nuevo proveedor potencial, los nuevos clientes potenciales estarán 'a la defensiva' ante la amenaza de ser engañados o de tener que pagar precios excesivos. Esta falta de confianza constituye una verdadera barrera para la comunicación efectiva entre las partes, y el problema es que, en muchos casos, el cliente tiene motivos para actuar así, ya que lamentablemente hay demasiados proveedores que no son dignos de confianza. En una relación convencional cliente/proveedor, durante miles de años el mundo ha desarrollado estrategias para controlar los riesgos que provienen de una falta de confianza.

En el caso del outsourcing, sin embargo, una falta de confianza es más problemática, ya que un acuerdo de outsourcing suele tener vigencia y aplicarse durante varios años, o sea que tendrá que existir una buena relación de trabajo si se quiere obtener el máximo beneficio mutuo. En las primeras etapas de 'empezar a conocerse', un proveedor de outsourcing experto y competente tendrá, por definición, una mayor comprensión y experiencia práctica de los temas relacionados con el outsourcing. Dicho proveedor intentará pasar parte de sus conocimientos al cliente potencial, como modo de ayudarle a evitar las trampas más ovbias que, a largo plazo, serán un problema para ambas partes. Pero si el cliente está 'a la defensiva', probablemente no hará caso de todo lo que el proveedor diga, con el consiguiente detrimento a largo plazo de la relación.

En un intento de rodear esta barrera para la comunicación efectiva, invitamos a tres de los proveedores de servicios de outsourcing más importantes del mundo a proporcionar algunos consejos a eventuales clientes potenciales, con la esperanza de que, a través de este libro, todos podamos seguir lo que dicen en su significado literal. A los tres les escribimos en los siguientes términos:

Adjunto un esbozo de estructura en el que usted verá que la intención de la cuarta parte es ofrecer la perspectiva de los proveedores. Lo que yo tengo pensado para esta parte es una sección que destaque los problemas innecesarios que tienen los proveedores como resultado, por un lado, de una escasa preparación y compensión por parte de los clientes, y por otro, de un exceso de celo debido a su preocupación a ser 'destrozados'.

... queda en sus manos ofrecer los mensajes que crea convenientes sobre lo que no se debe hacer cuando se busca y se lleva a cabo un acuerdo de outsourcing.

Lo que viene a continuación son sus respuestas originales, cuyo valor juzgará usted mismo.

CSC Computer Sciences Ltd

Outsourcing: lo fundamental

La estrategia

En el competitivo entorno empresarial actual, las organizaciones se ven impulsadas por la continua necesidad de mejorar los bienes y servicios que hacen llegar a sus clientes, quienes solicitan un trato individual. Mientras que la rápida evolución de la tecnología de la información (TI) ha incrementado el potencial para alcanzar mayor eficacia y productividad, se ha vuelto cada vez más prohibitivo maximizar las capacidades sin dedicar vastos recursos internos a la TI. En esencia, lo que antes estimulaba la productividad, ahora amenaza con frenar el crecimiento futuro por sus propias complejidades.

Para muchas empresas, este reto ha significado una nueva perspectiva de los objetivos del negocio y de los procesos en los que se apoyan. Para incrementar o mantener la cuota de mercado, tienen que asegurarse de que cada una de las actividades de su empresa respalda directamente a su verdadero negocio, que es el de tener un servicio o producto capaz de atraer compradores.

En vista de ello, muchos directivos están dando pasos para realinear sus empresas, identificando lo que hacen mejor, reasignando recursos según las nuevas necesidades y delegando todo lo demás en aquéllos que son los mejores en sus respectivas funciones, que a menudo son los proveedores externos que pueden ocuparse de procesos no fundamentales con mayor eficacia.

Esta estrategia, llamada outsourcing, puede proporcionar el acceso a tecnologías más avanzadas, a mejores costes estructurales y a la mayor experiencia de los especialistas del sector, al tiempo que libera a más personal y recursos para que se puedan concentrar en competencias fundamentales, lo que significa una ventaja inmediata para la empresa sobre competidores menos concentrados.

Para que el outsourcing tenga éxito, hace falta un claro entendimiento de los objetivos del negocio, así como de las tareas y los procesos que permiten alcanzarlos. La forma, adecuada o no, en la que estas tareas y procesos apoyan a los objetivos ayudará a determinar las tácticas del outsourcing. Este proceso de evaluación es la esencia de la reestructuración empresarial, estrategia clave para incrementar los resultados en el mercado actual, y el outsourcing ha aparecido como el medio principal de implementar esta estrategia. CSC es líder mundial en ambas áreas.

El valor

La decisión de recurrir al outsourcing para la TI debe basarse en el rendimiento - o valor - que tal decisión podría proporcionar. Una buena medida de este valor aparece en términos de fuerza tecnológica. Considerar un acuerdo de outsourcing como una alianza tecnológica estratégica, en la que las mejores prácticas del sector están al nivel de la tecnología mundial, alienta un entorno asociativo en el que los recursos compartidos trabajan de forma continua para mejorar la calidad y reducir el coste de los procesos de TI. Esta relación inspira ganancias por actividad en los procesos centrales de ambas partes, y asegura un alto nivel de valor empresarial. Del mismo modo, la elección de un socio para el outsourcing debería estar determinada por la capacidad de proporcionar tal valor.

Para aplicar un servicio de outsourcing a los procesos de TI, debe elegir un socio cuya principal actividad sea la TI. Usted refuerza así los vastos recursos de un socio preeminente en sistemas globales de información con la capacidad de apoyar clientes multinacionales. El socio debe tener un profundo conocimiento tecnológico y experiencia probada en consultoría de gestión que le permitan alcanzar soluciones integradas enfocadas a los resultados empresariales. Además, el socio que proporciona el servicio de outsourcing debe tener acceso inmediato a una importante base de conocimientos a través de una red de comunicación de informaciones en propiedad, pensada para compartir tecnologías, metodologías, herramientas y técnicas con toda la organización.

La visión del outsourcing es que los líderes empresariales puedan optimizar sus inversiones en consultoría, tecnología y sistemas para beneficio general de la empresa. Esto incluye convertir los costes fijos en variables, proporcionando una inmediata inyección de efectivo y ofreciendo acceso a las tecnologías y sistemas más ventajosos que se puedan adquirir a través de economías de escala que no están al alcance de la mayoría de las empresas. Las necesidades del outsourcing también deben estar relacionadas con los objetivos del negocio, y deben implementar soluciones que mejoren la productividad, reduzcan el tiempo para salir al mercado y, sobre todo, ofrezcan un modo de reasignar los recursos internos a lo que la empresa sabe hacer mejor, lo que en otras palabras significa crear crecimiento, rendimiento, calidad y valor.

Las personas

Por su naturaleza, el outsourcing incluye la transferencia de personas y recursos de una organización a la de su socio para el outsourcing. Las personas son un componente fundamental de cualquier organización, y para que un servicio de outsourcing tenga éxito, deben alinearse simultáneamente con la tecnología en transición y los procesos empresariales. El enfoque debe incluir todos los aspectos de la transición de personal, como estructura organizativa, contenido del puesto de trabajo, desarrollo de la carrera profesional, estilo de liderazgo y gestión de los resultados.

En CSC atribuimos gran parte de nuestro propio éxito a la fuerza mental de nuestros empleados, muchos de los cuales se unieron a nuestra plantilla a través de acuerdos de outsourcing. Y dado que nadie comprende mejor el aspecto humano del outsourcing que aquéllos que lo han experimentado, estos miembros del personal de CSC están bien cualificados para comprender la transferencia de personal y de equipamientos.

La experiencia demuestra de forma constante que la predisposición mental de los afectados es uno de los prerrequisitos para que haya una buena e ininterrumpida transición de servicios. Por lo tanto, debe ponerse mucho énfasis en que las estrategias de transición resulten no sólo atractivas para el personal existente, sino que los involucre y envuelva activamente. Las estrategias de outsourcing deben proporcionar a los empleados que pasan de una empresa a otra un entorno atractivo de mejores oportunidades profesionales y de crecimiento personal.

Obviamente, una transición exitosa requiere la alineación simultánea de tecnología, procesos empresariales y personal, elementos todos que respaldan los objetivos generales de alcanzar incrementos exponenciales de la productividad. El proceso de transferir empleados necesita un equipo de transición formado por personal de apoyo y directivos experimentados, todos ellos dedicados a establecer tempranas y eficaces relaciones de trabajo con los representantes del cliente. El resultado final es un entorno de transición que pone énfasis en una comunicación abierta y frecuente.

Los resultados

El outsourcing debe ser una sociedad de éxito compartido que alcanza altos niveles de satisfacción del cliente. En CSC, nuestro éxito depende del éxito de nuestros clientes y de nuestra relación con ellos. La experiencia previa debe reforzarse, las propuestas tienen que ser exclusivas para cada cliente y tratar las necesidades específicas e individuales relacionadas con la reestructuración, la consultoría, los sistemas de integración y el outsourcing. Además, los contratos deben ser flexibles para permitir el control de los cambios, incorporando estructuras de precios que reflejen un coste unitario descendente basado en precio, actividad y productividad, así como términos que apoyen las metas estratégicas de los clientes.

Un proveedor de servicios independiente debe utilizar los mejores componentes de cualquier fuente y enfocar cada nuevo reto con completa objetividad y un compromiso libre de sesgos para estructurar la mejor solución en general. Una red diversificada de sociedades globales proporciona un conducto para intercambiar conocimientos, experiencia y cualificaciones con las que apoyar y realzar el servicio que prestan. Además, considerar el outsourcing con mentalidad de equipo promueve una atmósfera adecuada para alcanzar los objetivos empresariales establecidos por el cliente.

Historia de un caso: La sociedad entre BAe y CSC: Un año después

Dr. Tom Williams

Los recursos informáticos internos de British Aeroespace son formidables: 11.000 PCs, 1.600 terminales, 400 ordenadores de medio alcance y alrededor de 15.000 empleados distribuidos en 14 unidades diferentes. La espina dorsal de este imperio de la tecnología de la información está en los centros de datos que utilizan grandes ordenadores y en las instalaciones equipadas con enormes máquinas que devoran números. En abril de 1994, todos estos valiosos recursos pasaron a formar parte de la Computer Sciences Corporation (CSC).

BAe traspasó la totalidad de su función informática interna a CSC en un contrato a diez años por valor de 1.500 millones de dólares. Se trata de una decisión que forma parte de una tendencia creciente conocida como outsourcing. Su teoría es sencilla: una empresa toma su función informática esencial, la traspasa a un tercero y esto le permite concentrarse en su negocio principal o primordial. El personal interno clave se puede concentrar en los aspectos estratégicos de la gestión del negocio, despreocupándose de los problemas relacionados con la nueva TI, la gestión diaria de los centros de datos y el desarrollo y mantenimiento de los sistemas.

Los que venden buenos servicios de outsourcing se caracterizan por una gran cualificación en integración de sistemas, centros de datos y operaciones en red, desarrollo y mantenimiento de programas informáticos, gestión de instalaciones y planificación estratégica. Proveedores como CSC han reconocido las oportunidades de negocio asociadas con las necesidades del emergente mercado para el outsourcing.

La mayoría de los contratos de outsourcing tienen la suficiente amplitud para garantizar la inversión necesaria para promover la relación, comprender lo que se busca y competir para conseguir el contrato. Como resultado, el outsourcing ha quedado establecido como una estrategia empresarial viable con claras ventajas para el cliente y el vendedor. Ésta es la base para el crecimiento de un mercadó de outsourcing que, según Dataquest, alcanzará los 51.000 millones de dólares en 1998, con una tasa de crecimiento de alrededor del 17 por ciento anual.

En BAe, CSC ha racionalizado sus 20 centros de datos que utilizaban grandes ordenadores reduciéndolos a sólo seis que funcionan en cuatro localidades. La red de información interna de la empresa ha sido rediseñada y los centros de datos actuales han sido actualizados con equipos mejores y más económicos. La información contenida en viejos sistemas se almacena ahora en flamantes equipos que dan más MIPS (millones de instrucciones por segundo) por dólar. Como proveedor de servicios, CSC es completamente independiente de los vendedores de máquinas y programas del sector de la TI, pero no por casualidad, sino porque somos muy celosos de esta independencia, ya que sabemos que es garantía de total objetividad a la hora de sustituir e instalar equipos y sistemas.

Todos estos aspectos están contenidos en un acuerdo legal de nivel de servicio entre BAe y CSC, que establece la clara responsabilidad de CSC de proporcionar un producto de primera calidad. Aunque no se le llamaba outsourcing en aquel momento, ganamos nuestra primera licitación de este tipo en 1966, en el centro de vuelos espaciales Marshall de la NASA, en los días del programa

Apolo 6 que llevó el hombre a la luna. Yo era científico informático en Huntsville en aquellos tiempos y todavía recuerdo el orgullo y la emoción que todos compartimos con aquella visión. Actualmente, siento el mismo tipo de emoción mientras buscamos crear avances similares para BAe.

Durante mi primer año en CSC, registramos ingresos anuales de 100 millones de dólares. Hoy en día, esa cifra ha alcanzado los 3.400 millones de dólares, con una tasa de crecimiento anual compuesto del 24 por ciento. Las sociedades formadas alrededor del outsourcing han jugado un papel principal en este fenomenal crecimiento; especialmente con BAe, un contrato por 3.000 millones de dólares con General Dynamics, y muy recientemente, un contrato por 1.000 millones de dólares con Hughes Aircraft Company. En el centro de este crecimiento está la cultura empresarial de CSC y nuestra capacidad de formar sociedades con nuestros clientes, algo que se refleja en nuestro crecimiento pero también en nuestro personal.

CSC también ha sido instrumental en la completa renovación de los servicios telefónicos de BAe, que permite actualmente que los empleados puedan usar un teléfono para hablar directamente con cualquier otra operación de la empresa en cualquier lugar del Reino Unido. Al mismo tiempo, estamos ayudando a BAe a entrar en el mundo de los multimedia mientras supervisamos la instalación de la tecnología que permitirá el flujo de voz, datos e imágenes de video por toda la empresa.

La moral de los empleados tiene una enorme consideración en cualquier empresa de outsourcing que sea próspera. Nos dimos cuenta de ello al principio de nuestro diálogo con BAe y le dimos la más alta prioridad a los sentimientos y los temores de los empleados de BAe que se transferirían. A estas personas, altamente cualificadas, había que venderles (y venderles es la palabra operativa) que su futuro estaba con CSC. En mi opinión, este esfuerzo era tan serio e importante como la relación contractual.

Las primeras economías se han hecho más reduciendo el gasto en tecnología que despidiendo personal. Como resultado, los costes de BAe se han visto reducidos entre un 10 y un 20 por ciento en la mayoría de las áreas. Mediante la implementación de una nueva forma de diseñar programas informáticos, CSC ha dado un gran impulso a las cualificaciones de su personal proviniente de BAe, sustituyendo las técnicas dispares de antes por un proceso coherente. Conocida como la metodología del catalizador, este enfoque ha ayudado a que el personal informático se identificara con su nuevo patrono. Como resultado, esas mismas personas ahoran consideran a su antiguo patrono, o sea BAe, como un cliente valioso, una transición destacada y encomiable viniendo de parte de un personal leal y dedicado.

El verdadero papel de la TI es dar apoyo a un amplio espectro de funciones empresariales. Las obligaciones de CSC incluyen la consultoría de gestión y el desarrollo de nuevos sistemas que den como resultado los productos que BAe quiere. Es una política de apoyo de la cuna a la tumba.

BAe y CSC han recorrido un largo camino en tan sólo 12 meses. El contratista aeroespacial ha entrado en sociedad estratégica con un especialista en TI y el grupo de outsourcing resultante se ha hecho cargo de los retos y las oportunidades de una gran empresa. Juntos, aplicamos la fuerza de la tecnología avanzada al perspicaz mundo aeroespacial.

Visión general del acuerdo

Expectativas

Al elegir a CSC como socio de outsourcing, BAe buscaba no sólo una responsabilidad única para la provisión de sus servicios de TI, sino también un socio cuya gestión del servicio añadiera valor real al negocio de BAe. La relación con CSC fue pensada como una relación completa y abierta, basada en la confianza y las metas comunes, que daría como resultado ahorros financieros y un impulso competitivo para BAe.

En CSC, BAe vio un socio que:

- le permitiría concentrar su atención en su negocio principal de temas de defensa y aeroespaciales.
- le proporcionaría el acceso a la mejor y más actualizada tecnología de la información del mundo.
- reduciría los costes de los activos fijos.
- convertiría los costes fijos del proceso de datos en costes variables controlados, según las cambiantes necesidades del negocio.
- mejoraría la efectividad y la eficacia empresarial de las operaciones de TI.
- proporcionaría servicios de TI que mejorarían la flexibilidad, la capacidad de respuesta y la productividad de la empresa.
- alcanzaría ahorros significativos en los costes anuales proyectados de TI.

Primeros beneficios

La realización de los requisitos clave buscados por BAe dio beneficios financieros inmediatos. Sobre una base creciente, garantiza beneficios operativos y financieros continuos durante la vigencia del contrato. Hubo un cierto número de principales áreas de beneficio para BAe:

- La venta de activos de TI a CSC significó una inyección de efectivo para BAe.
- Alrededor de 1.500 empleados de BAe que trabajaban en TI fueron transferidos a CSC con interrupciones mínimas del servicio en funcionamiento.
- La administración de más de 800 licencias de software, más de 1.000 contratos de leasing, las compras de equipos distribuidos por valor de 13 millones de dólares, y el procesamiento de alrededor de 15.000 facturas relacionadas con todo ello, pasaron a CSC.
- Se asumieron estructuras de fijación de precios y compromisos de productividad para proporcionar:

  — una significativa mejora anual en la prestación del servicio, según la definición de los acuerdos sobre nivel de servicios.
  — significativos ahorros anuales por productividad en el desarrollo y mantenimiento de software de aplicaciones.
  — reducciones sustanciales del coste de los servicios de procesamiento de datos por grandes ordenadores.

Repaso del año

Durante el primer año del acuerdo, CSC ha centrado su esfuerzo en las tareas paralelas de estabilización y reducción de los costes por servicio establecidos en la línea de base, y en la progresiva aportación de su experiencia tecnológica y de gestión. La ejecución de estas tareas, un paso hacia la realización de las expectativas de BAe de mejorar la prestación de sus servicios, incluyó ciertos logros:

- CSC ha invertido en la actualización de la infraestructura que utiliza BAe.
- Los programas de consolidación de redes y de centros de datos han realizado los compromisos de reducción de costes y han establecido un nuevo nivel de cualificación técnica a explotar en el futuro.
- Se ha implementado un proceso de métrica mediante programas informáticos y se ha establecido una línea de base para controlar el desarrollo de las aplicaciones y las mejoras en mantenimiento.
- Se han realizado y se aceleran las inversiones para formar al personal en las avanzadas metodologías de CSC, su gestión de proyectos, la reestructuración de sistemas estatutarios y el desarrollo de aplicaciones rápidas.
- Algunas de las mejores prácticas y cualificaciones más avanzadas de CSC se están aplicando en diferentes sedes de BAe.
- Directivos de BAe han asistido a seminarios de CSC y han visitado clientes de CSC en Estados Unidos y en otros países para evaluar soluciones empresariales que utilizan avanzadas tecnologías de la información.

- Directivos de BAe están participando en programas de investigación y servicios asesores de CSC.
- Se han establecido muy firmemente los programas de productividad y de reducción de costes.
- La organización se ha reestructurado para mejorar la prestación del servicio y para facilitar la creación de 'valor añadido' a nivel empresarial.

Con la evidencia de estas actividades, creemos que se han dado pasos firmes para obtener los beneficios de la sociedad prometidos. Se han realizado beneficios de costes inmediatos y continuos. Se ha logrado transferir la totalidad de los servicios de TI a la gestión de CSC, descargando así a BAe de estas actividades que no forman parte de su núcleo central.

El proceso ha sido complicado. CSC tuvo dificultades iniciales para prestar su servicio en algunas áreas, pero muchas de estas dificultades ya han sido resueltas, y las restantes son objeto de seria atención por parte de la dirección. En general, se está formando una base sólida a partir de la cual obtener valor añadido. La preeminencia de CSC en desplegar tecnología de la información de calidad mundial para alcanzar los objetivos empresariales del cliente va en esa dirección.

EDS

Introducción

La confianza

La confianza es tal vez el factor más significativo, y a veces el más difícil de encontrar, para desarrollar y mantener unas relaciones comerciales a largo plazo que estén realmente basadas en una sociedad. Cuando ambas partes confían la una en la otra, pueden comenzar a compartir en su totalidad los riesgos y las recompensas inherentes a la aventura que han emprendido conjuntamente, pueden acercar más sus metas y pueden respetar las capacitaciones individuales, de modo que cada una de las partes se pueda concentrar en lo que hace mejor para lograr resultados sinérgicos.

En EDS, nuestras asociaciones empresariales de más éxito se basan en la confianza. Participamos en muchos de los contratos de outsourcing más destacados del mundo, no sólo por tamaño sino por la naturaleza innovadora de las relaciones, las que se basan en principios que van mucho más allá de los tradicionales valores cliente-proveedor.

En este capítulo, me gustaría compartir algunos de estos principios definiendo una serie de 'No ...'. Estos pensamientos no se han de tomar como lecciones autocráticas a aplicar por todos aquéllos que estén considerando recurrir al outsourcing, pero sí que son el resultado de casi 35 años de participación en el negocio del outsourcing. El resto de este libro presenta una importante visión del proceso y de los detalles del outsourcing, pero nosotros queremos aprovechar esta oportunidad para destacar algunos de los obstáculos potenciales.

En general, la mayoría de nuestros clientes, entre los que se encuentran Rentas Internas, General Motors, DVLA (la Driver and Vehicle Licensing Agency) y Rolls-Royce por mencionar sólo algunos, ha enfocado la decisión de recurrir al outsourcing en el contexto general de su negocio y no considerando sólo aspectos de la tecnología de la información. De muchas maneras, la atención centralizada de EDS en los intereses de sus clientes y su deseo de trabajar conjuntamente para alcanzar metas compartidas requiere este enfoque, así que comencemos por la primera pregunta que le hacemos a un futuro cliente.

¿Qué es lo que quiere lograr?

El outsourcing no es equivalente a tecnología de la información (TI), es la decisión empresarial de trabajar con un proveedor de servicios externo para desarrollar los medios más eficaces de alcanzar una meta comercial concreta. Se trata de entender las fuerzas del entorno y la competencia que afectan a su negocio, de modo que usted pueda reforzar las tecnologías, los procesos empresariales y los recursos humanos que le permitan mantenerse un paso por delante del resto. Los verdaderos retos para usted no serán si logrará recortar otro millón de dólares del presupuesto de TI, sino si podrá hacer su empresa más rentable, si podrá añadir más valor a sus propios productos y servicios y si podrá cumplir con la exigencia de mejorar la satisfacción del cliente.

En el mundo de los negocios de hoy, efectuar cualquiera de estos cambios inevitablemente tendrá implicaciones para la estrategia de TI de su empresa, pero probablemente tendrá mayores implicaciones para la forma en la que usted gestiona sus procesos empresariales. Al tratar de entender lo que quiere lograr, nunca se olvide de que tiene la oportunidad de desafiar a la norma establecida e incluso de reestructurar partes de su modelo de negocio tradicional.

¿Cuáles son los temas que debe considerar para alcanzar sus metas empresariales?

Una vez establecidas unas metas claras para su negocio, ahora le toca comprender los temas que se deben tratar para alcanzar dichas metas. Permítame resumir sólo algunos:

• Evaluar y elegir hardware y software es una cuestión costosa y potencialmente arriesgada. Tal como lo expresa el dicho, hay muchas formas de hacer una tortilla. Algunas serán más eficaces que otras, algunas costarán más y otras darán lugar a algo incomible. Decidir cuál es la mejor para su organización puede representar una importante pérdida de tiempo y dinero, cuando todo lo que usted quiere es comerse la tortilla. Para extender la analogía un poco más, contratar a un experto cocinero para que trabaje con usted puede ser una estrategia más efectiva en coste y de menor riesgo.

- ¿Tiene usted acceso a las competencias que necesita? Muchas organizaciones no tienen las necesarias competencias o tecnologías dentro de la propia empresa que le permitan efectuar el cambio. Lo más frecuente es que cuenten con mucha gente que tiene competencias que no se necesitan. En cambio, trabajar con una organización externa especializada en la gestión del cambio permite tener acceso inmediato a las competencias que se necesitan. En EDS vemos una demanda creciente, por parte de sus clientes, de un servicio completo como un 'todo coherente'. Esto significa que están buscando un socio capaz de dar un servicio de consultoría y planificación estratégica inicial mediante el desarrollo de sistemas y su integración en la gestión de sistemas en marcha y de procesos empresariales. Para el cliente hay beneficios obvios en el uso de un proveedor de servicios para cada etapa. Los ahorros de costes y tiempo se pueden obtener eliminando las curvas de aprendizaje adicionales requeridas por usar más de una empresa. La continuidad del personal y de las ideas queda garantizada. El proveedor del servicio merecerá más confianza y la seguridad será mayor. Sobre todo, el cliente gana mayor estabilidad y minimiza el riesgo. Usted sabe que necesita llegar al mercado más rápidamente, pero también sabe que no tiene ni el tiempo ni el capital para invertir en nuevas tecnologías y capacitaciones. Una vez más, trabajar con un especialista le garantizará el necesario nivel de recursos para efectuar los cambios que usted necesita hacer dentro de unas escalas de tiempo determinadas.

Habiendo leído hasta aquí, esperamos que se haya convencido de que trabajar con una organización externa es una forma válida de alcanzar sus metas empresariales, y que haya comprendido los principios generales para decidir recurrir al outsourcing. Permítame ahora la oportunidad de ofrecerle algunos consejos, basándome en la presunción de que usted desea alcanzar sus metas empresariales mediante el desarrollo de una íntima relación de trabajo. El resto de este libro ha cubierto muchas de las cosas que se deben hacer en el outsourcing, así que permítame sugerir algunas que no se deben hacer.

No le oculte nada a su socio

Comencé este capítulo definiendo la confianza como uno de los componentes clave de una sociedad próspera. Aunque no logre nada más con estas palabras, sí espero reforzar la importancia de asociarse y de los principios relacionados, tales como honestidad y actitud abierta, para el desarrollo de una relación empresarial exitosa. Es un tema que se repite en este capítulo y que está en la base de todas las prósperas relaciones que hemos tenido con nuestros clientes. De hecho, a menudo se considera a EDS no simplemente como un proveedor, sino como un verdadero socio estratégico, tal es el caso de Inland Revenue y General Motors. Un verdadero socio puede recomendar a la otra parte que no contrate tecnología adicional, ya que el requisito se puede cumplir revisando los procedimientos operativos.

No recurra al outsourcing si se queda usted con todo el riesgo

Es frecuente que las empresas crean que pueden obtener un precio mejor si fraccionan los servicios que quieren contratar externamente y los reparten entre diferentes proveedores. La creencia es que la competencia natural entre los proveedores de servicios dará precios más bajos, y esto puede ser verdad, pero la verdadera situación aparece cuando hay un problema en la prestación del servicio, ya que la responsabilidad no será de un proveedor en particular. Al elegir un solo contratista, el cliente se asegura de que alguien hará frente a las responsabilidades al tiempo que traspasa gran parte del riesgo.

Casi todos los contratos de outsourcing de EDS proporcionan un único punto de control para el cliente. En el contrato con Inland Revenue, por ejemplo, cualquier requisito especial que quede fuera de la capacidad de EDS (como la provisión de servicios en red que cubran grandes áreas), lo gestiona directamente EDS y permanece 'transparente' para el cliente.

No espere compartir el riesgo pero no la recompensa

Una sociedad crece por las motivaciones compartidas entre los socios: beneficios, crecimiento, superioridad tecnológica y otras. No soy tan ingenuo como para esperar que un proveedor de servicios como EDS y sus clientes compartan exactamente las mismas metas empresariales, ya que en ese caso seríamos una misma empresa o feroces competidores. Sin embargo, respetando las cualificaciones individuales de cada organización, se pueden compartir ciertas metas, como por ejemplo el ajuste de procesos empresariales y la introducción de nuevas tecnologías para reducir en un 2 por ciento el coste total de fabricación.

Se ha de reconocer que se puede proporcionar el servicio más eficaz estableciendo una verdadera sociedad estratégica con un cliente, compartiendo el riesgo y la recompensa, y desarrollando una relación basada en la cooperación y la colaboración. EDS se refiere a este concepto de sociedad estratégica con la expresión CoSourcing. Para el cliente, significa que éste sigue teniendo el control sobre los servicios proporcionados por EDS, mientras que el riesgo de invertir en nuevas tecnologías se minimiza. Para EDS, significa que su personal desarrolla una comprensión más profunda de los intereses del cliente y por lo tanto proporciona unos servicios más centrados y de mayor calidad que tienen un impacto tangible en los intereses primordiales del cliente.

La acción de CoSourcing se lleva a cabo vinculando el valor de un contrato con un objetivo medible que produce un beneficio para el cliente. Puede ser la aplicación de un sistema particular y sus relaciones a la rentabilidad del cliente, o una medida valorada independientemente, como el cambio en las percepciones del cliente o un impacto positivo en el nivel de existencias.

El CoSourcing todavía no está tan extendido como nos gustaría. En el Reino Unido se han establecido algunos de los acuerdos de este tipo más destacados del mundo, de forma notoria con Girobank y el grupo Rolls-Royce Aerospace. En el caso de Girobank, nuestra experiencia tecnológica junto con nuestra capacidad de inversión nos permitirá proporcionarle una infraestructura técnica que colocará al banco en un mercado completamente nuevo, el de servicios de 'adquisiciones mercantes' en el mundo del comercio electrónico. A medida que Girobank tenga más éxito, nosotros nos sentiremos motivados y recompensados para poner a su disposición sistemas cada vez más eficaces.

Aunque con Rolls-Royce estamos todavía en las primeras etapas de nuestra relación a la fecha de escribir este capítulo, ya hemos definido una estrategia por medio de la cual facilitaremos tecnologías para el diseño, la fabricación y otros aspectos que garantizan que el fabricante llegará al mercado con sus motores en menos tiempo que hasta ahora. Cuando alcancemos esta meta, EDS se verá recompensada de acuerdo con el efecto real que tengamos en la rentabilidad de Rolls-Royce.

No sobrevalore la capacidad del proveedor de servicio elegido

Antes de comenzar siquiera a estimar el valor del contrato, asegúrese de que los proveedores que están en consideración son capaces de proporcionar el servicio que usted requiere para alcanzar sus objetivos empresariales. Hay una amplia variedad de integradores de sistemas, gestores de instalaciones, especialistas en outsourcing y consultorías desesperados por conseguir un contrato, y todos están preparados para prometer la luna. Estudie con cuidado no sólo su cualificación técnica, sino también la situación de su negocio. ¿Tienen el capital a invertir que se necesita para proporcionar nuevos servicios? ¿Tienen un sólido historial en la gestión de terceros? ¿Cuentan con los recursos humanos y técnicos necesarios? Las respuestas a este tipo de preguntas pronto le permitirá diferenciar aquellas empresas que serán capaces de actuar como un verdadero socio estratégico de aquéllas otras que sólo se pueden ocupar de la infraestructura que usted tiene. Una visita a clientes actuales le ayudará a diferenciar.

No ignore las similitudes y diferencias culturales de los proveedores de servicios

No sólo debe usted entender claramente las diferencias de cualificación entre los diferentes tipos de proveedores de servicios, sino que también debe estudiar con atención la cultura empresarial de aquellas organizaciones que están dentro de la categoría elegida. En línea con el deseo de alcanzar una meta concreta, es probable que usted quiera como socio a una empresa con un determinado tipo de cultura.

Pregúntese si quiere trabajar con una empresa que tenga una cultura similar a la de su propia organización, o si deliberadamente busca trabajar con una empresa que sea un reto para la suya, en la creencia de que tal cosa estimularía la creatividad y presentaría una imagen combinada mas 'completa' al resto del mercado. Sea cual sea el tipo de cultura que usted prefiera, tradicional o joven, adquisitiva o conservadora, siempre busque como socio a una organización que se centre en los resultados, que se sienta impulsada por los logros y que sea flexible.

No delegue la responsabilidad

La decisión de utilizar servicios de outsourcing y la atención a su implementación deben permanecer a nivel directivo, y preferiblemente, al más alto posible. Lo normal es que el outsourcing requiera una inversión importante y un cambio radical en la organización, al menos en recursos humanos. Para poder avanzar a través de este cambio y asegurar que la atención se mantiene en el objetivo estratégico, el impulso debe venir de los niveles más altos de la organización, lo cual no quiere decir que sólo los miembros del consejo de administración deben verse involucrados en la decisión. En su apoyo tiene que haber un equipo de gestión estratégica que represente todas las áreas de la organización que se verán afectadas, como por ejemplo TI, recursos humanos, directivos. Este equipo puede tener la responsabilidad de investigar y definir el modelo empresarial y de aconsejar a los altos directivos con indicaciones apropiadas. Para poder realizar dichas tareas con éxito, este equipo necesita el respaldo total de las altas instancias. El control lo tiene el cliente, y control significa conseguir que se haga lo que usted quiere, cuando usted quiere, por un precio acordado, y con la posibilidad de cambiar de opinión.

No crea que sólo se trata de una cuestión de precio

Con mucha frecuencia, las organizaciones que contratan externamente procesos que no son clave para la empresa puede que no gasten menos en soluciones tecnológicas. Permítame expresarlo de otro modo, gastarán menos en procesos que son reproducidos exactamente - las empresas como EDS lo garantizan - pero deberían intentar obtener más valor de la TI y un impacto más directo sobre sus intereses principales. Considere la completa situación financiera de su empresa y la capacidad de los proveedores de servicios a la hora de reforzar la tecnología y la experiencia externa para alcanzar sus metas. Por ejemplo, con nuestro nuestro nuevo socio estratégico, el grupo Rolls-Royce Aerospace, garantizamos ahorros en los costes en la prestación de sus requisitos 'básicos' de TI, pero al mismo tiempo estamos dedicados a desarrollar nuevos programas que permitirán que el grupo saque al mercado aeroespacial nuevas tecnologías con más rapidez que sus rivales de Estados Unidos. Por más atractiva que resulte una propuesta, si no sirve para acercarle a su meta final, no será un uso inteligente de su capital. En el peor de los casos, no saber aprovecharse de las capacidades disponibles en el mercado puede hacerle cerrar su negocio.

No se deje engañar por una falsa economía

A menudo, cuando una empresa anuncia que recurrirá a servicios de outsourcing, el consejo de administración recibe una opción de compra gerencial por parte del equipo directivo actual. Casi sin excepción, es la opción menos costosa, porque el nivel de los gastos generales es mucho más bajo que para una empresa externa, y no hay que asignar fondos para grandes operaciones de investigación y desarrollo. Pero el verdadero reto para la compra gerencial aparece cuando la que era su empresa matriz le exige innovaciones y programas de desarrollo que requieren inversiones significativas. Aunque muy reforzado, el nivel de capital a disposición del equipo directivo nunca puede ser suficiente para garantizar el éxito. No quedan már recursos para usar, ni hay nuevas habilidades disponibles. El proveedor especialista en servicios de outsourcing, por otro lado, puede recurrir a recursos globales y a la cualificación de especialistas en cualquier área de la organización. El resultado final típico de una opción de compra gerencial es que la novel empresa privada acaba siendo adquirida por un especialista más grande, y el cliente no sólo habrá perdido tiempo, porque ahora tendrá que tratar con un nuevo proveedor, sino que también habrá perdido dinero por vender sus activos a bajo precio.

No micro-controle a su proveedor

Para que su proveedor de servicios pueda encontrar las mejores soluciones a los retos que tiene su empresa, debe tener la libertad de elegir y desarollar la arquitectura y estructura organizativa que crea más adecuadas. A veces, una empresa teme perder demasiado control sobre la prestación del servicio y se complica con los detalles técnicos, tratando de dirigir el proceso y cuestionando las decisiones. La llave del éxito está en retener un nivel suficiente de personal tecnológicamente cualificado que sepa ver las implicaciones del camino elegido por el proveedor del servicio, pero no deben ser tantas personas como para duplicar la dirección y menos aún, como para hacer que las decisiones se confundan con compromisos y resulten menos efectivas.

Son demasiadas las empresas que asignan el doble o el triple del personal necesario a la función de gestionar el contrato, lo que sólo crea un dolor de cabeza innecesario cuando el cliente se da cuenta, un tiempo después, de que no se requieren tantas personas. Un proveedor benevolente tal vez las incorpore al contrato, pero si no es así, el cliente se encontrará con un embarazoso y difícil problema de recursos humanos. Si está redactado correctamente, el contrato de servicio define el nivel de control y esboza las responsabilidades y expectativas de cada una de las partes.

No se olvide de las personas

Por supuesto que ningún equipo gestor se olvida o ignora las implicaciones de recursos humanos de una decisión de utilizar el outsourcing. Un cínico diría que la contratación externa de la tecnología también hace que sea externa la responsabilidad sobre las personas, y cuando se tengan que rebajar costes, desaparecerán puestos de trabajo. Éste no tiene por qué ser el caso. El proveedor que usted contrate debe intentar siempre redistribuir y volver a formar al personal que pasa a integrar su fuerza laboral, porque reconoce el conocimiento del sector y la base de cualificación que dicho personal aporta. Incluso en áreas donde las perspectivas de encontrar un puesto de trabajo no son muy altas en general, se pueden realizar acciones positivas. En Swansea, por ejemplo, casi 100 antiguos empleados de la DVLA, que se habrían quedado sin trabajo una vez que se hubieran aplicado las medidas de eficacia, recibieron formación en un nuevo género de tecnología informática conocido como computación cliente/servidor. Las instalaciones de Swansea son ahora un centro de excelencia cuyas cualificaciones y recursos pueden ser usados por equipos proyectistas de EDS en todo el mundo. La comunicación es vital. La razón fundamental para recurrir al outsourcing debe ser comunicada a todos los niveles de la empresa.

No subestime los costes reales de su actual organización de TI

Pregúntele a alguien cuánto cuesta el funcionamiento de un ordenador y casi siempre subestimarán la respuesta. Pruebe. ¿Cuánto cree usted que cuesta por año el funcionamiento de un solo PC en una empresa típica? Calculando la amortización de los costes iniciales de unos 2.000 dólares en máquinas y programas durante un período de tres a cinco años y los costes anuales de mantenimiento, ¿de qué cifra estamos hablando? ¿Más de 1.000 dólares? ¿Más de 2.000? ¿4.000 dólares tal vez? La estimación actual ronda, en realidad, los 14.000 dólares anuales por cada PC en su empresa. Para calcular esta cantidad, no sólo hay que incluir los costes que son fácilmente identificables, como lo que costó la máquina cuando se compró y la factura trimestral por servicio de mantenimiento, sino que también hay que considerar una larga lista de otros costes: personal de apoyo, personal administrativo en general que proporciona apoyo financiero y de recursos humanos, alquiler, calefacción y refrigeración, costes de oportunidad causados por apagones eléctricos, tiempo perdido, etcétera. ¿Es un activo fuerte o débil? ¿Es un consumible o una partida de capital? Las tres primeras partes de este libro le ayudan a valorar estos costes, de tal modo que usted pueda determinar una propuesta realista hecha por proveedores potenciales. Sólo me gustaría remarcar la importancia de desterrar todos los presupuestos delegados y departamentales de TI. Con mucha frecuencia estos costes ocultos, que deberían incluirse si el verdadero valor añadido del proveedor de servicios externos se ha de poner en uso, representan una suma significativa. EDS siempre trabaja en estrecha relación con sus clientes para valorar estos costes antes de dar un contrato por definitivo.

No espere milagros de la noche a la mañana

¿Se trata de la advertencia de un proveedor que no quiere enfrentarse con el desafío de proporcionar un servicio de calidad? No, pero sí es una advertencia dirigida a fijar expectativas realistas en ambas partes. El cliente siempre espera y exige de un proveedor externo un servicio de calidad superior al que daba antes su propia organización interna, y esto es un hecho que los que estamos en este secor comprendemos. Sin embargo, nosotros trabajamos con nuestros clientes para ayudarles a comprender y definir las mejoras exactas sobre actividades actuales que pretenden, y a continuación establecemos un plan realista para lograr esas mejoras. A veces tenemos que ayudarles a comprender con claridad el nivel de servicio que tenían antes, porque la definición y el registro de los niveles mensurables no siempre han sido objeto de una cuidadosa planificación.

Es importante acordar en el contrato cómo se gestionarán los problemas. En el contrato con Inland Revenue, EDS aceptó la resolución de problemas mediante un 'procedimiento experto', lo que significa que si las dos organizaciones no pueden encontrar una solución, ambas aceptarán al arbitraje por un tercero identificado y acordado previamente.

No subestime la resistencia al cambio dentro de la empresa

Lo que en una reunión del consejo directivo puede parecer un conjunto de decisiones empresariales sólidas y bien documentadas, puede significar una situación muy personal y potencialmente traumática para los trabajadores afectados. Resulta crucial cuantificar adecuadamente el impacto social que puede tener el outsourcing, tanto si es real como si es esperado. En EDS le damos gran importancia al conocido factor 'MID' - miedo, incertidumbre y duda. Cada empleado vive circunstancias y necesidades particulares que se deben considerar. Para suavizar el proceso de transición, se debe aplicar un sistema que le haga saber a los empleados que se les tiene en consideración y que no simplemente se les ordena. El proceso se refuerza con la participación de personal preparado para escuchar a los empleados y dar respuesta a sus preocupaciones, y que ha establecido canales de comunicación para pasar la información adquirida directamente al equipo directivo. Los proveedores deben tomar en cuenta a las personas afectadas, ya que aquí es donde se encuentra a menudo la resistencia.

No olvide acordar metas medibles

Por último, y tal vez sea lo más importante, trabaje en estrecha relación con su proveedor de servicios para definir metas que se puedan medir y sean aceptables para ambos, ya que son la base de la verificación del contrato. Como he dicho antes, no se mide la realización de una acción específica, ni el proceso en sí, sino que se miden los resultados del proceso. Sí, usted tiene que saber cómo se alcanzan esos resultados, pero no intente imponerse.

Uno de los contratos más exitosos de EDS UK es el que tenemos con el Parking Committee for London, una organización establecida por la municipalidad londinense para adjudicar y gestionar los tickets y multas de aparcamiento en toda el área metropolitana de la ciudad. La organización nació con unas limitaciones presupuestarias muy estrictas que necesitaban la introducción de un proveedor de servicios externo que pudiera aportar su propio nivel de inversión a la relación. De una empresa con casi 50 empleados, menos del 20 por ciento trabajan realmente para la organización municipal, todos los demás son empleados de EDS. El director de la entidad municipal no tiene mucho interés en saber cómo hace EDS para atender varios miles de cartas y llamadas telefónicas cada día, pero sí que tiene mucho interés en el nivel de servicio que se presta al público en general y en la rapidez y la eficiencia con las que se atienden las consultas.

Conclusión

La intención de este capítulo era presentar el punto de vista de un 'proveedor', y a pesar de ello, usted habrá notado que prácticamente no he utilizado la palabra 'proveedor'. En su lugar, he usado el término genérico 'proveedor de servicios', reflejando así la verdadera naturaleza de una relación de outsourcing. No se pueden contratar externamente los procesos que no forman el núcleo central de una empresa simplemente comprando soluciones 'ya preparadas'. Yo me sentiría más contento si pudiera sustituir todas las menciones al 'proveedor de servicios' por la expresión 'socio del negocio'.

En EDS, creemos que el futuro de nuestra industria está en el desarrollo de sociedades mensurables basadas en el respeto mutuo por las cualidades de cada parte y en metas compartidas fundadas en una visión comercial clara y firme. Hay indicios de que cada vez más contratos utilizarán este enfoque, y en nuestra propia experiencia, aquí es donde reside el mayor éxito. Clientes como General Motors, Inland Revenue y Rolls-Royce nos ven como un socio estratégico de su empresa y no como un anónimo proveedor de servicios.

Teniendo presente algunas de las ideas que he expresado, intente exigir más de las organizaciones externas con las que trabaja y refuerce sus capacitaciones para que su propia empresa sea aún más próspera. Contrólelas a través del servicio que prestan y no de la forma en que lo prestan. Elija una organización que pueda crecer con sus requisitos y que sepa adaptarse a los cambios que inevitablemente afectarán a su propio mercado. Sólo cuando elija a un socio de confianza que cumpla lo que promete, le resultará fácil desarrollar el más preciado de los bienes, la confianza.

Serco: Cómo lograr cambios y mejoras continuas mediante la competencia y el outsourcing - el punto de vista de un proveedor

Serco es un contratista de gestión de trabajos internacionales que proporciona servicios técnicos y de apoyo a importantes empresas de los sectores público y privado. El Instituto Serco se dedica a la investigación aplicada en el campo del outsourcing y la prestación de servicios, facilitando el intercambio de las mejores prácticas en este campo en beneficio de los intereses de Serco y de sus organizaciones clientes. El Instituto es una organización sin fines de lucro que opera de forma independiente de los intereses empresariales directos de Serco.

Introducción

Para muchas organizaciones, la competencia y el outsourcing se han transformado en técnicas clave para gestionar el cambio. Para otras, las habilidades y técnicas asociadas con estos procesos son relativamente nuevas. Serco agradece la oportunidad de presentar el punto de vista de un proveedor basado en la experiencia de tres décadas de gestionar servicios de outsourcing en una amplia variedad de mercados.

Los orígenes de Serco como contratista gestor de tareas están en un contrato que la empresa tiene desde hace más de treinta años para operar y mantener un sistema de alarma de misiles balísticos de las fuerzas aéreas del Reino Unido en North Yorkshire. Dicho contrato sirvió de modelo para la contratación posterior de nuestras iniciativas durante las décadas de los años ochenta y noventa, cuando las autoridades públicas y organizaciones del sector privado del Reino Unido se embarcaron en programas de gestión pensados para introducir la competencia, primero, en la provisión de sus servicios de apoyo, y después, en sus áreas principales de actividad empresarial.

En estos años que han pasado se ha aprendido mucho sobre el uso de la competencia y el outsourcing como medios de introducir cambios y promover la innovación y la mejora continua. Los beneficios son indiscutibles. Sucesivos estudios e informes gubernamentales sitúan los ahorros producidos por la competencia en proporcionar servicios entre un 10 y un 30 por ciento, sin tomar en cuenta los beneficios de no-coste que normalmente se acumulan ni calcular los ahorros indirectos dentro de la organización residual del cliente.

En este capítulo ofrecemos, primero, nuestra opinión sobre las tendencias actuales en el mercado de la contratación externa de servicios, y después, algunas sugerencias para evitar los obstáculos más comunes con los que se encuentra una empresa que se embarca en una estrategia de outsourcing. Para finalizar, sugerimos un marco de planificación que se ocupa de los temas y las consideraciones centrales.

Tendencias del mercado

Serán pocos los observadores empresariales que no hayan reconocido el rápido desarrollo del mercado de servicios de outsourcing, evidenciado por la introducción en 1994 de una clasificación separada para los servicios de apoyo con cotización oficial en el Reino Unido. Desde entonces, el número de empresas en esta categoría ha crecido sustancialmente, igual que la demanda de servicios consultores y asesores relacionados con el outsourcing. Casi todas las consultorías de gestión prominentes tienen un departamento especializado en este tema.

El crecimiento del outsourcing durante los años ochenta y noventa ha reflejado una tendencia del sector privado hacia estructuras organizativas más abiertas y vinculadas entre sí, basadas en relaciones contractuales más que jerárquicas y en conceptos de marca y gestión de suministro en cadena como forma de controlar el servicio prestado al consumidor final. Estos movimientos se ven reflejados en el sector público, en el que iniciativas como la privatización, el examen del mercado y la introducción de capital privado para financiar bienes de capital están incrementando la participación del sector privado en la prestación de servicios públicos.

Diferentes visiones del 'núcleo central' de actividades

Se ha escrito mucho sobre los beneficios para las empresas de concentrar sus esfuerzos de gestión y otros recursos en el 'núcleo central' de sus actividades empresariales y de recurrir al outsourcing para las tareas que no forman parte de ese 'núcleo'. Pero la definición de lo que pertenece al núcleo central y lo que no, depende mucho de la percepción empresarial y del estilo de gestión. Para muchas grandes empresas, la realización de actividades de apoyo de las que dependen sus procesos empresariales es, en virtud de su importancia, una tarea fundamental. Sin embargo, muchas otras empresas tienen una larga tradición de contratar externamente tareas que forman parte integral del servicio que proporcionan a sus clientes y que son vitales para el éxito de su negocio.

Cada vez más, las empresas que se esfuerzan por alcanzar resultados del más alto nivel están adoptando una visión radical de la forma en que procuran recursos para distintos elementos de sus procesos empresariales. En lugar de clasificar las actividades como pertenecientes al 'núcleo central' o no, examinan las competencias que mejor pueden aplicar y buscan relaciones con otras en áreas en las que no pueden competir con las mejores prácticas mundiales. El resultado es una variedad de relaciones, que van desde contratos relativamente sencillos para realizar unas tareas concretas por un precio fijo hasta acuerdos globales en forma de franquicias, alianzas estratégicas y empresas conjuntas que requieren acuerdos más sofisticados para compartir riesgos y recompensas.

El enfoque adoptado por varios servicios públicos y autoridades del transporte de Australia para definir cuáles son las actividades que pertenecen al 'núcleo central' de su negocio ilustra esta tendencia. La Figura 1 muestra la estructura contractual planificada para gestionar la infraestructura y los servicios proporcionados por la Junta Sudaustraliana del Transporte de Pasajeros. Los directivos más antiguos de la Junta han definido como actividad principal la planificación y el control general de un sistema integrado de transporte público para la zona metropolitana de Adelaida. El modelo establece contratos diferenciados para la prestación de servicios por tipo y por área geográfica,

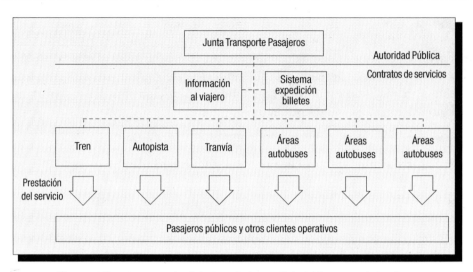

Figura 1 Estructura operativa de la Junta Sud-australiana del Transporte de Pasajeros

junto con contratos funcionales para la prestación de servicios centrales, tales como información al viajero y expedición de billetes, que mantienen la integridad general de la red. Habiendo traspasado la responsabilidad del funcionamiento diario de la red, el equipo gestor de más alto rango se puede concentrar en iniciativas estratégicas para mejorar los resultados de la red y desarrollar los servicios que presta al público.

Mayor escala y frecuencia de proyectos

A medida que crece la confianza en la capacitación de los directivos empresariales para ejercer el control estratégico sobre funciones contratadas externamente, también crece el tamaño y la escala de los proyectos, y se tiene mayor confianza en los indicadores de rendimiento de alto nivel y en los sistemas para asegurar la calidad cuando se trata de medir el nivel y la calidad del servicio proporcionado al usuario final. Ya no son raros los acuerdos de outsourcing para operaciones completas que facturan anualmente entre 40 y 70 millones de dólares y dan empleo a más de 1.000 personas. Proyectos de esta magnitud se están poniendo en marcha en escalas de tiempo similares a las de proyectos más pequeños que requieren unos servicios de apoyo más convencionales. Por su naturaleza, los proyectos de outsourcing a gran escala acaban transfiriendo al contratista la experiencia esencial para la planificación general y el desarrollo del servicio. Como cada vez hay más proveedores capaces de hacer frente a proyectos de tal magnitud, son pocas las empresas que consideran que deben guardar para sí la experiencia técnica, por si tienen que intervenir para recuperar una operación en caso de fracaso del proveedor.

Junto con los contratos para la realización de tareas más completas viene la participación de los usuarios finales para definir el servicio y para medir la forma en que se presta. Esta tendencia puede aparecer en los acuerdos sobre control financiero, con la transferencia de presupuestos a los departamentos usuarios que encargan servicios, o en términos de la representación de usuarios en los paneles de evaluación y revisión, o a través del encargo de encuestas de usuarios (o cualquier combinación de estas medidas). En todos los casos, el acento está en pasar de la medición de las actividades del proceso a la evaluación de los resultados de la política, con la satisfacción del usuario final como el factor central en la evaluación y desarrollo del servicio. Esto está en línea con las tendencias de las grandes empresas hacia la centralización de la planificación estratégica y la devolución del control operativo, y también con las técnicas de gestión diseñadas para asegurar la mejora continua, como la reestructuración de los procesos empresariales y la gestión de calidad total.

Estas tendencias quedan ilustradas en tres generaciones típicas de contratos para servicios de apoyo descritos en las Figuras 2a, b y c. La Figura 2a muestra una situación en la que los contratos son para servicios individuales y la empresa retiene la gestión general de la función de apoyo. En la Figura 2b, hay un contrato único que cubre todas las tareas de apoyo, y la responsabilidad general por el servicio la tiene el contratista, aunque las líneas verticales de responsabilidad se mantienen prácticamente sin cambios. La Figura 2c representa un desarrollo más extendido, en el que el proveedor del servicio es directamente responsable ante los usuarios finales y el control central queda restringido a aspectos estratégicos y políticos. En el caso descrito en tercer lugar, la organización de apoyo ha sido establecida como una empresa conjunta entre el proveedor y el cliente estratégico, con los beneficios adicionales que se derivan del desarrollo del negocio con usuarios externos.

Aspectos y consideraciones clave

Aunque la tarea a contratar externamente represente una actividad completa de importancia estratégica o una tarea de apoyo menor, los aspectos y consideraciones a tener en cuenta serán similares. Pueden ir desde la forma en que

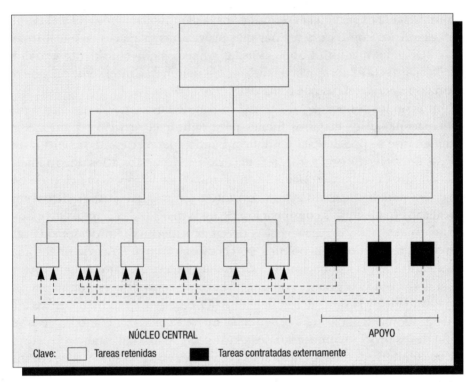

Figura 2a Contratos para servicio de apoyo de una tarea única (gestión general retenida por la empresa)

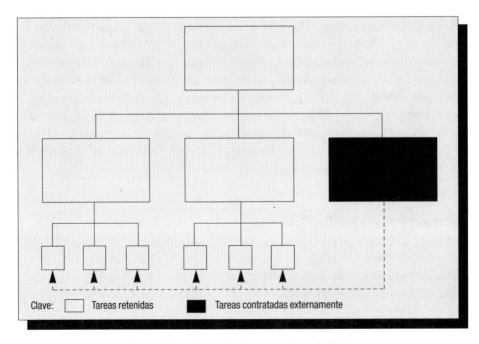

Figura 2b Contrato global de apoyo a tareas múltiples

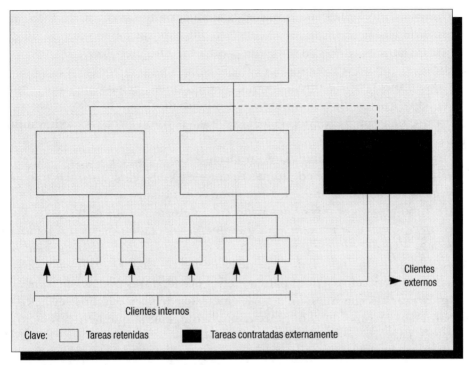

Figura 2c Establecimiento de servicios de apoyo como unidad empresarial contratada externamente

se definen el alcance de la tarea y los criterios asociados con el éxito, a la forma en que se gestiona el proyecto y se llevan los temas del personal. Al considerar estos aspectos, se debe recordar que el outsourcing representa un proceso de cambio que tendrá implicaciones que desbordarán las áreas directamente involucradas. Si el outsourcing se maneja bien, los efectos del proceso se pueden utilizar como parte de una estrategia más amplia de cambio cultural. Si el proceso no se maneja bien, los efectos negativos más amplios pueden pesar más que los beneficios directos buscados.

Los párrafos siguientes identifican los factores principales a considerar y sugieren algunos principios fundamentales.

Prepararse para competir

Fijar un punto estratégico claro

La razón más habitual para que las iniciativas de outsourcing fracasen a la hora de realizar todos los beneficios disponibles es la delegación de las decisiones clave a un nivel en el que empiezan a aparecer intereses creados. Esto tiene el efecto de limitar el alcance del contrato antes de que se hayan podido evaluar correctamente todas las opciones posibles. También coloca a proveedores potenciales, que tal vez ya están prestando servicios en el área en cuestión, en discusión directa con los directivos que pueden verse personalmente afectados por la adjudicación de un contrato. La dificultad que todo esto presenta se agrava si se sabe que la actividad elegida para la revisión se ha estado llevando a cabo bajo mínimos.

Para evitar estas dificultades, es importante llevar a cabo una revisión estratégica de la actividad antes de tomar decisiones sobre el alcance del trabajo a contratar externamente. Esta revisión debe comunicarse al más alto nivel y llevarse a cabo por un equipo capacitado para determinar los criterios de éxito del proyecto pero que no se vea personalmente afectado por los resultados de la revisión. El equipo debe revisar todas las opciones para la prestación del servicio y valorar los beneficios de coste de cada una de ellas. El equipo también es un punto de contacto esencial para aquellos proveedores potenciales que pueden presentar alternativas a los actuales métodos de prestación de servicios sin alienar a las personas de la organización cliente, con la que tienen relaciones de trabajo largamente establecidas.

Separar los compradores de los vendedores

La revisión estratégica se hace más fácil si la empresa está estructurada de tal forma que distingue entre los que son responsables de comprar o encargar servicios y los que son responsables de prestarlos o realizarlos. Esto implica la existencia de una clara relación cliente/proveedor con niveles de servicio definidos y costes fácilmente identificables. Si esta esencial separación de funciones no existe, entonces la primera tarea de la revisión será establecer la línea de base de la actividad y de los costes para poder medir el éxito del proyecto.

Asignar fondos a los resultados, no a las organizaciones

Cualquiera que sea el resultado de la revisión estratégica, la introducción de un enfoque claro centrado en los resultados y los costes contribuirá a la futura dirección y gestión del servicio. Al trasladar la base de la financiación de las empresas e inputs a los logros del proceso y los resultados del servicio, la revisión apartará el equilibrio de presunción del status quo y creará un clima en el que el cambio es la norma. Como resultado, habrá un sistema de prestación del servicio más capacitado para responder a los cambios en la naturaleza y el volumen del requisito y más abierto a la innovación y a nuevos métodos de trabajo.

Definir el papel de los usuarios finales

Llegados a este punto, es importante considerar el papel que jugarán los usuarios finales en la determinación de los acuerdos para la prestación del servicio y en su gestión continuada.

A menudo se ha de encontrar el equilibrio entre el control sobre la inversión de capital y otros factores y decisiones estratégicas que afectan a la forma en la que se presta el servicio a las unidades operativas de la empresa. Tomando el mantenimiento de activos como ejemplo, puede ser apropiado que los departamentos operativos decidan sobre los niveles y frecuencia de mantenimiento habitual y si se debe trabajar o no durante los horarios habituales (respondiendo por las implicaciones de coste de sus decisiones), pero no tiene sentido delegar la responsabilidad de iniciar mejoras sustanciales con un período de recuperación de la inversión de varios años si las unidades operativas trabajan con presupuestos anuales.

Las decisiones sobre quién controla la calidad, el volumen y la distribución en el tiempo de los servicios determinarán el papel a jugar por los usuarios finales en la gestión del proyecto de outsourcing, la forma en la que se establecen las interacciones y los acuerdos sobre la dirección y revisión del servicio. Es habitual que los intereses de los usuarios finales no se tengan en cuenta durante las primeras etapas de un proyecto de outsourcing y que luego cuesten tiempo y esfuerzo durante la fase de implementación mientras se incorporan los directores operativos y otros intereses clave.

Establecer objetivos claros

Antes de comenzar el trabajo detallado sobre cualquier proyecto de outsourcing, es esencial clarificar la intención del ejercicio y la naturaleza de las mejoras que se buscan. Embarcarse en un proceso de realización, algo que es costoso y requiere mucho tiempo, sin haber establecido previamente la base sobre la que se tomarán las posibles decisiones, abre el camino a las demoras y a la confusión en momentos críticos del proyecto. Y sin unos objetivos y criterios de éxito claros, la comunicación del plan a intereses clave como los usuarios finales, el personal y los sindicatos es mucho más difícil.

Esto no quiere decir que cada uno de los aspectos de los criterios de evaluación que se usarán para elegir al proveedor deba acordarse antes del inicio del proceso, pero los directivos responsables de la adquisición del servicio deben indicar claramente qué es lo que quieren lograr y proporcionar líneas generales sobre la forma en que se juzgarán las posibles soluciones. Con esto se obtiene una base para dialogar con los proveedores potenciales, y cuando llegue el momento, para comunicar detalles del proyecto a aquéllos que puedan verse afectados por el resultado.

Algunas de las preguntas fundamentales que deben hacerse al formular esta estrategia de gestión son las siguientes:

- ¿Cuál es el nivel de eficacia de la presente operación? ¿En qué áreas se pueden obtener mejoras? ¿Cómo se puede comparar la operación con las reglamentaciones del sector y otras referencias?
- ¿Estamos buscando ahorros de costes a corto plazo, o buscamos rentabilidad de la inversión a largo plazo? Si el objetivo es obtener rentabilidad, ¿cómo se medirá? ¿En qué plazo debe dar rendimiento el proyecto, y cómo se calculará?
- ¿Buscamos un cambio en los resultados por etapas o una mejora progresiva (o una combinación de ambas cosas)? Si el objetivo es mejora continua, ¿cómo se medirá y qué plan de incentivos se aplicará?
- ¿La operación actual representa un activo o un pasivo? ¿Hay activos infrautilizados que se puedan explotar (bienes de capital, capacitaciones y know-how, propiedad intelectual)?
- ¿Qué intenciones tenemos con respecto al personal actualmente empleado para proporcionar el servicio? ¿Su futuro está en la empresa actual o en la del contratista? ¿Cuáles son las implicaciones de ambas posibilidades con respecto a la continuidad de la experiencia y las perspectivas de empleo para el personal?
- ¿Cómo esperamos que se desarrolle el servicio en el futuro? ¿Cuál será el efecto que esto tenga sobre las habilidades y capacidad actuales? ¿Cómo encajarán estos cambios en nuestra relación con un proveedor?
- ¿Cómo encaja este proyecto de outsourcing en la estrategia empresarial de la organización como un todo? ¿Se deben coordinar las decisiones con otros proyectos por razones técnicas, de planificación o de cambios?

Involucrar a los proveedores potenciales

Los resultados de las actividades clave descritas más arriba (revisión estratégica del servicio y desarrollo de una clara estrategia de gestión para el outsourcing) proporcionan la base para consultar con los proveedores potenciales, cuyas opiniones se deben recabar antes de decidir cuál será el alcance y la naturaleza del requisito detallado o el modo en el que se procurará el servicio. Aunque parezca obvio buscar las opiniones de aquéllos a los que se les pedirá que desarrollen propuestas para la prestación del servicio, es sorprendente la frecuencia con la que las empresas se embarcan en proyectos de outsourcing sin una idea clara de cómo realizarían su tarea los proveedores potenciales.

Para obtener el máximo beneficio del diálogo con los proveedores potenciales, debería establecerse como una etapa formal del proyecto y respaldarse con información y recursos adecuados. Unas cuantas conversaciones desorganizadas pueden resultar tan inútiles como la falta total de consulta. En la mayoría de los casos, resultará apropiado preparar un documento informativo que establezca el alcance general del servicio, la naturaleza de las mejoras que se buscan y los criterios que se aplicarán para medir el éxito. Con dicho documento tendremos una sólida base sobre la que identificar a los proveedores potenciales y conocer sus aportaciones al proyecto.

El documento debe expresar las cuestiones clave para las que se buscan respuestas e indicar hasta dónde está abierto el cliente a métodos alternativos de provisión de servicios. Cuando sea posible, debería incluir una valoración de los puntos fuertes y débiles de la situación actual e identificar las competencias que el cliente cree necesarias para mejorar el servicio. Las áreas de principal preocupación para el cliente también deben quedar identificadas.

Para algunas empresas, preparar una lista de proveedores potenciales a consultar puede parecer sencillo, debido a la experiencia previa que tienen en outsourcing y a su conocimiento del mercado. Pero los proyectos que incluyen áreas nuevas o buscan cambios sustanciales en la forma de prestar el servicio, tendrán que presentar su requisito en el mercado de modo de estimular a las organizaciones con las competencias adecuadas a mostrar su interés. En todo caso, resulta fácil ser complaciente con los méritos de un proveedor ya conocido y perder la oportunidad de considerar un nuevo jugador que puede aportar ideas frescas a la mesa de negociación.

Recuerde, incluso con proveedores con los que existe una relación establecida desde hace mucho tiempo, el proyecto tiene que prepararse y 'venderse' de modo de asegurar la presentación de las mejores ideas disponibles. En algunos casos los proveedores tendrán que formar una alianza o empresa conjunta para dar respuesta satisfactoria al requisito, pero estos acuerdos llevan tiempo, y los proveedores necesitan tiempo para desarrollar la comprensión de las habilidades y capacitaciones que necesitarán para presentar una oferta con posibilidades de éxito.

Definir papeles, responsabilidades e interacciones

Una vez obtenidas las opiniones de los proveedores potenciales, el equipo del proyecto puede comenzar a definir con detalle el alcance del servicio a prestar, a determinar los respectivos papeles y responsabilidades de las empresas del cliente y del proveedor y a designar las interacciones directivas clave, así como los acuerdos para controlar y supervisar el contrato. Hará falta pensar con claridad para que la nueva estructura no repita ineficacias presentes en la situación actual, y habrá que ir con cuidado para evitar suposiciones prematuras sobre las soluciones que probablemente ofrecerán los proveedores o sobre la organización residual que será necesaria para gestionar el contrato.

Una acción útil para determinar el papel a jugar por cada parte es preparar un gráfico de alto nivel que identifique las principales actividades que participan en la prestación del servicio, y definir para cada etapa del proceso las variables y los riesgos clave que se deben controlar. La Figura 3 muestra un gráfico de alto nivel típico de una actividad de mantenimiento de activos, comenzando por la creación del activo y política de conservación, pasando por la formulación de programas de mantenimiento y especificación de tareas, hasta llegar a la valoración del trabajo y el pago de facturas. El gráfico proporciona un marco útil para determinar las cualificaciones y la experiencia necesarias para una actuación exitosa, y por lo tanto, la involucración de cada parte en las etapas del proceso.

Con los papeles y las responsabilidades definidas, pero antes de decidir finalmente sobre estructuras e interacciones, es importante considerar la forma en la que se controlará y supervisará el contrato. La Figura 4 muestra una estructura típica de control y supervisión. El equipo de gestión estratégica del cliente (o unidad cliente) aparece en la parte superior; el contratista informa a la unidad cliente y tiene la completa responsabilidad de prestar determinados servicios a los usuarios finales que aparecen al pie del diagrama. La supervisión directa de la realización del servicio debe ser la responsabilidad del contratista, quien demuestra la calidad y los niveles del servicio prestado mediante informes de gestión regulares. Éste debe ser el medio principal para juzgar la actividad diaria del contratista.

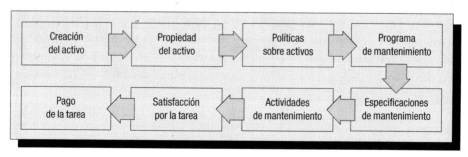

Figura 3 Secuencia de mantenimiento de activos

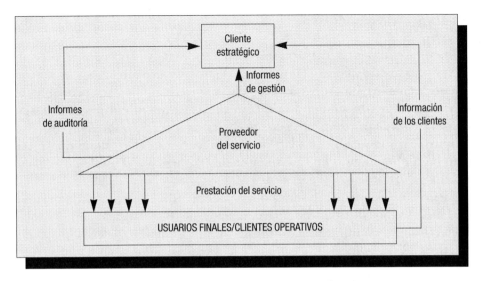

Figura 4 Estructura de control y supervisión

El cliente también querrá tener la conformidad de que la operación se ajusta a los requisitos específicos con respecto a normas técnicas, contabilidad financiera, obligaciones legales, etcétera; pero el énfasis debe ponerse en la auditoría conjunta posterior al hecho y no en la supervisión directa en tiempo real del servicio. De todos modos, la unidad cliente debe obtener una visión no sesgada del efecto general del servicio por medio de la información proporcionada regularmente por los usuarios finales. Esto es algo que se puede realizar en conjunción con el contratista, pero de una manera independiente del funcionamiento diario del servicio.

Se han usado estructuras como la descrita en la Figura 4 para controlar actividades que requerían enormes costes operativos con la mínima repetición de esfuerzo a través de la interacción cliente/proveedor. Como ejemplo de lo que se puede lograr, una operación de servicios con un gasto anual de 70.000 dólares funciona de este modo con una unidad cliente permanente de cinco empleados a tiempo completo y el apoyo a tiempo parcial de especialistas y consultores cuando son necesarios.

La llave para alcanzar estos niveles de eficiencia es examinar el coste total del servicio, incluyendo los costes de gestión relacionados en los que se ha incurrido dentro de la organización del cliente, y fijar metas para el coste total de funcionamiento del servicio (o sea, el coste total de adquisición). Las empresas que no llevan control del coste total de adquisición del servicio normalmente pierden la oportunidad de asegurar un elemento de beneficios de coste disponible.

Recordar la dimensión humana

Una vez definidas las interacciones entre el cliente y el proveedor, el equipo del proyecto puede valorar el impacto de la nueva estructura sobre el personal existente y comenzar a preparar el terreno para los cambios que probablemente tendrán lugar. Dependiendo de cómo se haya llevado el proceso hasta la fecha, el personal puede estar sintiendo bastante incertidumbre con respecto a su futuro. En todo caso, un plan de comunicaciones claro tiene que estar a punto para el momento en que se anuncie la intención de solicitar ofertas o asignar un contrato.

Mucho dependerá de la política que se adopte sobre transferencia y reubicación de personal y del grado de participación de los empleados en el proceso de seleccionar y nombrar un contratista. Algunos puntos a considerar son los siguientes:

- ¿La necesidad de mejorar la prestación del servicio es evidente para el personal? ¿Se verá el outsourcing como una contribución a una actividad empresarial más amplia? ¿La necesidad de mejorar es aceptada en general?
- ¿Cómo se deben transmitir las razones para elegir al outsourcing como la opción preferida? ¿El proceso está relacionado con otras grandes iniciativas de la empresa cuyos objetivos ya están claramente entendidos?
- ¿Cuáles son las preocupaciones inmediatas del personal en el área objeto del outsourcing y en la organización residual? ¿En qué medida se pueden ofrecer garantías antes de la designación del contratista seleccionado?
- ¿Qué derechos y obligaciones existen bajo las leyes laborales pertinentes (como las que se desprenden de la Directiva de Derechos Adquiridos de la CE) y de qué modo se ajustarán a ellas?
- ¿Qué obligaciones se desprenden de acuerdos sindicales o de otros acuerdos colectivos y cuál es el sistema previsto para consultar con los trabajadores y sus representantes elegidos?

Es importante que los proveedores potenciales tengan la oportunidad de comentar aspectos del plan de comunicaciones/consultas que anticipan el enfoque del contratista elegido con respecto a los temas de personal, y se debe tener cuidado para que la información que se proporciona a los trabajadores durante la etapa de consultas no interfiera con otros requisitos que se le exigen al contratista.

Seleccionar el contratista adecuado

El aspecto más importante a tener en cuenta a la hora de elegir un contratista que proporcione un servicio continuo es la naturaleza a largo plazo de la relación. Los contratos para prestar servicios durante cinco años ya son corrientes, pero aunque un contrato sea por tres años, muchas cosas pueden cambiar en este período que no se pueden prever completamente en el momento de asignar el contrato. Por eso, un contrato de servicios representa por naturaleza una sociedad entre el cliente y el proveedor, por lo que se ha de seleccionar un proveedor que encaje en la cultura de la organización y que pueda cumplir con las necesidades a largo plazo del cliente, así como satisfacer requisitos a corto plazo.

Además de los criterios técnicos y financieros normales, también se deben considerar los puntos siguientes al valorar la forma en que los proveedores harán frente a las necesidades a largo plazo de la organización:

- ¿Han comprendido nuestras metas y objetivos empresariales? ¿Se dan cuenta de las tendencias y presiones que impulsarán a nuestro negocio durante los próximos años? ¿Tienen la visión de futuro, la innovación y la flexibilidad para trabajar con nosotros en la consecución de nuestras metas empresariales?
- ¿Han comprendido los temas más amplios que rodean a la tarea objeto del outsourcing? ¿El equipo que hace la oferta ha explorado los efectos a favor y en contra de su propuesta? ¿Refleja ésta un enfoque sistemático para cumplir con nuestros requisitos? ¿La solución propuesta añade valor a nuestros procesos o simplemente cumple con las tareas especificadas?
- ¿Quién es la fuerza motriz que está detrás de las propuestas del proveedor? ¿Estará todavía cuando el contrato haya sido asignado? ¿Se trata de alguien con quien podamos desarrollar una estrategia a largo plazo para los servicios? ¿Qué estructuras y mecanismos se propone utilizar para asegurar la consideración de las cuestiones a largo plazo?
- ¿En qué habilidades y capacitaciones se puede basar el proveedor para hacer frente a futuras necesidades no reflejadas en el requisito actual? ¿Cómo tendrá acceso a dichas habilidades y sobre qué base las hará disponibles? ¿El proveedor posee capacitaciones directivas que reforzarán de forma sustancial nuestra posición empresarial?

La ponderación aplicada a estos factores variará de empresa a empresa, pero la valoración de los proveedores con respecto a su potencial para contribuir al negocio a largo plazo proporcionará, al menos, una valiosa información sobre la calidad y profundidad de su gestión.

Mantener la presión competitiva

Por último, pero tal vez por encima de todo, y sin importar lo estrecha que sea la relación de trabajo, es esencial asegurarse de que la presión competitiva se aplica a cada una de las partes del sistema de prestación del servicio. Hay diferentes formas de lograr tal cosa. La presentación de ofertas competitivas es un método que ha dado excelentes resultados como forma de obtener beneficios de coste a lo largo de sucesivas licitaciones, pero no es necesariamente la única respuesta. También se pueden considerar los siguientes enfoques:

- Comparaciones continuas de resultados entre contratos paralelos que cubren requisitos similares en diferentes áreas geográficas, por ejemplo.
- Desvincular a usuarios finales del servicio (de forma total o parcial) para introducir opciones del cliente y poner al contratista en competencia continua con otras fuentes de provisión.
- Diferentes formas de referencias para demostrar que el servicio es de coste efectivo en relación con los modelos empresariales nacionales y mundiales.

Estos enfoques no se excluyen mutamente, y una combinación de competencia en marcha con periódicas nuevas presentaciones de ofertas será adecuada para muchas empresas. La única regla es que la competencia debe ser real, sostenida y debe cubrir cada uno de los aspectos del servicio.

Conclusión

El mercado de servicios contratados externamente se está desarrollando rápidamente en la mayoría de países del primer mundo. Se ponen en duda las distinciones tradicionales entre servicios que pertenecen al 'núcleo central' y los que no, a medida que muchas empresas trasladan a los proveedores la responsabilidad de llevar a cabo tareas que forman parte esencial de sus procesos empresariales. La pregunta actualmente no es '¿qué funciones debemos retener?' sino '¿dónde podemos obtener ventaja competitiva si contratamos las habilidades y capacitaciones de otros?'

Este enfoque basado en la competencia da lugar a organizaciones vinculadas entre sí por relaciones contractuales más que por propiedad o control vertical, y por alianzas estratégicas y asociaciones entre las partes más que por especificación detallada y estricta observación del contrato. Pero al final del día el proveedor debe llevar a cabo una actividad operativa seria antes de poder dirigir su atención a las necesidades a largo plazo del cliente.

La clave está en alcanzar el equilibrio adecuado entre objetivos a corto plazo y metas a largo plazo. Para esto hace falta tener una visión estratégica clara respaldada por una minuciosa preparación y una planificación meticulosa, con sistemas de revisión periódica de la operación objeto del outsourcing y de competencia renovada por el servicio a intervalos apropiados. Dicho enfoque queda resumido en la Figura 5. Los proveedores potenciales pueden jugar un importante papel tanto en la revisión estratégica como en las detalladas etapas de planificación, ya que pueden basarse en la amplia experiencia en proyectos de outsourcing, motivo por el cual siempre deben buscarse sus opiniones antes de tomar decisiones clave.

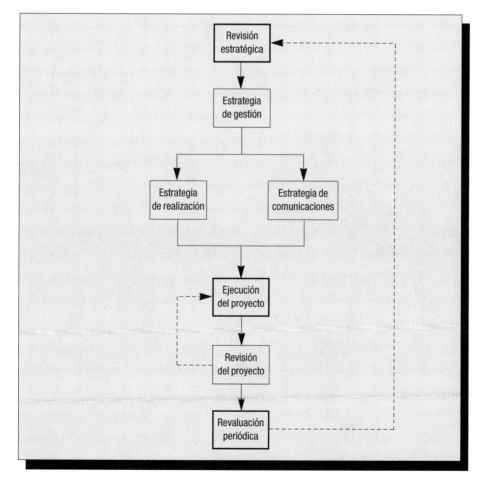

Figura 5 Marco para la planificación y revisión estratégicas

Apéndice A:
Plan de proyecto ilustrativo

El siguiente extracto de un proyecto real muestra la amplitud y profundidad que requiere uno de gran tamaño. No es un plan completo e incluye elementos que no son adecuados a todos los proyectos del mismo tipo. Además, no cubre todos los aspectos del proyecto de realización del servicio de outsourcing debido a diferentes circunstancias.

Cabe destacar:

- La primera columna indica la actividad, el hecho o los hitos.
- La segunda columna indica el tiempo transcurrido probable. El ejemplo proviene de un proyecto muy grande y los tiempos transcurridos que aquí se indican demuestran una gran cantidad de trabajo que probablemente no sea necesario para proyectos menos completos o costosos. El 'tiempo transcurrido' es una función de insumos y fechas de entrega y no refleja el esfuerzo necesario para realizar la tarea.
- La última columna indica las metas que se han identificado.
- Los comentarios explicativos o las observaciones aparecen entre paréntesis rectos.

Tarea	Tiempo transcurrido	Metas
Equipo coordinación		
Establecer equipo coordinación	6 días	Publicar nombres del equipo en Boletín del Proyecto
Establecer protocolos trabajo	5 días	Archivar descripciones protocolo en Manual del Proyecto
Dimensionar el proyecto	4 días	Documento con política - guardar en archivo del proyecto
Confirmar principios oferta	1 día	Documento con política - guardar en archivo del proyecto
Prueba estrategia		
Informar proveedores elegidos para respuesta informal	18 días	No requiere meta formal
Recibir respuesta informal de los proveedores	11 días	Guardar respuestas archivo proyecto
Visita a referentes	11 días	Informes sobre visitas - guardar en archivo del proyecto
Revisar respuestas informales de los proveedores	10 días	Informe - revisión respuestas de los proveedores
Determinar viabilidad estrategia	4 días	Informe - viabilidad de la estrategia
Determinar número posibles socios	hito	No requiere meta formal
Planificación del proyecto		
Desarrollar plan del proyecto	10 días	Plan del proyecto - circular/guardar en archivo del proyecto
Ajustar y acordar plan	9 días	Plan del proyecto - circular/guardar en archivo del proyecto
Acordar requisitos de recursos	9 días	No requiere meta formal
Comprometer requisitos acordados	6 días	Actas reunión alta dirección
Comprometer plan acordado	18 días	Actas reunión alta dirección
Capacitaciones del proveedor		
Capacitaciones del proveedor	8 días	No requiere meta formal
Comparar capacitaciones con metas a alcanzar	4 días	No requiere meta formal
Informe sobre capacitaciones del proveedor	4 días	Informe - capacitaciones proveedor
Desarrollar documento sobre ofertas internas	11 días	Informe - ofertas internas
Recolección de datos - establecer protocolo de trabajo		
Asignar responsabilidades	7 días	Archivar nombres en Manual del Proyecto
Fijar términos de referencia individuales	7 días	Archivar términos de referencia en Manual del proyecto
Fijar sistema de informes	4 días	Archivar sistema de informes en Manual del Proyecto
Políticas de empresa - establecer protocolo de trabajo		
Asignar responsabilidades	7 días	Archivar nombres en Manual del Proyecto
Fijar términos de referencia individuales	6 días	Archivar términos de referencia en Manual del Proyecto
Fijar sistema de informes	6 días	Archivar sistema de informes en Manual del proyecto
Comunicaciones		
Desarrollar estrategia para controlar comunicaciones al personal	5 días	Documento con política - circular entre equipo gestor/guardar en archivo del proyecto
Preparar política sindical	7 días	Documento con política - guardar en archivo del proyecto

Tarea	Tiempo transcurrido	Metas
Preparar iniciativa de gestión defensiva	44 días	Documento con política - circular entre equipo gestor/guardar en archivo del proyecto
Desarrollar estrategia control comunicaciones con prensa y proveedores	33 días	Documento con política - circular entre equipo gestor/guardar en archivo del proyecto
Objetivos y metas a alcanzar		
Determinar objetivos y metas para los proveedores	6 días	No requiere meta formal
Documentar metas y objetivos	4 días	Documento con política - guardar en archivo del proyecto
Principales mecanismos de trabajo		
Determinar interacciones entre proveedor/dirección	8 días	Documento con política - guardar en archivo del proyecto
Investigar mecanismos actuales de información sobre resultados	21 días	No requiere meta formal
Evaluar mecanismos actuales de información sobre resultados	15 días	No requiere meta formal
Desarrollar mecanismos requeridos de información sobre resultados	0 días	Documento con política - guardar en archivo del proyecto
Investigar mecanismos actuales para controlar los cambios	11 días	No requiere meta formal
Evaluar mecanismos actuales para controlar los cambios	2 días	No requiere meta formal
Desarrollar mecanismos requeridos para controlar los cambios	5 días	Documento con política - guardar en archivo del proyecto
Conjunto de habilidades para el futuro		
Desarrollar requisitos del conjunto de habilidades para el futuro	hito	Documento con política - guardar en archivo del proyecto
Investigar iniciativas para la mejora de los resultados		
Identificar iniciativas internas de mejora de los resultados	3 días	No requiere meta formal
Cuantificar beneficios buscados por iniciativas internas	8 días	Documento con política - guardar en archivo del proyecto
Valorar impacto implicación del proveedor en iniciativas, proyectos y realizaciones	hito	Documento con política - guardar en archivo del proyecto
Investigar proyectos		
Identificar proyectos actuales y planificados	4 días	No requiere meta formal
Identificar componentes clave del coste y el valor	12 días	No requiere meta formal

Tarea	Tiempo transcurrido	Metas
Informar sobre circunstancias - proyectos actuales y futuros	hito	Documento con política - guardar en archivo del proyecto
Investigar realizaciones		
Identificar realizaciones actuales y planificadas	8 días	No requiere meta formal
Identificar componentes clave del coste y el valor	14 días	No requiere meta formal
Informar sobre circunstancias - realizaciones actuales y futuras	hito	Documento con política - guardar en archivo del proyecto
Gestión sesiones informativas al personal		
Idear proceso para directivos consejeros sobre actitudes	3 días	Documento con política - guardar en archivo del proyecto
Acordar tema conferencia anual	3 días	No requiere meta formal
Invitar delegados internos a la conferencia	8 días	No requiere meta formal
Formular agenda de la conferencia (oradores y programación)	hito	Publicar agenda en Boletín del Proyecto
Obtener resúmenes disertaciones para la conferencia	2 días	No requiere meta formal
Hito clave - confirmar para seguir adelante	1 día	No requiere meta formal
Producir apoyo visual del orador para la conferencia	1 día	No requiere meta formal
Ensayo oradores para conferencia	1 día	No requiere meta formal
Conferencia anual	1 día	No requiere meta formal
Hito clave - recabar datos	hito	No requiere meta formal
Hito clave - políticas y principios	hito	No requiere meta formal
Hito clave - selección ofertantes	hito	No requiere meta formal
Hito clave - selección proveedor preferido	hito	No requiere meta formal
Hito clave - contrato acordado	hito	No requiere meta formal
Hito clave - contrato firmado	hito	No requiere meta formal
Hito clave - fecha inicio sociedad	hito	No requiere meta formal
Expectativas y temores del personal		
Idear procesos de control e información	5 días	Documento con política - guardar en archivo del proyecto
Mes 1 - controlar e informar condiciones del personal	5 días	Informe sobre resultados - circular entre equipo gestor
Respuesta directivos consejeros	hito	No requiere meta formal
Mes 2 - controlar e informar condiciones del personal	5 días	Informe sobre resultados - circular entre equipo gestor
Respuesta directivos consejeros	hito	No requiere meta formal
Mes 3 - controlar e informar condiciones del personal	5 días	Informe sobre resultados - circular entre equipo gestor
Respuesta directivos consejeros	hito	No requiere meta formal
Mes 4 - controlar e informar condiciones del personal	5 días	Informe sobre resultados - circular entre equipo gestor

Tarea	Tiempo transcurrido	Metas
Respuesta directivos consejeros	hito	No requiere meta formal
Mes 5 - controlar e informar condiciones del personal	5 días	Informe sobre resultados - circular entre equipo gestor
Respuesta directivos consejeros	hito	No requiere meta formal
Mes 6 - controlar e informar condiciones del personal	5 días	Informe sobre resultados - circular entre equipo gestor
Respuesta directivos consejeros	hito	No requiere meta formal
Mes 7 - controlar e informar condiciones del personal	5 días	Informe sobre resultados - circular entre equipo gestor
Respuesta directivos consejeros	hito	No requiere meta formal
Mes 8 - controlar e informar condiciones del personal	5 días	Informe sobre resultados - circular entre equipo gestor
Respuesta directivos consejeros	hito	No requiere meta formal
		(El equipo gestor de este proyecto decidió examinar regularmente las opiniones del personal para medir la moral - las actividades anteriores muestran un proceso cíclico de revisión e informe)

Gestión de los interesados

Tarea	Tiempo transcurrido	Metas
Revisión agosto	hito	Actas de la reunión/guardar en archivo del proyecto
Revisión septiembre	hito	Actas de la reunión/guardar en archivo del proyecto
Revisión octubre	hito	Actas de la reunión/guardar en archivo del proyecto
Revisión noviembre	hito	Actas de la reunión/guardar en archivo del proyecto
Revisión diciembre	hito	Actas de la reunión/guardar en archivo del proyecto
Revisión enero	hito	Actas de la reunión/guardar en archivo del proyecto
Revisión febrero	hito	Actas de la reunión/guardar en archivo del proyecto
Revisión marzo	hito	Actas de la reunión/guardar en archivo del proyecto
Revisión abril	hito	Actas de la reunión/guardar en archivo del proyecto
Revisión mayo	hito	Actas de la reunión/guardar en archivo del proyecto
Revisión junio	hito	Actas de la reunión/guardar en archivo del proyecto
		(En todos los demás lados sugerimos que la gestión de los interesados forma parte de cualquier reunión regular. En este proyecto, se convocaron reuniones especiales para considerar la gestión de los interesados.)

Recolección de datos - departamento de formación

Tarea	Tiempo transcurrido	Metas
Identificar costes actuales	39 días	Redactar programación para el requisito del servicio
Identificar carga de trabajo actual	13 días	Redactar programación para el requisito del servicio
Identificar programaciones actuales del servicio	13 días	Redactar programación para el requisito del servicio
Identificar costes futuros	13 días	Redactar programación para el requisito del servicio
Identificar futura carga de trabajo	13 días	Redactar programación para el requisito del servicio
Identificar escala de mejora de resultados internos	9 días	Redactar programación para el requisito del servicio

Tarea	*Tiempo transcurrido*	*Metas*
Establecer inventario de hardware	11 días	Redactar programación para el requisito del servicio
Establecer inventario de software	11 días	Redactar programación para el requisito del servicio
Establecer inventario de productos 'en propiedad'	11 días	Redactar programación para el requisito del servicio
Establecer inventario materiales de formación	11 días	Redactar programación para el requisito del servicio
Establecer inventario de comunicaciones	34 días	Redactar programación para el requisito del servicio
Establecer inventario espacios disponibles	11 días	Redactar programación para el requisito del servicio
Establecer inventario equipo medioambiental	11 días	Redactar programación para el requisito del servicio
Establecer inventario instalaciones fijas y mobiliario oficina	11 días	Redactar programación para el requisito del servicio
Establecer inventario consumibles y existencias	11 días	Redactar programación para el requisito del servicio
Establecer registro de personal	10 días	Redactar programación para el requisito del servicio
Establecer inventario acuerdos con terceros	11 días	Redactar programación para el requisito del servicio
Establecer inventario acuerdos internos	11 días	Redactar programación para el requisito del servicio
Reunir todas las programaciones de trabajo	hito	Programaciones definitivas para el requisito del servicio

Recolección de datos - departamento preparación datos

Identificar costes actuales	80 días	Redactar programación para el requisito del servicio
Identificar carga de trabajo actual	88 días	Redactar programación para el requisito del servicio
Identificar programaciones de servicios actuales	88 días	Redactar programación para el requisito del servicio
Identificar costes futuros	11 días	Redactar programación para el requisito del servicio
Identificar futura carga de trabajo	11 días	Redactar programación para el requisito del servicio
Identificar requisito mantenimiento software	76 días	Redactar programación para el requisito del servicio
Identificar escala de mejora de resultados internos	11 días	Redactar programación para el requisito del servicio
Establecer inventario de hardware	93 días	Redactar programación para el requisito del servicio
Establecer inventario de software	14 días	Redactar programación para el requisito del servicio
Establecer inventario de productos en propiedad	14 días	Redactar programación para el requisito del servicio
Establecer inventario de comunicaciones	72 días	Redactar programación para el requisito del servicio
Establecer inventario espacios disponibles	72 días	Redactar programación para el requisito del servicio
Establecer inventario equipo medioambiental	72 días	Redactar programación para el requisito del servicio
Establecer inventario instalaciones fijas y mobiliario de oficina	72 días	Redactar programación para el requisito del servicio
Establecer inventario consumibles y existencias	72 días	Redactar programación para el requisito del servicio
Establecer registro de personal	11 días	Redactar programación para el requisito del servicio
Establecer inventario acuerdos con terceros	72 días	Redactar programación para el requisito del servicio
Establecer inventario acuerdos internos	72 días	Redactar programación para el requisito del servicio
Reunir todas las programaciones de trabajo	hito	Programaciones definitivas para el requisito del servicio

Recolección de datos - dpto. servicios informáticos

Identificar costes actuales	15 días	Redactar programacación para el requisito del servicio
Identificar carga de trabajo actual	15 días	Redactar programación para el requisito del servicio

Tarea	Tiempo transcurrido	Metas
Identificar programaciones de servicios actuales	15 días	Redactar programación para el requisito del servicio
Identificar costes futuros	11 días	Redactar programación para el requisito del servicio
Identificar futura carga de trabajo	11 días	Redactar programación para el requisito del servicio
Identificar escala de mejora de resultados internos	11 días	Redactar programación para el requisito del servicio
Establecer inventario de hardware	14 días	Redactar programación para el requisito del servicio
Establecer inventario de software	14 días	Redactar programación para el requisito del servicio
Establecer inventario de 'productos' en propiedad	14 días	Redactar programación para elrequisito del servicio
Establecer inventario de comunicaciones	14 días	Redactar programación para elrequisito del servicio
Establecer inventario de espacios disponibles	14 días	Redactar programación para elrequisito del servicio
Establecer inventario equipo medioambiental	14 días	Redactar programación para elrequisito del servicio
Establecer inventario instalaciones fijas y mobiliario de oficina	14 días	Redactar programación para elrequisito del servicio
Establecer inventario consumibles y existencias	14 días	Redactar programación para elrequisito del servicio
Establecer registro de personal	11 días	Redactar programación para el requisito del servicio
Establecer inventario acuerdos con terceros	24 días	Redactar programación para el requisito del servicio
Establecer inventario acuerdos internos	14 días	Redactar programación para el requisito del servicio
Establecer perfil histórico del uso del hardware	11 días	Redactar programación para el requisito del servicio
Establecer perfil de futuros requisitos de hardware	11 días	Redactar programación para el requisito del servicio
Reunir todas las programaciones de trabajo	hito	Programaciones definitivas para el requisito del servicio

Recolección de datos - lugares externos

Tarea	Tiempo transcurrido	Metas
Identificar costes actuales	82 días	Redactar programación para el requisito del servicio
Identificar actual carga de trabajo	83 días	Redactar programación para el requisito del servicio
Identificar programaciones de servicios actuales	83 días	Redactar programación para el requisito del servicio
Identificar costes futuros	1 día	Redactar programación para el requisito del servicio
Identificar futura carga de trabajo	1 día	Redactar programación para el requisito del servicio
Identificar escala de mejora de resultados internos	1 día	Redactar programación para el requisito del servicio
Establecer inventario de hardware	72 días	Redactar programación para el requisito del servicio
Establecer inventario de sofware	72 días	Redactar programación para el requisito del servicio
Establecer inventario de 'productos' en propiedad	72 días	Redactar programación para el requisito del servicio
Establecer inventario de comunicaciones	72 días	Redactar programación para el requisito del servicio
Establecer inventario de espacios disponibles	1 día	Redactar programación para el requisito del servicio
Establecer inventario de equipo medioambiental	1 día	Redactar programación para el requisito del servicio
Establecer inventario instalaciones fijas y mobiliario de oficina	1 día	Redactar programación para el requisito del servicio
Establecer inventario consumibles y existencias	1 día	Redactar programación para el requisito del servicio
Establecer registro de personal	1 día	Redactar programación para el requisito del servicio
Establecer inventario de acuerdos con terceros	1 día	Redactar programación para el requisito del servicio
Establecer inventario de acuerdos internos	1 día	Redactar programación para el requisito del servicio
Establecer perfil histórico del uso de hardware	1 día	Redactar programación para el requisito del servicio
Establecer perfil de futuros requisitos de hardware	1 día	Redactar programación para el requisito del servicio
Reunir todas las programaciones de trabajo	hito	Programaciones definitivas para el requisito del servicio

Tarea	Tiempo transcurrido	Metas
Formular políticas		
Determinar enfoque sobre cargos	10 días	Documento de política - guardar en archivo del proyecto
Requisitos de indemnización por rescisión del contrato	10 días	Documento de política - guardar en archivo del proyecto
Cláusulas de penalización/ recompensa por resultados	10 días	Documento de política - guardar en archivo del proyecto
Determinar restricciones/obligaciones legales	10 días	Documento de política - guardar en archivo del proyecto
Representación proveedor/consejo de administración	58 días	Documento de política - guardar en archivo del proyecto
Naturaleza requisitos financiación del proveedor	10 días	Documento de política - guardar en archivo del proyecto
Documento guía sobre conflictos de interés	19 días	Documento de política - guardar en archivo del proyecto
Requisitos de seguridad		
Determinar requisitos de seguridad	9 días	Documento de política - guardar enarchivo del proyecto
Redactar términos del contrato	9 días	Documento de política - guardar en archivo del proyecto
Acuerdos de servicio		
Declaración base sobre acuerdos de servicio	hito	Documento de política - guardar en archivo del proyecto
Reunir copias de acuerdos de servicio existentes	17 días	Archivar copias
Revisar acuerdos de servicio existentes	21 días	No requiere metas formales
Producir acuerdos de servicio habituales	7 días	Redactar programación para el requisito del servicio
Política de despidos		
Generar listas completas de personal por centro de costes	24 días	Redactar programación para el requisito del servicio
Identificar actuales normas de despido	28 días	No requiere metas formales
Identificar actuales costes de despido	1 día	No requiere metas formales
Considerar circunstancias de despido	23 días	No requiere metas formales
Desarrollar reglas de outsourcing declaración de política	hito	Documento de política - guardar en archivo del proyecto
Proceso presentación de ofertas - expresiones de interés		
Desarrollar anuncio (para minimizar respuestas inapropiadas)	17 días	Archivar copia del anuncio
Preparar declaración de prensa a publicar antes que el anuncio	1 día	Archivar copia declaración prensa
Publicitar solicitando expresiones de interés	24 días	No requiere metas formales
Desarrollar proceso para tratar a proveedores descartados	44 días	Documento de política - guardar en archivo del proyecto
Identificar temas a aclarar con los proveedores	3 días	No requiere metas formales
Reunirse con proveedores para aclarar temas	6 días	No requiere metas formales
Prepararse para visitas proveedor/ lugares de referencia/visitas de inspección	15 días	Visitar grupo informador

Tarea	Tiempo transcurrido	Metas
Evaluación visitas (proveedor/referencias)	15 días	No requiere meta formal
Finalizar evaluación/escribir informe de evaluación	22 días	Informe - guardar en archivo del proyecto
Reunión 1 del panel de selección	1 día	Minutas de la reunión/guardar en archivo del proyecto
Reunión 2 del panel de selección	1 día	Minutas de la reunión/guardar en archivo del proyecto
Finalizar calendario instrucciones a los ofertantes (IAO)	31 días	Calendario definitivo
Recomendación lista final al consejo	1 día	Informe - recomendación
Dirigir recomendación a los ministros	23 días	No requiere meta formal
Preparar proceso para anunciar lista final de candidatos	22 días	Documento de política - guardar en archivo del proyecto
Notificar a los proveedores	1 día	No requiere meta formal
Informar proveedores descartados	20 días	Minutas de la reunión/guardar en archivo del proyecto
Revisión del archivo del proyecto	43 días	Informe - guardar en archivo del proyecto

Proceso presentación de ofertas - emitir IAO

Tarea	Tiempo transcurrido	Metas
Entregar IAO a proveedores seleccionados	hito	No requiere meta formal
Informar proveedores sobre IAO	1 día	No requiere meta formal
Recibir preguntas escritas de los proveedores	27 días	No requiere meta formal
Responder por escrito a las preguntas	27 días	Guardar copias de respuesta en archivo del proyecto
Preparar archivo de preguntas y respuestas	28 días	Guardar copias de respuesta en archivo del proyecto
Recibir respuestas de ofertantes	hito	Guardar copias de respuesta en archivo del proyecto

Proceso presentación de ofertas - preparar modelo financiero

Tarea	Tiempo transcurrido	Metas
Preparar calendario	8 días	Calendario - a revisar por dirección
Establecer contacto con autoridad auditoría externa/definir requisitos	8 días	Archivar registro
Establecer contacto con auditoría interna/definir requisitos	8 días	Archivar registro
Establecer interés externo en modelo financiero	8 días	Archivar registro
Desarrollar modelo financiero [conceptual/genérico]	10 días	Archivar registro
Circular descripción del modelo financiero	1 día	No requiere meta formal
Revisión formal (reunión) del modelo financiero	1 día	Minutas de la reunión/guardar en archivo del proyecto
Preparar documento - Combinación habilidades/método de cálculo de costes futura carga de trabajo	27 días	Documento de política - guardar en archivo del proyecto
Preparar documento - Previsión a 10 años situación carga de trabajo	22 días	Documento de política - guardar en archivo del proyecto
Preparar documento - Régimen de jubilación	42 días	Documento de política - guardar en archivo del proyecto
Preparar documento - Efectos fiscales - IVA	27 días	Documento de política - guardar en archivo del proyecto
Preparar documento - Impacto flujo de caja/previsiones capital retenido	42 días	Documento de política - guardar en archivo del proyecto

Tarea	Tiempo transcurrido	Metas
Preparar documento - Coste de funciones retenidas	42 días	Documento de política - guardar en archivo del proyecto
Preparar documento - Costes de ruptura línea de base	42 días	Documento de política - guardar en archivo del proyecto
Preparar documento - Reparto de beneficios	4 días	Documento de política - guardar en archivo del proyecto
Preparar documento - Gastos fijos centrales	13 días	Documento de política - guardar en archivo del proyecto
Preparar documento - Seguros conceptuales	13 días	Documento de política - guardar en archivo del proyecto
Preparar documento - Estimación costes variables	29 días	Documento de política - guardar en archivo del proyecto
Preparar documento - Costes de base/asignación por tramos	13 días	Documento de política - guardar en archivo del proyecto
Preparar documento - Efectos de la financiación	13 días	Documentos de política - guardar en archivo del proyecto
Preparar documento - Indexación	9 días	Documento de política - guardar en archivo del proyecto
Preparar documento para panel de selección - Resumen evaluación final	10 días	Documento de política - guardar en archivo del proyecto
Presentación de modelo prototipo	6 días	Archivar registro/minutas de la reunión
Preguntas y respuestas de división financiera (certificación modelo)	18 días	Archivar certificado/minutas de la reunión
Acordar modelo financiero con grupo de revisión	hito	Minutas de la reunión/guardar en archivo del proyecto
Acordar modelo financiero con panel de selección	8 días	Minutas de la reunión/guardar en archivo del proyecto
Idear proceso evaluación financiera (PEF)	10 días	Descripción del proceso - circular entre la dirección
Acordar PEF con grupo de revisión	6 días	Minutas de la reunión/guardar en archivo del proyecto
Aplicar ofertas presentadas (bajo condiciones controladas)	95 días	Archivar registro
Modelar el plan del equipo para el proyecto	82 días	Añadir como apéndice al Manual del Proyecto
Actualizar ficheros de apoyo comunes a las ofertas	10 días	Documento de política - guardar en archivo del proyecto
Costes de funciones retenidos	8 días	Documento de política - guardar en archivo del proyecto
Capital futuro	8 días	Documento de política - guardar en archivo del proyecto
Costes por despidos - Distribuir documento de política	10 días	Documento de política - guardar en archivo del proyecto
Otros ajustes - Distribuir documento de política	10 días	Documento de política - guardar en archivo del proyecto
Separación de capital - Distribuir documento de política	10 días	Documento de política - guardar en archivo del proyecto
Asignación por tramos - Distribuir documento de política	10 días	Documento de política - guardar en archivo del proyecto
Estimación de coeficiente de eficiencia	5 días	Informe - copia al archivo del proyecto
Recolectar fórmulas	15 días	No requiere meta formal
Requisitos hombre/año	5 días	Documento de política - guardar en archivo del proyecto
Relación entre número de empleados e instalaciones	7 días	Documento de política - guardar en archivo del proyecto
Costes de capital por adquisición y venta de hardware	7 días	Documento de política - guardar en archivo del proyecto

Tarea	Tiempo transcurrido	Metas
Costes de apoyo y mantenimiento	6 días	Archivar registro
Estimación de costes de la red	5 días	Archivar registro
Perfil de costes variables	7 días	Archivar registro
Perfil de otros costes variables de la línea de base	7 días	Archivar registro
Reparto de ganancias por actividad	4 días	Documento de política - guardar en archivo del proyecto
Proveedor 1 - modelo principal/ oferta base: componentes	5 días	Archivar registro
Proveedor 1 - ref. oferta modelo/base: indexación	5 días	Archivar registro
Proveedor 1 - modelo detallado: situaciones	9 días	Archivar registro
Proveedor 1 - modelo detallado: fórmulas de amortización	6 días	Archivar registro
Proveedor 1 - modelo detallado: cargos mínimos	10 días	Archivar registro
Proveedor 1 - modelo detallado: ajustes	6 días	Archivar registro
Proveedor 1 - analizar oferta	6 días	Archivar registro
Proveedor 1 según costes de IAO		
Proveedor 1 - oferta no-estándar: realinear costes de IAO	20 días	Archivar registro
Proveedor 1 - oferta no-estándar: modelo detallado	6 días	Archivar registro
Proveedor 1 - presentar resultados iniciales a equipo de evaluación financiera	1 día	Archivar registro
Proveedor 1 - preparar informe (sólo Proveedor 1) para equipo principal de evaluación	6 días	Archivar registro
Proveedor 1 - devolución del informe	hito	Archivar registro
Modelo detallado: ajustes (con la respuesta del proveedor)	16 días	Archivar registro
Presentar resultados iniciales a equipo de evaluación financiera	25 días	Informe - circular entre la dirección
Ajustar resultados	6 días	No requiere meta formal
Preparar informe para equipo principal de evaluación	25 días	Informe - circular entre la dirección
Presentar resultados al equipo principal de evaluación	hito	Minutas de la reunión/guardar en archivo del proyecto
Estimaciones de los efectos de financiación	6 días	Informe - circular entre la dirección
Documentación del modelo	28 días	Archivar registro
Verificación del modelo por auditoría interna	68 días	Informe - copia al archivo del proyecto
Preguntas y respuestas finales para confirmar adecuación al propósito	14 días	Informe - copia al archivo del proyecto

Tarea	Tiempo transcurrido	Metas
Proceso presentación de ofertas - revisar acuerdos con terceros		
Completar revisión inicial de principales acuerdos con terceros	48 días	No requiere meta formal
Identificar lista completa acuerdos con terceros	57 días	No requiere meta formal
Identificar acuerdos con terceros a asignar	86 días	No requiere meta formal
Establecer plan de acción	57 días	Calendario a circular
Ejecutar plan de acción	105 días	No requiere meta formal
Completar revisión de todos los acuerdos con terceros	12 días	Informe - circular entre la dirección
Proceso presentación de ofertas -gestión de la evaluación		
Publicar borrador de hojas de cálculo para valores y tablas de evaluación	2 días	Archivar registro
Controlar creación hojas de cálculo para valores y tablas de evaluación	61 días	No requiere meta formal
Finalizar hojas de cálculo para valores y tablas de evaluación	17 días	No requiere meta formal
Publicar borrador de hojas de cálculo para cuestionario de referencias	2 días	No requiere meta formal
Revisar borrador de hojas de cálculo para cuestionario de referencias	30 días	No requiere meta formal
Desarrollar proceso para designar referentes	4 días	Documento de política
Finalizar hojas de cálculo para cuestionario de referencias	2 días	No requiere meta formal
Publicar borrador de hojas de cálculo para alcance de los recursos técnicos	2 días	No requiere meta formal
Dar validez y controlar la creación de hojas de cálculo para alcance de los recursos técnicos	66 días	No requiere meta formal
Finalizar hojas de cálculo para el alcance de los recursos técnicos	10,5 días	Archivar registro
Publicar borrador cuestionario referencias primarias	13 días	Archivar registro
Finalizar cuestionario referencias primarias	4 días	Archivar registro
Finalizar cuestionario referencias suplementarias	13 días	Archivar registro
Finalizar proceso del cuestionario de referencias suplementarias	13 días	Archivar registro
Finalizar convenciones equipo de referencias	13 días	Archivar registro
Diseñar composición del equipo de selección de referencias	10 días	Archivar registro
Finalizar composición del equipo de selección de referencias	2 días	Archivar registro
Diseñar proceso para temas clave de negociación	13 días	Archivar registro

Tarea	Tiempo transcurrido	Metas
Finalizar proceso para temas clave de negociación	4 días	Archivar registro
Diseñar proceso para aspectos de la realización (IAO)	20 días	Archivar registro
Finalizar proceso para aspectos de la realización (IAO)	3 días	Archivar registro
Identificar experiencia externa requerida	44 días	No requiere meta formal
Confirmar disponibilidad de tecnología para la evaluación	28 días	Archivar registro
Diseñar documentación de los mecanismos de decisión	11 días	No requiere meta formal
Finalizar documentación de los mecanismos de decisión	6 días	Archivar registro
Diseñar y finalizar requisitos y medios para la verificación por auditoría	20 días	Archivar registro
Diseñar formato del documento final del proceso de auditoría	12 días	Archivar registro
Finalizar formato del documento final del proceso de auditoría	46 días	Archivar registro
Preparar versión final del libro amarillo	12 días	Archivar registro
Finalizar libro amarillo	6 días	Informe - circular entre la dirección
Acordar libro amarillo	hito	No requiere meta formal
Preparar esbozo para informe final de evaluación	13 días	Archivar registro
Finalizar esbozo para informe final de evaluación	hito	No requiere meta formal
Acordar esbozo para informe final de evaluación	hito	Archivar registro
Preparar mecanismo para las referencias de ex-clientes	11 días	No requiere meta formal
Finalizar mecanismo para las referencias de ex-clientes	hito	No requiere meta formal
Acordar mecanismo para las referencias de ex-clientes	hito	Archivar registro

Evaluación e informe

Tarea	Tiempo transcurrido	Metas
Desarrollar enfoque y mecanismo de valoración	37 días	No requiere meta formal
Revisión de costes y declaraciones aliadas	87 días	Informe: guardar en archivo del proyecto
Valoración de activos	44 días	Informe: guardar en archivo del proyecto
Prepararse para la reunión del panel de selección	21 días	No requiere meta formal
Establecer embargo(s) sobre la distribución de ofertas	7 días	No requiere meta formal
Distribuir las respuestas a las IAO entre el equipo de evaluación	hito	No requiere meta formal
Preparar índice detallado de las ofertas (no requerido)	5 días	Informe: guardar en archivo del proyecto

Tarea	Tiempo transcurrido	Metas
Preparar resumen de las ofertas estándar y no-estándar (no proyecto requerido)	5 días	Informe: guardar en archivo del proyecto
Identificar temas a clarificar/investigar	19 días	No requiere meta formal
Identificar temas del equipo de referencias a clarificar/investigar	8 días	No requiere meta formal
Identificar temas financieros a clarificar/investigar	8 días	No requiere meta formal
Identificar temas de seguridad/ confidencialidad a clarificar/investigar	8 días	No requiere meta formal
Recabar temas de otros a clarificar/investigar	19 días	Informe: guardar en archivo del proyecto
Examinar ofertas no-estándar - valoración del impacto sobre las políticas	2,5 días	Informe: guardar en archivo del proyecto
Prepararse para visitar referentes/ instalaciones de proveedores/garantes	38 días	No requiere meta formal
Preparar nuevo documento para cesión de personal - actualizar políticas	13 días	Informe: guardar en archivo del proyecto
Reunión del panel de selección temas a discutir/taller educación	hito	Minutas de la reunión/guardar en archivo del proyecto
Realizar valoraciones de estabilidad comercial	38 días	Informe: guardar en archivo del proyecto
Seleccionar referencias (por parte del equipo de selección de referencias)	11 días	No requiere meta formal
Considerar referencias	19 días	No requiere meta formal
Reunirse con proveedores para aclaraciones/investigaciones	7 días	No requiere meta formal
Proveedores proporcionan aclaraciones por escrito [8 días]	hito	No requiere meta formal
Visitas a referentes/instalaciones de proveedores	5 días	No requiere meta formal
Visitar garantes	5 días	No requiere meta formal
Procesar cuestionarios complementados	32 días	Cuestionarios complementados - guardar en archivo del proyecto
Finalizar hojas de cálculo de las referencias	8 días	Archivar registro
Controlar/informar sobre documentación del proceso de referencias	1 día	No requiere meta formal
Pasar resultados de evaluación final de referencias al equipo principal de evaluación	1 día	No requiere meta formal
Hacer arreglos - ofertantes a la lista 'X'	31 días	No requiere meta formal
Controlar/informar sobre documentación del proceso de valoración de la seguridad	1 día	Archivar registro
Pasar resultados de evaluación final de la seguridad al equipo principal de evaluación	1 día	Archivar registro
Evaluar ofertas en condiciones de mercado adversas - valoración del riesgo	30 días	Archivar registro

Tarea	Tiempo transcurrido	Metas
Preparar sesión informativa y preguntas para los proveedores (optimización de ofertas)	17 días	No requiere meta formal
Controlar/informar sobre la documentación referente a la estabilidad comercial	1 día	No requiere meta formal
Realizar evaluación financiera	46 días	No requiere meta formal
Comprobar resultados de la evaluación financiera	46 días	Archivar registro
Controlar la documentación del proceso/las decisiones de evaluación final	4 días	No requiere meta formal
Pasar resultados de la evaluación financiera final al equipo principal de evaluación	1 día	No requiere meta formal
Completar matriz de evaluación primaria	6 días	Archivar registro
Informar a los proveedores (optimización de ofertas)	25 días	No requiere meta formal
Recibir respuestas por escrito de los proveedores a las sesiones informativas (optimización de ofertas)	25 días	Archivar registro
Evaluar respuestas escritas de los proveedores (optimización de ofertas)	25 días	Archivar registro
Preparar informe preliminar de evaluación	6 días	No requiere meta formal
Publicar revisión estabilidad comercial	hito	Informe: guardar en archivo del proyecto
Presentación del equipo principal de evaluación al equipo completo de evaluación	hito	No requiere meta formal
Auditar verificación de resultados generales	55 días	Archivar registro
Publicar informe de estabilidad comercial	51 días	Informe: guardar en archivo del proyecto
Ajustar informe de evaluación para panel de selección	30 días	Archivar registro
Reunión del panel de selección - informe de evaluación preliminar	hito	Actas de la reunión/guardar en archivo del proyecto
Reunión del panel de selección - información/recomendación del equipo de evaluación	hito	Actas de la reunión/guardar en archivo del proyecto
Reunión del panel de selección - reunión 1	hito	Actas de la reunión/guardar en archivo del proyecto
Clarificar todos los temas pendientes [con 'proveedor electo']	8 días	No requiere meta formal
Reunión del panel de selección - reunión 2	hito	Actas de la reunión/guardar en archivo del proyecto
Ratificación con el consejo	20 días	Archivar registro
Reunión del panel de selección - reunión 3	hito	Actas de la reunión/guardar en archivo del proyecto
Avisar proveedores	1 día	No requiere meta formal
Informar proveedores descartados	5 días	Actas de la reunión/guardar en archivo del proyecto
Revisión auditada de la evaluación de la ofertas	120 días	No requiere meta formal
Informe auditoría: (a) Documento referencias cruzadas (no requerido)	1 día	Informe: circular entre dirección/guardar en archivo del proyecto

Tarea	Tiempo transcurrido	Metas
Informe auditoría: (b) Recogida y realización referencias cruzadas	44 días	Informe: circular entre dirección/guardar en archivo del proyecto
Informe auditoría: (c) Identificación títulos de epígrafes	44 días	Informe: circular entre dirección/guardar en archivo del proyecto
Informe auditoría: (d) Recopilación índice general	44 días	Informe: circular entre dirección/guardar en archivo del proyecto
Informe auditoría: (e) Revisión documentos del proyecto	44 días	Informe: circular entre dirección/guardar en archivo del proyecto
Informe auditoría: (f) Asignación documentos del proyecto	44 días	Informe: circular entre dirección/guardar en archivo del proyecto
Informe auditoría: (g) Registro documentos clasificados	46 días	Informe: circular entre dirección/guardar en archivo del proyecto
Informe auditoría: (h) Hacer calendario/priorizar tareas archivo documental	44 días	Informe: circular entre dirección/guardar en archivo del proyecto
Informe auditoría: (i) Acordar y asignar responsabilidades de archivo de documentación	44 días	Informe: circular entre dirección/guardar en archivo del proyecto
Informe auditoría: (j) Revisar recursos archivo del proyecto	44 días	Informe: circular entre dirección/guardar en archivo del proyecto
Informe auditoría: (k) Avisar nuevos procedimientos fecha encabezamientos	44 días	Informe: circular entre dirección/guardar en archivo del proyecto
Informe auditoría: (l) Circular responsabilidades autor	44 días	Informe: circular entre dirección/guardar en archivo del proyecto
Informe auditoría: (n) Implementar procedimientos seguridad para archivo	44 días	Informe: circular entre dirección/guardar en archivo del proyecto
Informe auditoría: (o) Revisar procedimientos acceso y almacenaje	44 días	Informe: circular entre dirección/guardar en archivo del proyecto
Revisión auditada del archivo del proyecto/post evaluación	8 días	Informe: circular entre dirección/guardar en archivo del proyecto

Proceso presentación ofertas - temas de seguridad y confidencialidad

Reunirse con ofertantes referente temas seguridad y confidencialidad	1 día	Minutas de la reunión/guardar en archivo del proyecto
Preparar certificados de confianza para panel de selección	41 días	Certificados de confianza/guardar copia en archivo

Proceso presentación ofertas - estabilidad comercial

Dar a conocer borrador modelo para evaluación de la estabilidad comercial	32 días	No requiere meta formal
Acordar responsabilidad para completar trabajo estabilidad comercial	1 día	No requiere meta formal

Tarea	Tiempo transcurrido	Metas
Acordar borrador modelo para evaluación estabilidad comercial	6 días	Archivar registro
Negociación		
Preparar documento - estrategia equipo negociador	21 días	Documento de política - guardar en archivo del proyecto
Acordar estrategia del equipo negociador	1 día	No requiere meta formal
Establecer equipo negociador	18 días	No requiere meta formal
Establecer equipo de soporte	18 días	No requiere meta formal
Producir borrador de términos y condiciones	23 días	Documento de negociación/archivar
Producir borradores de programaciones	23 días	Documento de negociación/archivar
Revisar remedios financieros	23 días	No requiere meta formal
Revisar y confirmar perfiles de tramos	23 días	No requiere meta formal
Revisar y acordar borradores de términos, condiciones y programaciones	9 días	No requiere meta formal
Presentar borradores de términos, condiciones y programaciones al proveedor	1 día	No requiere meta formal
Comenzar negociaciones términos y condiciones/programaciones con proveedor preferido	0,13 días	No requiere meta formal
Auditar la reverificación de costes	35 días	Informe: guardar en archivo del proyecto
Auditar revisión de la negociación del contrato	35 días	Informe: guardar en archivo del proyecto
Acuerdo de lanzamiento		
Revisar proceso de lanzamiento con probable proveedor	1 día	Archivar registro
Acordar comunicado de prensa (internamente)	1 día	Archivar registro
Acordar comunicado de prensa con proveedor	1 día	Archivar registro
Organizar ceremonia de la firma	1 día	No requiere meta formal
Organizar Día 1 del contrato	8 días	No requiere meta formal

Apéndice B:
Modelo de cuestionario de referencias

Confidencial

Empresa del Cliente
[Departamento]

Valoración de propuestas de

[ ]

Realización de una sociedad estratégica

Cuestionario de referencias

[ ]

[Abril de año 6]

Contacto de la Empresa del Cliente

[ ]

0171 (Nacional)
+44 171 (Internacional)

Confidencial

Muchas gracias por aceptar ayudarnos en este ejercicio de realización y por el tiempo concedido para completar nuestro Cuestionario.

El departamento de [   ] de Empresa del Cliente Ltd emplea a más de [   ] personas y se encarga de [   ].

Estamos en proceso de examinar el mercado para ver si es posible contratar, por un período de al menos [   ] años, servicios del más alto nivel prestados por una empresa especializada en [   ] que nos ayude a alcanzar los siguientes objetivos:

- [Un paso adelante en obtener valor por el dinero.
- Acceso a herramientas y habilidades de última generación.
- Optimización de oportunidades a largo plazo para nuestro personal.]

Empresa del Cliente Ltd busca una relación con el proveedor que elija que tenga las características de una 'sociedad' y el potencial para perdurar más de [   ] años.

Dados este requisito y la necesidad de alcanzar algunos objetivos muy exigentes, nos gustaría contar con la percepción, algo detallada, que usted tiene de [proveedor que presenta oferta] como empresa y como 'socio' potencial.

Tenga la seguridad de que la información que usted nos proporcione será mantenida en la más estricta confianza y no será compartida con [proveedor que presenta oferta]. Agradeceremos igual tratamiento de la información por su parte.

Tenemos seis áreas primarias de interés y cada una de ellas forma una sección del Cuestionario.

1. Relación con el cliente.
2. Capacidad de reestructuración.
3. Capacidad de integración.
4. Habilidad para gestionar programas de cambio a gran escala.
5. Habilidad para apoyar entornos con vendedores múltiples.
6. Gestión de entornos operativos a gran escala.

[   ] le ha nombrado específicamente para proporcionar información con respecto a la sección/las secciones [   ]. Le agradeceríamos que centrara su atención principal en esta sección, pero también estaríamos interesados en conocer sus opiniones con respecto a cualquier otra sección si se sintiera inclinado a darlas.

Reconocemos que su respuesta a muchos aspectos será necesariamente subjetiva y que, en el mejor de los casos, usted sólo puede dar una indicación general de la capacidad. Nuestro proceso de evaluación lo tendrá en cuenta y asegurará una interpretación cuidadosa de la información que usted proporcione.

En un intento de ahorrarle tiempo, simplemente encierre en un círculo el número que mejor indique el resultado a su juicio. En la mayoría de los casos, el 0 es igual a una pobre percepción y el 10 a una buena.

Si desea usted discutir cualquiera de los temas incluidos en este Cuestionario, por favor póngase en contacto con [   ], quien coordinará una respuesta. El número de teléfono es [   ].

Muchas gracias nuevamente por su colaboración.

Cuestionario de referencias

Empresa que proporciona las referencias

[   ]

_____

Nombre del/los referente/s   Cargo en la empresa

----------------------------   --------------------

----------------------------   --------------------

----------------------------   --------------------

_____

Nombre de los miembros del equipo de evaluación
de Empresa del Cliente

----------------------------   --------------------

----------------------------   --------------------

----------------------------   --------------------

Fecha de la entrevista

Sección 1: Relación con el cliente

La 'Relación con el cliente' se examinará bajo los siguientes epígrafes generales:

Valores

Aquellos atributos de las organizaciones proveedoras que guían la forma en que se lleva el negocio y se prestan los servicios, al tiempo que fijan los límites del comportamiento profesional y el basado en los principios.

Énfasis empresarial

Indicación de la atención que las prioridades del proveedor concentran en el despliegue de recursos y la actividad directiva.

Capacidad de respuesta

Forma en la que los proveedores responden a las cambiantes necesidades de los clientes.

Confianza

Grado en el que la actividad del proveedor, en todos sus aspectos, está asegurada sin la indebida intervención del cliente.

Estabilidad

Grado de certeza con el que se pueden predecir todos los aspectos del comportamiento y la actividad del proveedor.

Valores

(i) Confianza/actitud abierta   0 1 2 3 4 5 6 7 8 9 10
                                                         Pobre   Buena

Grado en el que el proveedor se ha mostrado abierto en sus tratos
comerciales y digno de confianza en el cumplimiento de sus
obligaciones y compromisos

(ii) Adaptación/flexibilidad   0 1 2 3 4 5 6 7 8 9 10
                                                         Pobre   Buena

Grado en el que el proveedor ha demostrado su disposición a
adaptarse, sin problemas, a variaciones en los planes, requisitos
o acuerdos de naturaleza no comercial (o sea, variaciones que
no afectan al precio acordado).

(iii) Compromiso

0 1 2 3 4 5 6 7 8 9 10
Pobre   Buena

Grado en el que el proveedor ha demostrado su compromiso inequívoco con el negocio y los objetivos del cliente, en los que centra su atención.

(iv) Altos niveles de calidad y servicio

0 1 2 3 4 5 6 7 8 9 10
Pobre   Buena

Grado en el que el proveedor fija para sí mismo, y alcanza, niveles de servicio y calidad por encima de los que probablemente requieran sus clientes.

(v) Ética

0 1 2 3 4 5 6 7 8 9 10
Pobre   Buena

Grado en el que el proveedor ha fijado, y mantiene, normas de comportamiento y códigos de práctica que regulan y vigilan el comportamiento ético de la empresa y su personal.

(vi) Mantenimiento de la reputación/orgullo por la empresa

0 1 2 3 4 5 6 7 8 9 10
Pobre   Buena

Grado en el que el proveedor demuestra tener conciencia de su reputación comercial y el deseo de dedicar un esfuerzo considerable para mantenerla.

(vii) Mantenimiento de la cultura empresarial

0 1 2 3 4 5 6 7 8 9 10
Pobre   Buena

Grado en el que el proveedor tiene una fuerte identidad cultural y cuenta con firmes procesos empresariales para mantenerla y desarrollarla.

Énfasis empresarial

(i) Clientes

0 1 2 3 4 5 6 7 8 9 10
Pobre   Buena

Grado en el que el proveedor ha centrado sus procesos empresariales y sus ideas de gestión en las necesidades del cliente hasta el punto de que los clientes sean concientes de esa atención y noten sus efectos.

(ii) Personal

0 1 2 3 4 5 6 7 8 9 10
Pobre   Buena

Grado en el que el proveedor ha establecido políticas que aseguran un efectivo desarrollo del personal que apoye tanto a su negocio como a las necesidades de los clientes.

(iii) Realización   0 1 2 3 4 5 6 7 8 9 10
                                                                     Pobre   Buena

Grado en el que el proveedor ha fijado una clara atención en la
realización de servicios o proyectos hasta el punto en el que los
clientes comprenden los mecanismos de realización y tienen
confianza en el control que la asegura y en los sistemas de
ajustes.

(iv) Innovación   0 1 2 3 4 5 6 7 8 9 10
                                                                     Pobre   Buena

Grado en el que el proveedor ha demostrado su capacidad y su
disposición a buscar y aplicar soluciones innovadoras, incluso
hasta el punto en el que la solución propuesta caiga fuera de la
gama de servicios ofrecidos por el proveedor

(v) Beneficios/accionistas   0 1 2 3 4 5 6 7 8 9 10
                                                                     Pobre   Buena

Grado en el que el proveedor ha demostrado su tendencia a
anteponer sus requisitos de beneficios a las necesidades de los
clientes, más que a obtener beneficios simplemente cumpliendo
con las necesidades de los clientes.

(vi) Calidad (apoyada por sólidas auditorías)   0 1 2 3 4 5 6 7 8 9 10
                                                                     Pobre   Buena

Grado en el que el proveedor se ha comprometido, o no, con
niveles de calidad demostrables y un abierto sistema de
auditorías para mantener dicha calidad.

Capacidad de respuesta

(i) Velocidad de respuesta   0 1 2 3 4 5 6 7 8 9 10
                                                                     Pobre   Buena

Grado en el que el proveedor responde a aspectos y requisitos
dentro de parámetros acordados y sin discusión.

(ii) Disposición a adaptarse   0 1 2 3 4 5 6 7 8 9 10
                                                                     Pobre   Buena

Grado en el que el proveedor es capaz de reaccionar de forma
favorable a cambios en las circunstancias o el requisito.

(iii) Disposición a sufrir inconvenientes   0 1 2 3 4 5 6 7 8 9 10
                                                                     Pobre   Buena

Grado en el que el proveedor ha demostrado su capacidad para
absorber, de buen talante, una cantidad razonable de trabajo no
planificado o para compensar las deficiencias del cliente.

Confianza

(i) Necesidad de supervisión/dirección 　　　　　　0 1 2 3 4 5 6 7 8 9 10
　　　　　　　　　　　　　　　　　　　　　　　　Pobre　　　Buena

Grado en el que el proveedor requiere la supervisión o una
indebida aportación directiva del cliente.

(ii) Realización comparada con calendarios acordados 　0 1 2 3 4 5 6 7 8 9 10
　　　　　　　　　　　　　　　　　　　　　　　　Pobre　　　Buena

Grado en el que el proveedor cumple con el servicio acordado
o con los calendarios de realización del proyecto.

(iii) Realización a costes acordados 　　　　　　　0 1 2 3 4 5 6 7 8 9 10
　　　　　　　　　　　　　　　　　　　　　　　　Pobre　　　Buena

Grado en el que el proveedor observa los parámetros de costes
acordados.

(iv) Realización según normas de calidad 　　　　　0 1 2 3 4 5 6 7 8 9 10
　　　　　　　　　　　　　　　　　　　　　　　　Pobre　　　Buena

Grado en el que el proveedor cumple con las normas de calidad
aceptadas.

Estabilidad

(i) Valores estables/énfasis/capacidad de respuesta/confianza 　0 1 2 3 4 5 6 7 8 9 10
　　　　　　　　　　　　　　　　　　　　　　　　Pobre　　　Buena

Grado en el que el proveedor mantiene resultados estables en
los atributos relacionados con valores, énfasis empresarial,
capacidad de respuesta y confianza.

(ii) Ciclos cortos para personal clave 　　　　　　0 1 2 3 4 5 6 7 8 9 10
　　　　　　　　　　　　　　　　　　　　　　　　Pobre　　　Buena

Grado en el que el proveedor cambia a los directivos más
antiguos que tratan con los clientes dentro de un ciclo de
dieciocho meses.

(iii) Prestación del servicio estable 　　　　　　　0 1 2 3 4 5 6 7 8 9 10
　　　　　　　　　　　　　　　　　　　　　　　　Pobre　　　Buena

Grado en el que el proveedor mantiene la prestación del servicio
estable dentro de los niveles acordados.

Sección 2: Capacidad de reestructuración

La 'Capacidad de reestructuración' se refiere a la capacidad de los proveedores de realizar cambios organizativos y tecnológicos dentro del entorno del cliente que produzcan mejores resultados. Se examinará bajo los siguientes epígrafes generales:

Evidencia de haber logrado mejores resultados
Indicación de haber logrado mejores resultados, bajo los siguientes encabezamientos:

* Reducción del ciclo de un desarrollo importante.
* Reducción de errores.
* Reducción del coste unitario de producción.
* Mejor satisfacción del usuario con el proceso de desarrollo.

Grado en el que el proveedor depende de un enfoque/herramientas
Grado en el que el proveedor ofrece oportunidades de explotar nuevas tecnologías

Evidencia de haber logrado mejores resultados

(i) Reducción del ciclo de un desarrollo importante   0 1 2 3 4 5 6 7 8 9 10
                                                                   Pobre   Buena

Grado en el que se alcanzaron las metas o se cumplieron las
expectativas fijadas para reducir el ciclo de desarrollos
importantes.

(ii) Reducción de errores   0 1 2 3 4 5 6 7 8 9 10
                                                                   Pobre   Buena

Grado en el que se alcanzaron las metas o se cumplieron las
expectativas fijadas para reducir errores posteriores a la
implementación.

(iii) Reducción del coste unitario de producción   0 1 2 3 4 5 6 7 8 9 10
                                                                   Pobre   Buena

Grado en el que alcanzaron las metas o se cumplieron las
expectativas fijadas para reducir el coste unitario de producción.

(iv) Mejor satisfacción del usuario con el producto entregado   0 1 2 3 4 5 6 7 8 9 10
                                                                   Pobre   Buena

Grado en el que se ha cumplido con los requisitos del usuario.

Grado en el que el proveedor depende de un enfoque/herramientas

Grado en el que el proveedor depende y promociona un conjunto de herramientas de productividad y metodología.

0 1 2 3 4 5 6 7 8 9 10
Pobre   Buena

De una puntuación más alta si el proveedor es capaz de respaldar una gama de herramientas y metodologías.
De una puntuación baja si tanto los proyectos grandes como los pequeños se tienen que adaptar a las mismas herramientas y técnicas
De una puntuación baja si no se aplica una metodología estable.
De una puntuación neutral (5) si llevó a cabo un proyecto y se basó en las herramientas y tecnologías ofrecidas para seleccionar a su proveedor.
No otorgue puntuación si le falta experiencia (por ejemplo, sólo un proyecto realizado).

Grado en el que el proveedor ofrece oportunidades de explotar nuevas tecnologías

[Desarrollar según requisitos específicos]

Sección 3: Capacidad de integración

La 'Capacidad de integración' se refiere a la capacidad de los proveedores de gestionar con éxito proyectos de integración de sistemas con un coste, durante toda la vigencia del contrato, del orden de los [70] a [140] millones de dólares. Se examinará bajo los siguientes epígrafes generales:

Grado en el que se han cumplido los proyectos
- Dentro de la escala de tiempo.
- Dentro del presupuesto.
- A satisfacción del usuario.

Grado en el que los proyectos realizados
- son fáciles de mantener.
- han sido integrados con otros sistemas
- incorporan productos en existencia.
- hacen posible las operaciones y el trabajo entre empresas.
- demuestran adecuación a las normas.
- son ajustables.

(i) Grado en el que los proyectos se cumplieron en el tiempo fijado

0 1 2 3 4 5 6 7 8 9 10
Pobre   Buena

(ii) Grado en el que los proyectos se cumplieron dentro
del presupuesto.

0 1 2 3 4 5 6 7 8 9 10
Pobre   Buena

(iii) Grado en el que los proyectos se cumplieron a satisfacción
del usuario.

0 1 2 3 4 5 6 7 8 9 10
Pobre   Buena

(iv) Grado en el que los proyectos han sido fáciles de mantener
y enmendar.

0 1 2 3 4 5 6 7 8 9 10
Pobre Buena

*No otorgue puntuación en los casos siguientes si el proveedor
no tuvo oportunidad de mostrar su capacidad.*

(v) Grado en el que los proyectos han sido integrados con
otros sistemas ya existentes en su organización

0 1 2 3 4 5 6 7 8 9 10
Pobre   Buena

(vi) Grado en el que el proveedor puede recomendar productos
en existencia y ha estado dispuesto a discutir con los
usuarios los beneficios de las soluciones 80:20.

0 1 2 3 4 5 6 7 8 9 10
Pobre   Buena

(vii) Grado en el que el proveedor promueve normas relevantes
y aplica la adecuación para facilitar el trabajo entre empresas

0 1 2 3 4 5 6 7 8 9 10
Pobre   Buena

(viii) Grado en el que el proveedor se ajusta a las normas acordadas

0 1 2 3 4 5 6 7 8 9 10
Pobre   Buena

(ix) Grado en el que se han podido ajustar las soluciones
técnicas a proyectos más grandes sin mayores
modificaciones.

0 1 2 3 4 5 6 7 8 9 10
Pobre   Buena

Sección 4: Habilidad para gestionar programas de cambio a gran escala

La 'Habilidad para gestionar programas de cambio a gran escala' se refiere a
la habilidad de los proveedores de gestionar programas a gran escala de cambios organizativos y culturales dentro de organizaciones adquiridas mediante
un acuerdo de outsourcing.

Por favor haga una lista de sus objetivos 'de cambio' e indique
el grado en el que se han logrado

Objetivo 1 _____ 0 1 2 3 4 5 6 7 8 9 10
          _____ Pobre   Buena

Objetivo 2 _____ 0 1 2 3 4 5 6 7 8 9 10
          _____ Pobre   Buena

Objetivo 3 _____ 0 1 2 3 4 5 6 7 8 9 10
          _____ Pobre   Buena

Objetivo 4 _____ 0 1 2 3 4 5 6 7 8 9 10
          _____ Pobre   Buena

Objetivo 5 _____ 0 1 2 3 4 5 6 7 8 9 10
          _____ Pobre   Buena

Objetivo 6 _____ 0 1 2 3 4 5 6 7 8 9 10
          _____ Pobre   Buena

Por favor indique, hasta cierto punto, la complejidad de los
cambios requeridos señalando aproximadamente:

- el número de empleados afectados por el cambio   _____

Sección 5: Habilidad para apoyar entornos con vendedores múltiples

La 'Habilidad para apoyar entornos con vendedores múltiples' se refiere a
la habilidad del proveedor de gestionar y apoyar entornos que contienen una
amplia gama de equipamientos y sistemas que provienen de diferentes produc-
tores.

(i) Por favor indique el número total de vendedores apoyados   Vendedores totales
en su nombre por su proveedor.

(ii) Por favor indique el máximo número de vendedores   Vendedores máximos
apoyados en su nombre por su proveedor en la realización
de un servicio operativo cualquiera.

(iii) Por favor indique el máximo número de vendedores que   Vendedores máximos
trabajan según una norma común.

(iv) Por favor indique si su proveedor apoya productos con
distintas normas.

(v) Resultados generales en comparación con los acuerdos de
nivel de servicio

Grado en el que el proveedor presta servicios operativos
dentro de los niveles de servicio acordados.

0 1 2 3 4 5 6 7 8 9 10
Pobre   Buena

Grado en el que el proveedor presta servicios de desarrollo
dentro de los niveles de servicio acordados

0 1 2 3 4 5 6 7 8 9 10
Pobre   Buena

Grado en el que el proveedor le proporciona facilidades
para controlar la prestación rutinaria del servicio

0 1 2 3 4 5 6 7 8 9 10
Pobre   Buena

Grado en el que el proveedor le proporciona facilidades
para controlar la realización de proyectos

0 1 2 3 4 5 6 7 8 9 10
Pobre   Buena

Sección 6: Gestión de entornos operativos a gran escala

'Habilidad para gestionar entornos operativos a gran escala y de sedes múltiples'

(i) Grado en el que los servicios operativos se proporcionan
dentro de los niveles de servicio acordados

0 1 2 3 4 5 6 7 8 9 10
Pobre   Buena

(ii) Grado en el que los servicios operativos se proporcionan
dentro de los presupuestos acordados

0 1 2 3 4 5 6 7 8 9 10
Pobre   Buena

Fin del cuestionario
Muchas gracias nuevamente por su ayuda

Firmado:

Cargo en la empresa:

Fecha:

Apéndice C:
Resumen del proceso
de gestión contractual

La intención de este apéndice es proporcionar un resumen de alto nivel que describa las características operativas de la gestión contractual y que se pueda usar para guiar e informar al desarrollo de sus procesos y mecanismos. En este contexto, gestión contractual es un término colectivo que incluya tanto el equipo de gestión del contrato como los procesos que éste dirige.

Cabe destacar que se deben hacer todos los esfuerzos necesarios para que los procesos de gestión del contrato sean lo más sencillos posibles, ya que su propósito es controlar e informar sobre resultados más que intenter dirigir al proveedor con detalle. Por lo tanto, no todos los mecanismos que siguen serán necesarios.

Enfoque del desarrollo

Cada macro- y sub-proceso debe llevar un identificador exclusivo. Para cada sub-proceso se debe generar un documento y referenciarlo con el macro-proceso original. La colección de documentos de sub-procesos relacionados se cotejan y ordenan en un documento compuesto que describe cada macro-proceso.

A continuación debe prepararse una hoja de control, en la que aparezcan todos los documentos que se tienen que generar, su número de referencia, autor y fecha de entrega. Dicha hoja de control será el medio principal para controlar los avances.

El resumen general descrito aquí se puede desarrollar más detalladamente para reflejar las partes constituyentes de cada sub-proceso y luego ajustarlo para tomar en cuenta la practicidad operativa y las escalas de tiempo operativas.

Ejemplo de declaración de misión de la gestión contractual

La gestión contractual jugará un papel neutral pero preciso para fomentar e iniciar acciones dentro de la relación, conduciendo procesos que están pensados para eliminar la planificación inadecuada y estimular un funcionamiento del contrato sin ambigüedades y con beneficios mutuos.

Macro-procesos

Hay quince procesos interrelacionados, que a su vez, se subdividen en sub-procesos, tareas y actividades. Los macro-procesos, con sus números de referencia, son los siguientes (ver también Figura C.1):

- Gestión requisito de recursos (MP/01)
- Control de actividades (MP/02)
- Control de costes (MP/03)
- Control de cambios (MP/04)
- Control costes unitarios (MP/05)
- Mejora de resultados (MP/06)
- Administración (MP/07)
- Seguimiento desarrollo personal cedido (MP/08)
- (MP/09) [No usado para los propósitos de este apéndice]
- Respuesta a la información sobre actividades y ajustes (MP/10)
- Permitir acceso auditoría (MP/11)
- Seguir y vigilar uso de activos por terceros (MP/12)

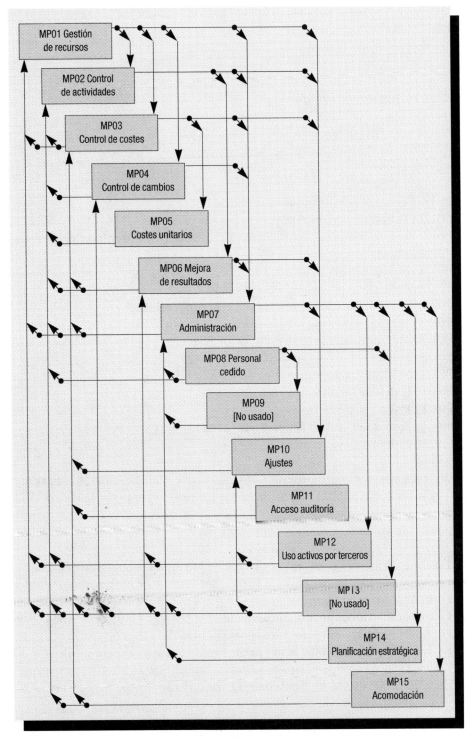

Figura C.1 Relaciones operativas de los macro-procesos

- (MP/13) [No usado para los propósitos de este apéndice)
- Planificación estratégica (MP/14)
- Acomodación (MP/15)

Gestión requisito de recursos

Referencia: MP01/Figura C.2

Sub-procesos:

- SP01.1 Registrar presupuestos asignados
- SP01.2 Confirmar planes comprometidos
- SP01.3 Revisar requisito de recursos para el período dentro del CE (cargo estándar)
- SP01.4 Valorar futuro requisito CE/CSA (cargo estándar/cargo servicio adicional)
- SP01.5 Confirmar y comprometer CE con proveedor
- SP01.6 Procesar solicitud para consumir recurso
- SP01.7 Sancionar trabajo con proveedor
- SP01.8 Controlar CE consumido
- SP01.9 Resolver insuficiencias de recursos del proveedor
- SP01.10 Calcular factura esperada
- SP01.11 Pre-pago de facturas
- SP01.12 Sancionar nuevo acuerdo de servicio
- SP01.13 Calcular el techo del CE

Este proceso inicia y mantiene los aspectos de planificación presupuestaria de la gestión contractual. Se registran los fondos asignados y la dirección del contrato requiere previsiones de recursos que establezcan los compromisos existentes y los planes para nuevos requisitos.

1. Los que dirigen el contrato reciben y registran las asignaciones presupuestarias para el ciclo de planificación siguiente, lo que permite establecer comparaciones entre presupuestos asignados y compromisos futuros.
2. La dirección del contrato confirma los recursos ya comprometidos y solicita planes nuevos y enmendados desde dentro del cliente.
3. Se registran los cambios a los planes existentes (comprometidos) y a los futuros para cada proyecto o servicio, identificando los recursos que se necesitan. Se establece la demanda total de recursos. Si aparece alguna

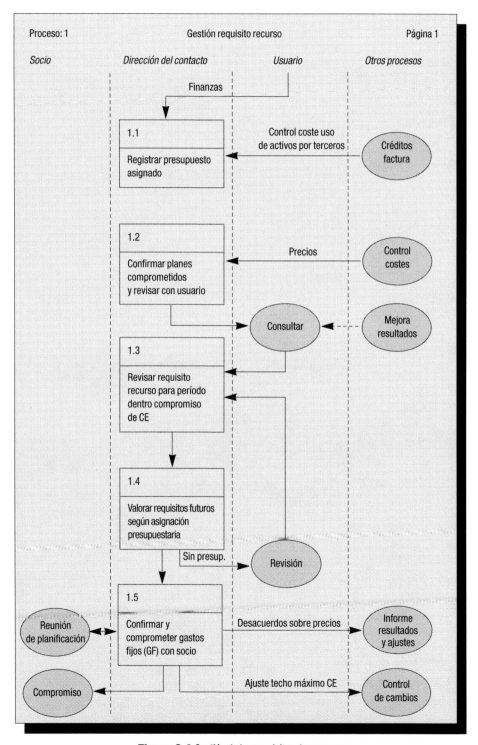

Figura C.2 Gestión de los requisitos de recursos

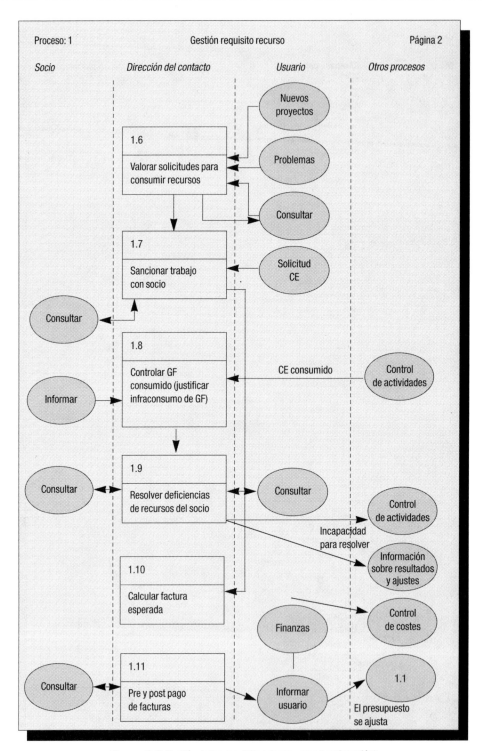

Figura C.2 Gestión de los requisitos de recursos (continuación)

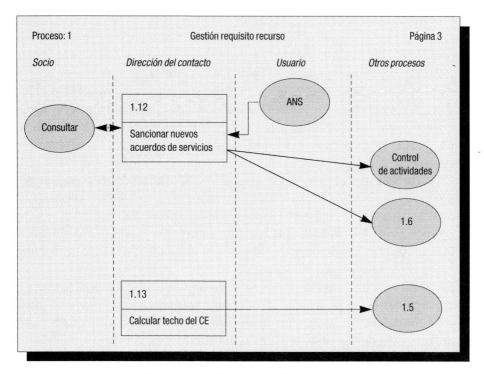

Figura C.2 Gestión de los requisitos de recursos

anomalía, la dirección del contrato estudiará la situación con los usuarios implicados para resolver el problema.

4. La dirección del contrato revisa los planes para el período durante el cual se tiene un compromiso con el proveedor, valora las solicitudes para utilizar recursos y controla que haya suficiente presupuesto disponible. Se le puede pedir al solicitante que retrase su requerimiento para encontrar una solución más coste efectiva. La dirección del contrato también decide ofrecer o no un CE para circunstancias imprevistas

5. Una vez determinado el total de requisitos de recursos, la dirección del contrato expresará la demanda en forma de compromiso futuro de CE con el proveedor. La dirección del contrato también se comprometerá a CSA según sea apropiado.

6. Algunos planes presentados con un año de antelación contendrán trabajo especulativo para su aprobación. La dirección del contrato debe asegurarse de que el proveedor pueda facturar sólo por trabajo aprobado y que cualquier recurso destinado a proyectos abandonados a continuación se reorienta de forma sensata.

7. La dirección del contrato se habrá comprometido a utilizar recursos específicos como parte del compromiso de CE/CSA. Cerca del momento en el que se proveerá el recurso, los gestores del contrato deben comunicarle al proveedor qué trabajo se ha de llevar a cabo con dicho recurso.

8. El proveedor debe informar qué CE ha sido aplicado hasta la fecha. La dirección del contrato determinará la razón de cualquier infraconsumo. Si el proveedor, por el motivo que sea, no puede proporcionar el recurso necesario, la dirección del contrato consultará tanto con el proveedor como con el usuario para buscar una solución.

9. En el caso de que el proveedor no pudiera aportar el recurso requerido, la dirección del contrato solicitará que se aporte en una fecha futura, o acordará un ajuste al CE o aceptará una solución alternativa.

10. La dirección del contrato calculará la factura esperada por recurso comprometido y pasará los detalles al proceso de control de costes, para que la compare con la factura del socio.

11. En ciertas circunstancias, puede contarse con fondos adicionales que no se anticipaban en la planificación presupuestaria original. La dirección del contrato puede negociar términos especiales con el proveedor a cambio del pre-pago del recurso ya comprometido.

12. Se anticipa que, por mutuo acuerdo, puedan haber cambios en los acuerdos sobre niveles de servicio, y el proceso de gestión del requisito de recursos se usará para sancionar esos nuevos acuerdos sobre niveles de servicio (ANS), asegurándose de que se pueden medir y controlar.

13. Los acuerdos para fijar el techo máximo de los cargos del contrato, si hace falta, pueden requerir que la dirección del contrato preste atención a los movimientos de volumen y eficacia y al efecto resultante sobre la carga de trabajo. La dirección del contrato también debería asegurarse de que los ajustes que se hagan a los cargos como resultado de haber acordado sus techos máximos se produzcan en los niveles correctos.

Control de actividades

Referencia: MP02/Figura C.3

Sub-procesos:

- SP02.1 Recibir y registrar temas sobre actividades
- SP02.2 Valorar temas e iniciar acción apropiada

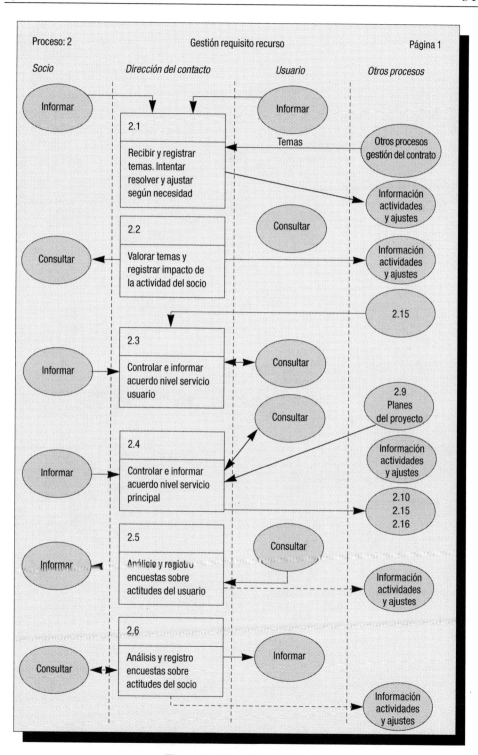

Figura C.3 Control de actividades

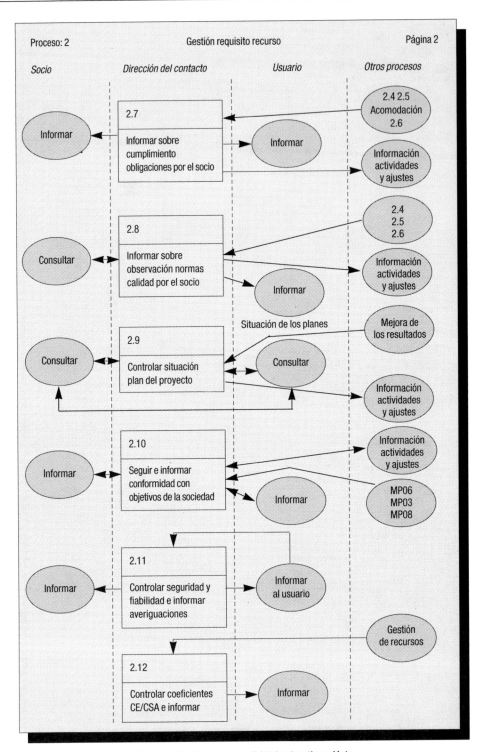

Figura C.3 Control de actividades (continuación)

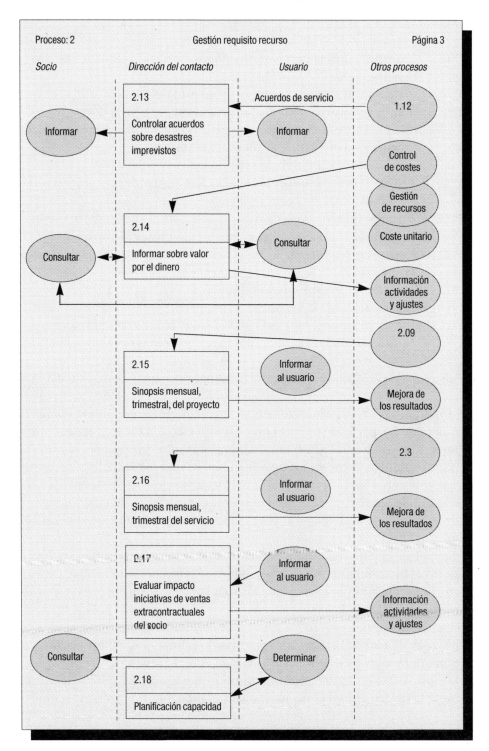

Figura C.3 Control de actividades (final)

- SP02.3 Controlar e informar las estadísticas acuerdos de nivel de servicios del usuario
- SP02.4 Controlar e informar las estadísticas acuerdos principales de nivel de servicios
- SP02.5 Análisis y registro encuestas sobre actitud del usuario
- SP02.6 Análisis y registro encuestas sobre actitud del proveedor
- SP02.7 Informe sobre el cumplimiento de las obligaciones por el proveedor
- SP02.8 Informe de actividades según normas de calidad
- SP02.9 Controlar situación del plan del proyecto
- SP02.10 Informe sobre conformidad con los logros de los objetivos de la sociedad
- SP02.11 Informe de actividades según requisitos de seguridad y fiabilidad
- SP02.12 Registrar e informar sobre coste de planificación imperfecta
- SP02.13 Controlar e informar sobre actividades ante requisitos de desastres eventuales
- SP02.14 Informe sobre 'valor por el dinero'
- SP02.15 Informar sinopsis del proyecto mensual, trimestral y anualmente
- SP02.16 Informar sinopsis del servicio mensual, trimestral y anualmente
- SP02.17 Controlar iniciativas de ventas extraordinarias del proveedor

Este macro-proceso reúne y ordena la información sobre la actuación del socio.

1 - 2. Cualquier tema relacionado con la actividad que sea de interés para cualquiera de las partes se incluirá en este proceso, y la dirección del contrato intentará resolver el problema. Cuando resulte apropiado, la cuestión podrá pasarse a los procesos de información sobre actividades y de ajuste.

3 - 4 La adhesión a los acuerdos sobre niveles de servicio (ANS), principal o del usuario, se controlará aquí, y cualquier incumplimiento a cualquiera de los tipos de acuerdo podrá remitirse a ajustes, donde la severidad del problema dictará la acción requerida.

5 - 6 Se realizarán encuestas para determinar si se perciben problemas con respecto al funcionamiento de la sociedad. Se adoptará un enfoque de evolución a la relación para evitar que las irritaciones se transformen en problemas significativos.

7 - 8 La actuación del proveedor en el cumplimiento de las obligaciones contractuales y en la adhesión a las normas de calidad será comprobada. Cualquier deficiencia será informada al proveedor y al cliente.

9. Los proyectos en marcha serán controlados y los planes del proyecto pasarán a la dirección del contrato para su evaluación. Las preocupaciones de

cualquier tipo se pueden comunicar al proveedor para su temprana resolución, y los problemas serios pasarán a los procesos de información sobre actividades y ajustes.

10. Se valorarán y se informarán los avances que se hagan hacia los objetivos principales de la sociedad.

11. Se informará sobre las acciones del proveedor para alcanzar los objetivos de fiabilidad y respetar los acuerdos de seguridad.

12. Se controlará muy de cerca el consumo de recursos de CE y CSA, junto con el efecto de los acuerdos de planificación bajo gestión de recursos para determinar el coeficiente exacto de compras. Se crearán informes que darán a conocer los procesos de planificación previos a un comité de compras e identificarán el alcance de cualquier planificación imperfecta.

13. Se controlará y se informará sobre las acciones del proveedor para hacer frente a los requisitos ante desastres imprevistos

14. Se recibirán y valorarán medidas de otros procesos para determinar si el cliente está recibiendo 'valor por el dinero' de la relación.

15 - 16 Se crearán informes mensuales/trimestrales para reflejar la situación del proyecto y del servicio.

17. Cualquier iniciativa de venta directa del proveedor se vigilará estrechamente para establecer su efecto sobre la relación. Los problemas que creen dichas iniciativas se darán a conocer y los detalles podrán pasar a los procesos de información de actividades y de ajustes para que se tomen las acciones pertinentes.

18. La dirección del contrato se asegurará de contar con una visión completa de la cantidad y la disposición de capacidad procesadora para ayudar a la toma de decisiones de la dirección y a otros procesos de la gestión del contrato.

Control de costes

Referencia: MP03/Figura C.4

Sub-procesos:

- SP03.1   Calcular márgenes brutos y determinar ganancias por actividad
- SP03.2   Acordar ganancias por actividad
- SP03.3   Rebajar ganancias por actividad al usuario (por cobrar mucho)
- SP03.4   Calcular el margen buscado

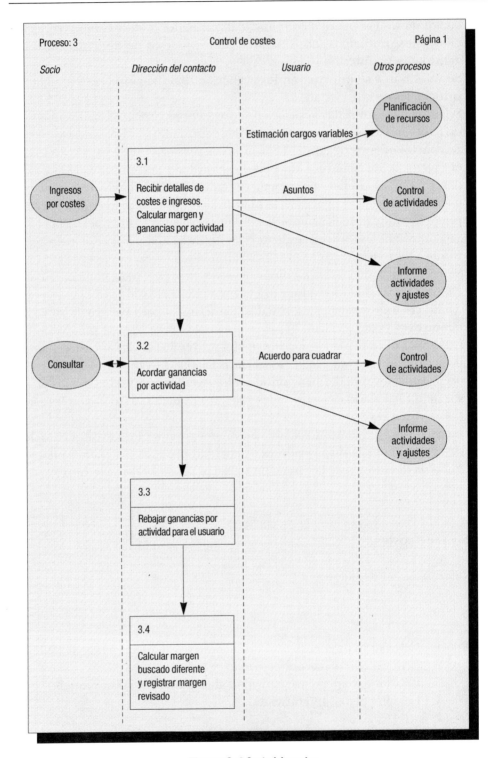

Figura C.4 Control de costes

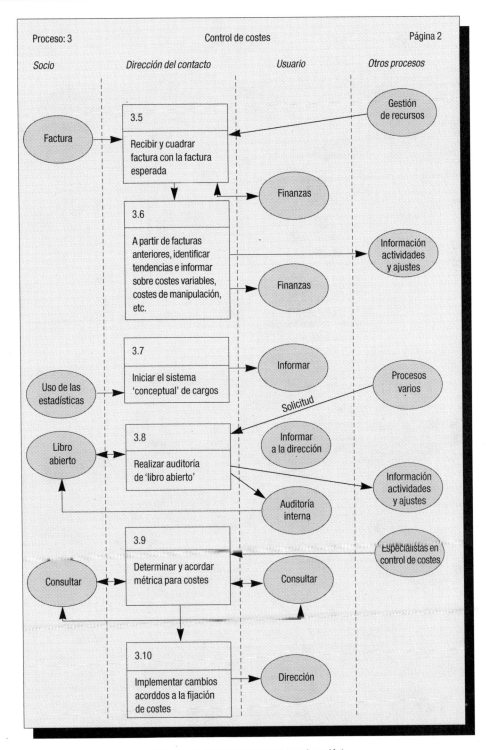

Figura C.4 Control de costes (continuación)

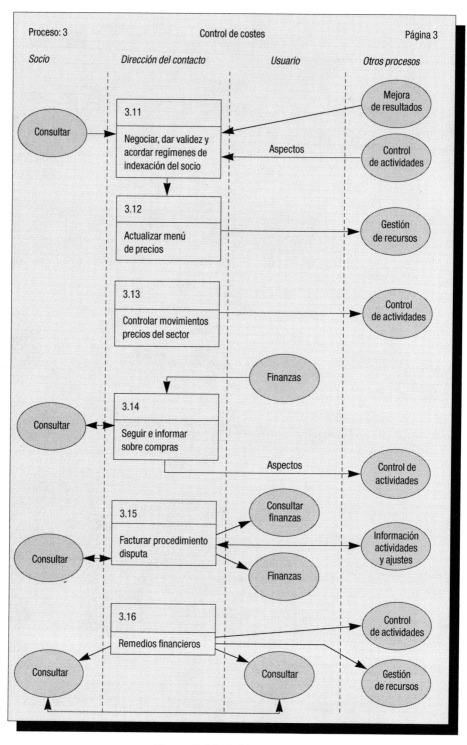

Figura C.4 Control de costes (final)

- SP03.5 Recibir factura y cuadrar con el valor de la factura esperada
- SP03.6 A partir de facturas anteriores, determinar tendencias e informar sobre costes variable, gastos de manipulación y costes de educación
- SP03.7 Establecer sistema de cobros 'conceptual'
- SP03.8 Dirigir investigación bajo sistema de 'libro abierto'
- SP03.9 Evaluar cambios a métricos
- SP03.10 Implementar cambios acordados a métricos
- SP03.11 Evaluar potencial para cambio de precio
- SP03.12 Mantener 'menú' de precios
- SP03.13 Controlar movimientos de precios del sector
- SP03.14 Seguir e informar sobre compras
- SP03.15 Facturar procedimiento disputa
- SP03.16 Remedios financieros

Este macro-proceso controla el coste-efectividad de la sociedad.

1. Cuando existe una política de 'libro abierto', es responsabilidad del socio pasar los detalles sobre costes e ingresos a la dirección del contrato, de modo que los gestores puedan comparar el margen real con el buscado. Además, se tendrán en cuenta las fluctuaciones mensuales para determinar cualquier posible anomalía.
2. A partir de estos cálculos, se pueden determinar y acordar las ganancias por actividad con el proveedor.
3. Calcular ganancias por actividad a pasar a los usuarios.
4. Si hace falta, la dirección o gestión del contrato calculará y acordará con el proveedor márgenes buscados diferentes y los registrará para usarlos como futura referencia.
5. Cuando se recibe la factura del proveedor, la dirección del contrato comparará los detalles con la predicción hecha por el macro-proceso 1 (Gestión requisito de recursos) y hará las preguntas que crea necesarias sobre dicha factura.
6. La dirección del contrato informará sobre tendencias de la facturación y tendencias en los cargos variables. Además, comentará la exactitud de las estimaciones de cargos variables que proporciona el proveedor.
7. La dirección del contrato controlará la producción por parte del proveedor de información conceptual (precios altos) dirigida a los usuarios afectados.
8. La dirección del contrato facilitará la auditoría del proveedor, que se llevará a cabo junto con la auditoría interna a través de un programa planificado, haciendo provisiones para 'circunstancias excepcionales' a medida que aparecen.

9/10 Consultando con el proveedor y el usuario, la dirección del contrato acordará la métrica a aplicar al derivar costes por un trabajo concreto para asegurar un rendimiento equilibrado del trabajo realizado.

11/12 El proveedor puede solicitar incrementos de indexación para cualquier recurso y la dirección del contrato verificará que la solicitud sea razonable. Si se decide aceptar la revisión, después de hacer consultas, los cambios quedarán reflejados en el 'menú' de precios.

13. La dirección del contrato obtendrá detalles de los precios del sector y los comparará periódicamente con los que cobra el proveedor. La información obtenida pasará al proceso de control de actividades.

14. La dirección del contrato cuadrará las compras hechas por el proveedor en nombre del cliente y los cargos presentados por dichas compras.

15. La dirección del contrato tendrá la responsabilidad de formular preguntas sobre las facturas y de resolver los problemas. Si no se puede encontrar una solución, los gestores del contrato ajustarán el tema por el camino más apropiado.

16. La dirección del contrato tendrá la responsabilidad de calcular el montante de los remedios financieros debidos al cliente como resultado de una pobre actividad del proveedor (si es que hubo alguna), y de acordar las cantidades con el proveedor. Si no se puede llegar a un acuerdo, la dirección del contrato ajustará la cuestión de la forma más apropiada.

Control de cambios

Referencia: MP04/Figura C.5

Sub-procesos:

* SP04.1 Recibir y registrar solicitudes de cambios
* SP04.2 Evaluar el impacto del cambio solicitado
* SP04.3 Obtener decisión sobre el cambio requerido
* SP04.4 Implementar rechazo
* SP04.5 Implementar aceptación y actualizar contrato
* SP04.6 Mantener registros del cambio requerido y actualizar ficheros

Este proceso apoya cambios en el contrato, recibiendo solicitudes directamente del proveedor o del usuario, o indirectamente vía otros procesos.

1. La dirección del contrato recibe solicitudes de cambios y verifica su fuente. Las solicitudes válidas se registran y las no válidas se rechazan.

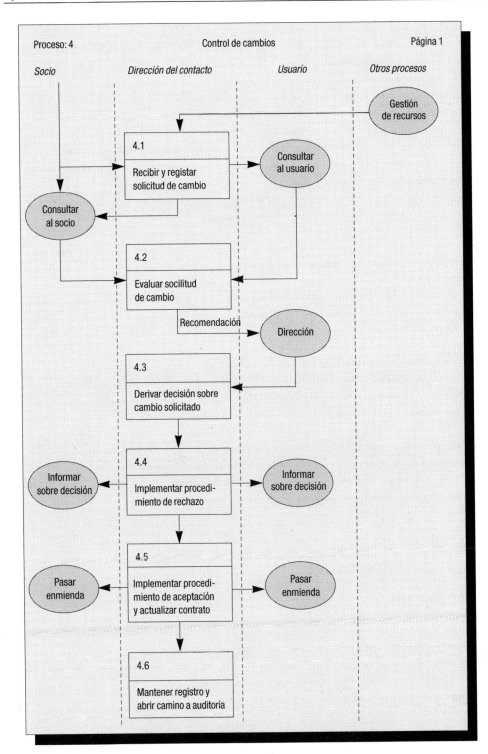

Figura C.5 Control de cambios

2. Las solicitudes se discuten y se evalúan, pasándose las recomendaciones resultantes a la autoridad sancionadora pertinente. Cualquiera que sea el resultado, aceptación o rechazo, se informa de la decisión tanto al proveedor como al usuario.
3. La dirección del contrato se encarga de que todas las solicitudes reciban atención y de que se tome una decisión.
4/5 La aceptación de una solicitud inicia una actualización del contrato, enviándose copias de todas las enmiendas al proveedor y el cliente. Del mismo modo, todas las partes interesadas son informadas si una solicitud ha sido rechazada.
6. La dirección del contrato mantiene registros de todos los cambios efectuados al contrato y de la razón de los mismos.

Control de costes unitarios

Referencia: MP05/Figura C.6

Sub-procesos:

- SP05.1 Calcular costes unitarios proveedor
- SP05.2 Informar coste unitario por recurso y hacer análisis de tendencias
- SP05.3 Calcular costes unitario usuario
- SP05.4 Informar coste unitario calculado por recurso y tendencia

Este proceso supervisa el avance hacia la meta del cliente de alcanzar un [x por ciento] de reducción del coste unitario durante los primeros [y] años de la relación. Además, dará base a los debates sobre productividad y a las comparaciones de valor en contraste con organizaciones externas.

Mejora de resultados

Referencia: MP06/Figura C.7

Sub-procesos

- SP06.1 Solicitar y recibir planes para obtener mejores resultados
- SP06.2 Analisas planes para obtener mejores resultados
- SP06.3 Hacer avanzar los planes a través de los procesos de aprobación
- SP06.4 Controlar implementación plan de mejoras
- SP06.5 Cuadrar beneficio real con beneficio previsto

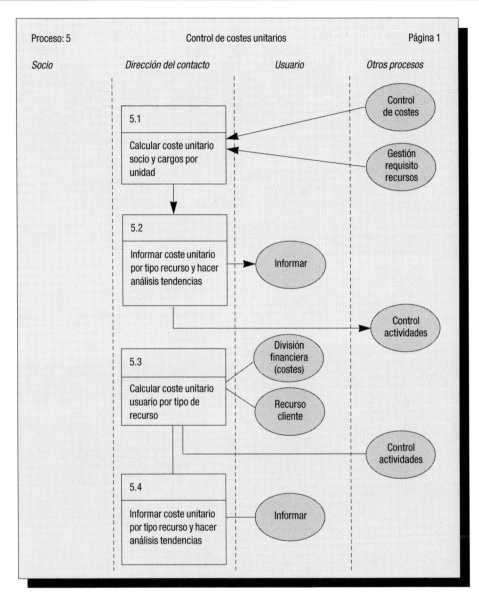

Figura C.6 Control de costes unitarios

Este proceso recibe estadísticas de otros procesos así como sugerencias de parte del proveedor y de la comunidad de usuarios sobre los posibles enfoques para mejorar los resultados de la sociedad. Las sugerencias de mejoras se evalúan mediante consultas con ambas partes para determinar el potencial de un enfoque dado.

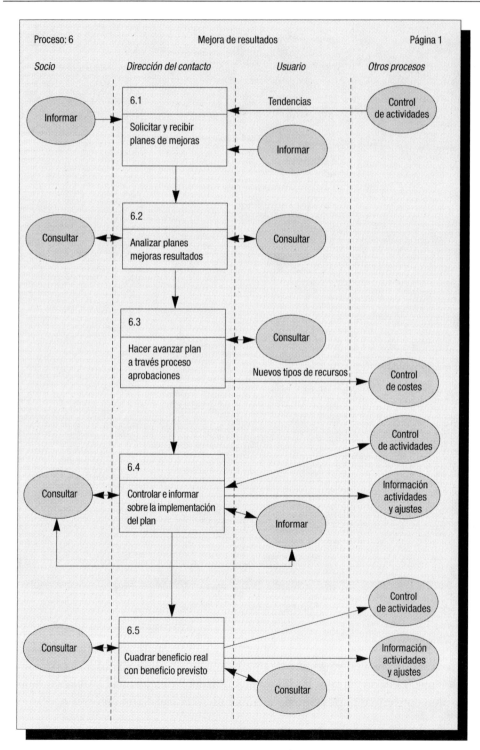

Figura C.7 Mejora de resultados

1. La dirección del contrato estimula ideas para obtener mejores resultados, las recibe y registra su existencia.
2. La dirección del contrato analiza los planes y determina si es posible que den beneficios y si el enfoque propuesto es practicable.
3. Si el enfoque se considera beneficioso y practicable, la dirección del contrato lleva el plan a través del proceso de aprobaciones departamentales.
4. Los avances y la implementación se controlan haciendo referencia al proceso de control de actividades.
5. La dirección del contrato sigue controlando el resultado del plan una vez que la implementación se ha completado, verificando que los beneficios esperados se han alcanzado y se siguen alcanzando.

Administración

Referencia: MP07/Figura C.8

Sub-procesos

- SP07.1 Mantener procedimientos gestión del contrato
- SP07.2 Informar sobre cualquier cambio a procedimientos gestión contrato
- SP07.3 Mantener diarios y registros de contactos
- SP07.4 Crear, mantener y distribuir material educativo sobre gestión contrato
- SP07.5 Mantener bibliotecas documentación e índices
- SP07.6 Crear, mantener y distribuir resúmenes, términos y obligaciones contrato
- SP07.7 [No usado]
- SP07.8 Administración de todas las reuniones organizadas por contrato
- SP07.9 Sub-proceso control integridad gestión del contrato

Este proceso proporciona un punto de coordinación para la distribución de resultados de otros procesos controlados por gestión contractual y para la administración del cambio dentro de procesos de gestión contractual. Este proceso debe ser el centro de mantenimiento de todos los detalles de distribución junto con las bibliotecas documentales y los sistemas de índices para eliminar una posible repetición y asegurar la integridad del material.

1-2 La dirección del contrato debe asegurar que los cambios en sus procedimientos están sujetos a las prácticas adecuadas de 'control de cambios'. El

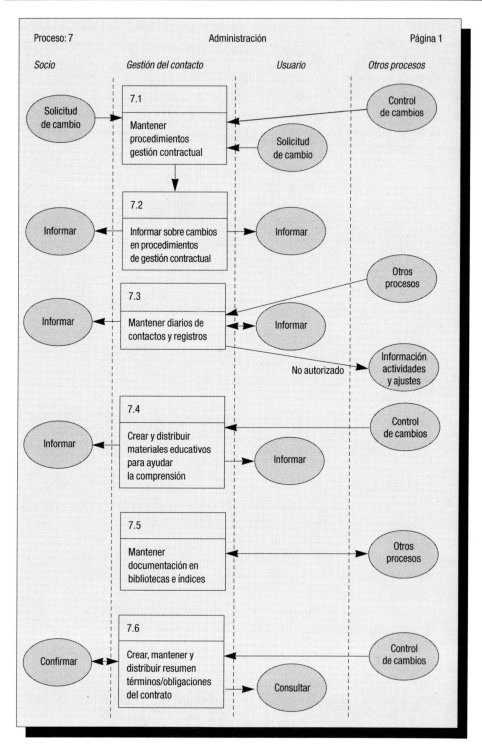

Figura C.8 Administración

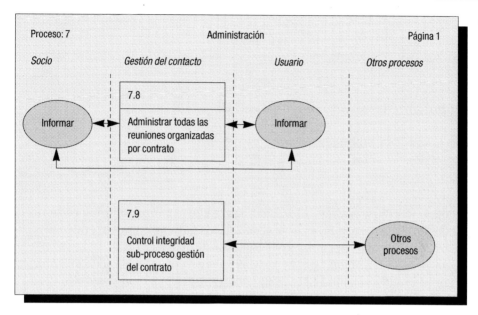

Figura C.8 Administración (final)

material educativo pertinente a la operación de gestión contractual que ha cambiado se tiene que crear y distribuir entre la sociedad.

3. La dirección del contrato debe mantener varios puntos de contacto y registros de sus procesos, lo que permitirá archivar y actualizar la información.

4. Se debe crear y distribuir el material educativo pertinente a la operación de la gestión contractual y al contrato en sí. Ésto incluye material educativo general e información específica para aquellos implicados en la gestión del contrato.

5. La dirección del contrato debe mantener varias bibliotecas o archivos relacionados con sus procesos, que deben estar indexados y contener referencias cruzadas.

6. La dirección del contrato debe hacer resúmenes del contrato y de las obligaciones de cada una de las partes utilizando un idioma claro y llano. Considerado estrictamente, ésto podría ser parte de la educación mencionada anteriormente, pero estará muy ligado con el procedimiento de cambio del contrato (MP04).

7. (MP07.7) [No usado]

8. Se proporcionarán servicios de secretaría para dar apoyo a todas las reuniones organizadas por contrato. Las actas se harán llegar a todos los integrantes de la lista de interesados.

9. La dirección del contrato debe revisar periódicamente sus procesos para asegurarse de que siguen siendo pertinentes. Además, los diarios de contactos y distribución se deben revisar para asegurarse de que están al día.

Seguimiento desarrollo personal cedido

Referencia: MP08/Figura C.9

Sub-procesos:

- SP08.1 Recibir y evaluar informe del proveedor sobre personal cedido
- SP08.2 Registrar tendencias y extraer datos para informe de evaluación
- SP08.3 Controlar mecanismo de intercambio de personal
  Este proceso controla que el proveedor esté cumpliendo con sus obligaciones contractuales relacionadas con el desarrollo del personal cedido.

1. La dirección del contrato recibe y evalúa el informe del socio sobre la disposición actual del personal transferido.
2. La dirección del contrato realiza un análisis de tendencias y extrae información para preparar el informe de evaluación.
3. La dirección del contrato controla el valor del personal que se intercambia entre ambas organizaciones.

Respuesta a la información sobre actividades y ajustes

Referencia: MP10/Figura C.10

Sub-procesos

- SP10.1 Recibir y registrar problemas a ajustar
- SP10.2 Evaluar problemas, establecer magnitud y determinar curso acción
- SP10.3 Iniciar acción reparadora y avanzar hacia solución

Este proceso reacciona ante problemas detectados por otros procesos que requieren acción y resolución.

1. Se reciben los problemas de otros procesos de gestión contractual que no se han podido resolver en otro lugar. Se anotan y comienza el primer proceso de ajuste.

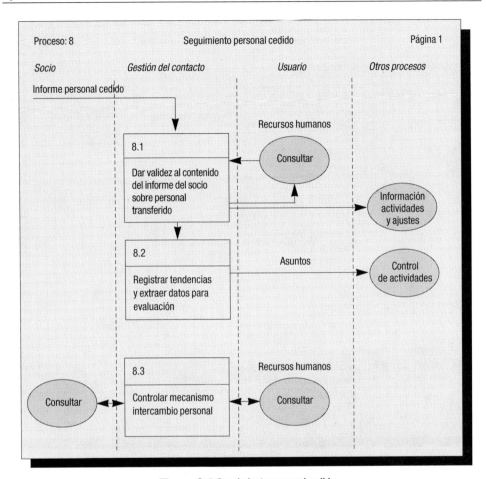

Figura C.9 Seguimiento personal cedido

2. Se examinan los problemas, se valora su importancia y la dirección del contrato se asegura de que toda la información pertinente esté disponible. Se escoge, entonces, el camino de ajuste más apropiado.
3. El camino de ajuste se iniciará donde resulte adecuado, y su control determinará si se ha encontrado una solución dentro de un lapso adecuado. Si no es así, se proseguirá con el ajuste. Una vez encontrada la solución al problema, se registrarán los resultados y se cerrará el proceso.

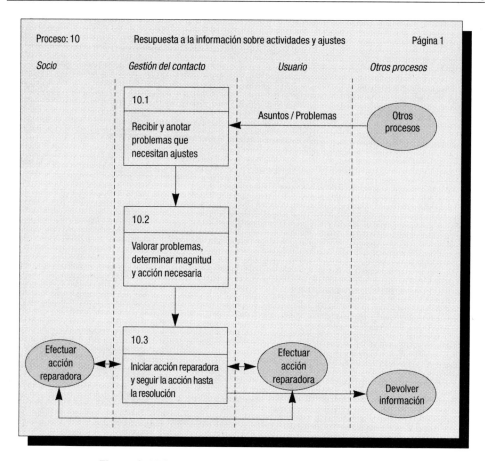

Figura C.10 Respuesta a la información sobre actividades y ajustes

Permitir acceso auditoría

Referencia: MP11/Figura C.11

Sub-procesos:

- SP11.1 Mantener diario de auditoría y determinar necesidad de la misma

Este proceso proporciona el punto de control de la actividad auditora. En un 'diario de auditoría' se anotarán las solicitudes de auditorías y una historia de sus informes. Los detalles se recibirán de las autoridades auditoras apropiadas, la dirección del contrato y de la actividad de control de resultados, y pasa-

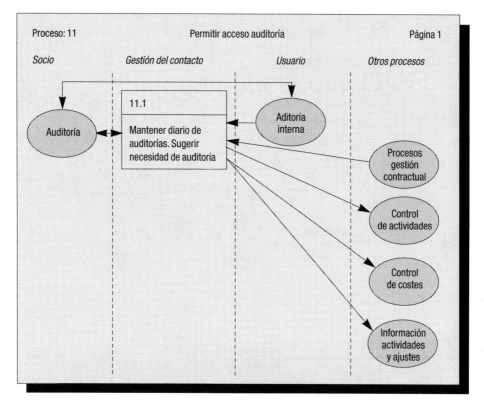

Figura C.11 Permitir acceso auditoría

rán al proceso de control de resultados para su análisis y publicidad. Excepto en los casos más extremos, el contacto inicial con un proveedor para que lleve a cabo una auditoría se hará vía dirección del contrato. El equipo que gestiona el contrato y la autoridad auditora apropiada acordarán el programa anual de auditorías. Las auditorías adicionales requeridas por la dirección del contrato serán realizadas por una autoridad auditora apropiada.

Seguir y vigilar uso de activos por terceros

Referencia: MP12/Figura C.12

Sub-procesos:

- SP12.1 Mantener registro de activos
- SP12.2 Controlar uso de activos por terceros

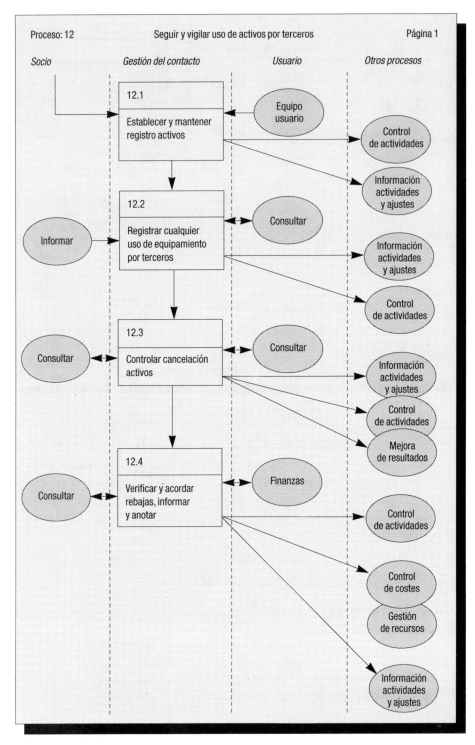

Figura C.12 Seguir y vigilar uso de activos por terceros

- SP12.3 Controlar cancelación de activos
- SP12.4 Verificar y acordar rebajas

Este proceso establece y mantiene el registro de activos, identificando cualquier uso por terceros de equipamientos/recursos. Además, controla la cancelación de activos por parte del socio.

1. El proveedor debe llevar un registro de activos del que debe pasar copia regularmente a la dirección del contrato, quien constatará que los cambios producidos en el registro están en línea con sus expectativas.
2. El proveedor debe comunicar a la dirección del contrato cualquier uso de activos por terceros. Una vez notificada, la dirección del contrato confirmará que se obtengan rebajas.
3. La dirección del contrato acuerda si se pueden desprender de activos y también el mejor momento para hacerlo.
4. La dirección del contrato calcula las rebajas o, con más frecuencia, confirma con el departamento de finanzas internas si el período de amortización debe continuar, acordándolo con el proveedor. Todas las acciones que se lleven a cabo quedarán registradas y se pasarán informes a los procesos de control de actividades y de administración.

Planificación estratégica

Referencia: MP14/Figura C.13

Sub-procesos:

- SP14.1 Recibir plan estratégico y determinar implicaciones contractuales
- SP14.2 Informar sobre costes e impacto de los planes

Este proceso considera las implicaciones para la sociedad de las actividades de planificación estratégica del cliente.

1. La dirección del contrato recibe planes estratégicos a largo plazo o planes a corto plazo altamente confidenciales y realiza una valoración preliminar considerando cualquier cambio necesario del contrato para poder ajustarse al plan.
2. Después de recibir los planes estratégicos, se evalúa su impacto en términos de costes, recursos y problemas estructurales, informándose de los resultados a la sociedad para su consideración.

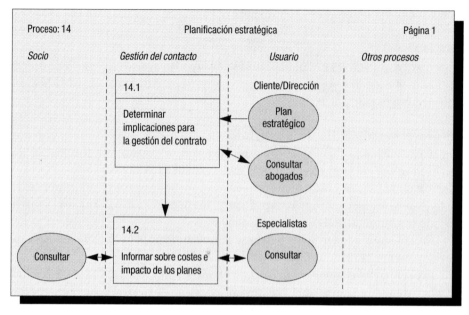

Figura C.13 Planificación estratégica

Acomodación

Referencia: MP15/Figura C.14

Sub-procesos:

- SP15.1 y 2   Controlar obligaciones de la sociedad respecto a edificios
- SP15.3   Controlar facturas de acomodación

Este proceso vigila los edificios compartidos y los completamente ocupados. Se asegura de que se cumplan las obligaciones contractuales, consideradas reliquias en los acuerdos de servicios prestados en el mismo lugar.

1 - 2 La dirección del contrato recibe problemas que los representantes locales no han podido resolver y trata de encontrarles solución. Si fracasa en su intento de llegar a una solución satisfactoria, la cuestión puede ajustarse por medio del proceso de control de actividades y seguir adelante con el proceso de ajuste.

3. Cuando el cliente cobra al proveedor por la prestación de servicios, este proceso cuadra este cargo con el cargo consiguiente de CE más coste de manipulación.

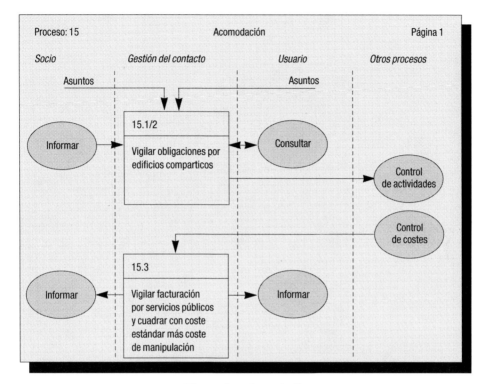

Figura C.14 Acomodación

Apéndice D:
Plan de implementación ilustrativo

Cabe destacar que:

- La primera columna indica la actividad, el hecho o el hito.
- La segunda columna indica el tiempo transcurrido. El ejemplo proviene de un proyecto muy grande, y los tiempos transcurridos expresados aquí indican una enorme cantidad de trabajo que tal vez no sea necesaria en proyectos de menor complejidad o valor. 'Tiempo transcurrido' es una función de insumos y fechas de entrega que no refleja el esfuerzo necesario para realizar la tarea.
- La última columna identifica las metas a alcanzar identificadas.
- Los comentarios explicativos o las observaciones aparecen entre paréntesis rectos.

Tarea	Tiempo transcurrido	Metas
Implementación		
Revisar borrador plan implementación del proveedor	10 días	Archivar registro
Implementar contabilidad de libro abierto	15 días	No requiere meta formal
Planificar reuniones nivel consejo	14 días	No requiere meta formal
Acordar estructura gestión conjunta	16 días	Archivar registro
Acordar (ambas partes) objetivos formales para la sociedad	16 días	Archivar registro
Preparar revisión de calidad actual	1 día	No requiere meta formal
Preparar apoyo creciente	1 día	No requiere meta formal
Solicitar cambios al plan implementación del proveedor	1 día	Archivar registro
Identificar papel y responsabilidades	11 días	Archivar registro
Acordar plan de implementación	11 días	Archivar registro
Establecer implicaciones financiación del contrato/negociar con autoridad de la financiación	10 días	Archivar registro
Identificar hitos claves (de la implementación)	11 días	Archivar registro
Establecer procesos de control	8 días	Archivar registro
Desarrollar mecanismos información de actividades	24 días	Archivar registro
Confirmar contenido de cada tramo	10 días	No requiere meta formal
Diseñar encuestas de actitud para personal cedido	2 días	No requiere meta formal
Controlar implementación (en marcha)	50 días	No requiere meta formal
Plan de comunicaciones		
Acordar agenda para foro de altos directivos	5 días	Archivar registro
Publicar revista de diciembre	hito	Documento publicado
Determinar preguntas para encuesta telefónica	10 días	No requiere meta formal
Realizar encuesta telefónica	9 días	Registro de encuesta/guardar en archivo del proyecto
Acordar contenido revista enero	5 días	Archivar registro
Publicar revista de enero	hito	Documento publicado
Foro de altos directivos	1 día	No requiere meta formal
Publicar resultados encuesta	1 día	Registro de encuesta/guardar en archivo del proyecto
Información para informadores: transferencia de personal	1 día	No requiere meta formal
Información para empleados: transferencia de personal	6 días	No requiere meta formal
Acordar contenido revista febrero	5 días	No requiere meta formal
Realizar encuesta telefónica	2 días	Registro de encuesta/guardar en archivo del proyecto
Publicar revista de febrero	hito	Archivar registro

Tarea	Tiempo transcurrido	Metas
Publicar resultados encuesta al grupo	1 día	Archivar registro
Acordar contenido revista marzo	5 días	No requiere meta formal
Acordar agenda para foro altos directivos	10 días	Archivar registro
Publicar revista de marzo	hito	Documento publicado
Acordar contenido revista abril	5 días	No requiere meta formal
Realizar encuesta telefónica	3 días	Registro de encuesta/guardar en archivo del proyecto
Publicar revista de abril	hito	Documento publicado
Publicar resultados encuesta al grupo	hito	Archivar registro
Foro de altos directivos	hito	No requiere meta formal
Realizar encuesta telefónica	9 días	Registro de encuesta/guardar en archivo del proyecto
Acordar contenido revista mayo	2 días	Archivar registro
Publicar resultados encuesta al grupo	1 día	Archivar registro
Publicar revista de mayo	hito	Documento publicado
Acordar contenido revista junio	6 días	No requiere meta formal
Realizar encuesta telefónica	9 días	Registro de encuesta/guardar en archivo del proyecto
Publicar revista de junio	hito	Documento publicato
Publicar resultados encuesta al grupo	3 días	Archivar documento
Foro de altos directivos	2 días	No requiere meta formal
Acordar contenido revista julio	21 días	No requiere meta formal
Realizar encuesta telefónica	9 días	Registro de encuesta/guardar en archivo del proyecto
Publicar revista de julio	hito	Documento publicado
Publicar resultados encuesta al grupo	1 día	Archivar registro
Acordar contenido revista agosto	5 días	No requiere meta formal
Realizar encuesta telefónica	9 días	Registro de encuesta/guardar en archivo del proyecto
Publicar revista de agosto	hito	Documento publicado
Publicar resultados encuesta al grupo	1 día	Archivar registro
Foro de altos directivos	2 días	No requiere meta formal
Acordar contenido revista septiembre	5 días	No requiere meta formal
Realizar encuesta telefónica	9 días	Registro de encuesta/guardar en archivo del proyecto
Determinar y acordar programa personal/ proveedor	48 días	Archivar registro
Publicar revista de septiembre	hito	Documento publicado
Publicar resultados encuesta al grupo	hito	Archivar registro
Acordar contenido revista octubre	5 días	No requiere meta formal
Realizar encuesta telefónica	9 días	Registro de encuesta/guardar en archivo del proyecto
Publicar revista de octubre	hito	Documento publicado
Publicar resultados encuesta al grupo	1 día	Archivar registro
Acordar contenido revista noviembre	5 días	No requiere meta formal
Realizar encuesta telefónica	9 días	Registro de encuesta/guardar en archivo del proyecto
Publicar revista de noviembre	hito	Documento publicado
Publicar resultados encuesta al grupo	1 día	Archivar registro
Acordar contenido revista diciembre	5 días	Archivar registro
Publicar revista de diciembre	hito	Documento publicado

Tarea	Tiempo transcurrido	Metas
Acordar contenido revista enero	5 días	No requiere meta formal
Publicar revista de enero	hito	Documento publicado
Publicar resultados encuesta al grupo	1 día	Archivar registro

Gestión del contrato - Fase 1 - Fijar los parámetros

Tarea	Tiempo transcurrido	Metas
Documento - Relación cliente/proveedor	9 días	Documento de política según título
Confirmar y acordar relación cliente/proveedor	1 día	No requiere meta formal
Documento - Definir responsabilidades de la gestión contractual (GC)	3 días	Documento de política según título
Confirmar y acordar responsabilidades de la GC	1 día	Apéndice al Manual del Proyecto
Documento - Establecer forma del equipo de la GC	9 días	Documento de política según título
Confirmar y acordar forma del equipo GC	5 días	Documento política actualizado/guardar en archivo del proyecto
Revisar necesidades recursos del equipo de la GC	14 días	No requiere meta formal
Identificar miembros equipo de GC	5 días	No requiere meta formal
Nombrar director contratos	5 días	No requiere meta formal
Nombrar miembros equipo del proyecto	5 días	No requiere meta formal
Especificar requisitos presupuestarios del equipo	5 días	Informe - revisar con la dirección
Especificar acomodación del equipo	2 días	Informe - revisar con la dirección de instalaciones
Documento - Desarrollar diseño proceso alto nivel	6 días	Documento de política según título

Gestión del contrato - Fase 2 - Desarrollo declaraciones de política/diseño de proceso

Tarea	Tiempo transcurrido	Metas
Documento - Definir base cliente	10 días	Documento de política según título
Documento - Definir mecanismo para aprobar financiación	15 días	Documento de política según título
Documento - Definir mecanismo para priorizar proyectos y servicios	15 días	Documento de política según título
Documento - Definir requisitos de servicio	25 días	Documento de política según título
Documento - Definir interacciones de la dirección del proyecto	25 días	Documento de política según título
Documento - Definir requisitos de libro abierto	25 días	Documento de política según título
Documento - Definir requisitos auditoría	45 días	Documento de política según título
Documento - Especificar requisitos para estimaciones y métrica	15 días	Documento de política según título
Documento - Especificar requisitos de arquitectura técnica	15 días	Documento de política según título
Documento - Especificar requisitos para revisiones post-implementación	45 días	Documento de política según título
Documento - Especificar normas para inclusión en el contrato	25 días	Documento de política según título
Documento - Definir requisitos actuales de gestión de riesgos	25 días	Documento de política según título

Tarea	Tiempo transcurrido	Metas
Documento - Definir criterios para proyectos sin proveedor	15 días	Documento de política según título
Documento - Definir política planificación de recursos para la sociedad	15 días	Documento de política según título
Planificar definición proceso segundo nivel	1 día	Detalle del plan del proyecto a circular
Impacto de la sociedad en servicios nuevos planificados	50 días	Informe a guardar en archivo del proyecto
Preparar clientes para costes altos	20 días	Informe a guardar en archivo del proyecto
Confirmar equipo revisión del proceso	19 días	No requiere meta formal

Gestión del contrato - Fase 3 - Implementar la gestión contractual

Proporcionar necesidades acomodación	1 día	No requiere meta formal
Desarrollar requisitos de herramientas de la GC	1 día	Documento de política - guardar en archivo proyecto
Revisar los procesos de GC comparando requisitos-riesgos	5 días	Informe: circular entre la dirección/guardar en archivo del proyecto
Revisar los procesos de GC comparando requisitos - seguridad	5 días	Informe: circular entre la dirección/guardar en archivo del proyecto
Revisar los procesos de GC comparando requisitos - IRS	5 días	Informe: circular entre la dirección/guardar en archivo del proyecto
Desarrollar talleres para clientes	4 días	Documentación talleres para clientes
Desarrollar taller para cliente interno	15 días	Documentación taller para cliente interno
Revisar procesos comparando con ofertas de los proveedores	15 días	Informe: circular entre la dirección/guardar en archivo del proyecto
Especificar necesidad visitas de referencia a instalaciones (revisar métodos GC)	10 días	Especificación a revisar por la dirección
Revisar procesos de GC comparando con gestión existente de sistemas informativos	15 días	Informe: circular entre la dirección/guardar en archivo del proyecto
Nombrar equipo de GC	35 días	No requiere meta formal
Identificar necesidades de formación del equipo	5 días	Especificación a revisar por la dirección
Confirmación de temas para la negociación	27 días	Listado de temas
Llevar a cabo formación del equipo de GC	116 días	No requiere meta formal

Desarrollar proceso de gestión contractual - establecer proceso requisitos de recursos

Revisar política	2 días	Documento de política - guardar en archivo proyecto
Definición proceso segundo nivel	2 días	Documentación del proceso
Revisar proceso segundo nivel	1 día	Documentación del proceso
Documento en conformidad con Manual del Proyecto	21 días	Documentación del proceso a revisar por la dirección
Implementar proceso	25 días	No requiera meta formal

Desarrollar proceso de gestión contractual - sancionar trabajo con proceso proveedor

Revisar política	1 día	Documento de política - guardar en archivo proyecto
Definición proceso segundo nivel	1 día	Documentación del proceso

Tarea	Tiempo transcurrido	Metas
Revisar proceso segundo nivel	1 día	Documentación del proceso
Documento en conformidad con Manual del Proyecto	12 días	Documentación del proceso a revisar por la dirección
Implementar proceso	29 días	No requiere meta formal

Desarrollar proceso de gestión contractual - controlar servicio y realización del proyecto del proveedor

Revisar política	6 días	Documento de política - guardar en archivo proyecto
Definición proceso segundo nivel	6 días	Documentación del proceso
Revisar proceso segundo nivel	5 días	Documentación del proceso
Documento en conformidad con Manual del Proyecto	22 días	Documentación del proceso a revisar por la dirección
Implementar proceso	36 días	No requiere meta formal

Desarrollar proceso de gestión contractual - controlar proceso de costes y márgenes del proveedor

Revisar política	1 día	Documento de política - guardar en archivo proyecto
Definición proceso segundo nivel	16 días	Documentación del proceso
Revisar proceso segundo nivel	18 días	Documentación del proceso
Documento en conformidad con Manual del Proyecto	23 días	Documentación del proceso a revisar por la dirección
Implementar proceso	22 días	No requiere meta formal

Desarrollar proceso de gestión contractual - asegurar conformidad con proceso de términos del contrato

Revisar política	6 días	Documento de política - guardar en archivo proyecto
Definición proceso segundo nivel	6 días	Documentación del proceso
Revisar proceso segundo nivel	6 días	Documentación del proceso
Documento en conformidad con Manual del Proyecto	46 días	Documentación del proceso a revisar por la dirección
Implementar proceso	52 días	No requiere meta formal

Desarrollar proceso de gestión contractual - responder al proceso de tendencias y problemas

Revisar política	1 día	Documento de política - guardar en archivo proyecto
Definición proceso segundo nivel	6 días	Documentación del proceso
Revisar proceso segundo nivel	6 días	Documentación del proceso
Documento en conformidad con Manual del Proyecto	6 días	Documentación del proceso a revisar por la dirección
Implementar proceso	11 días	No requiere meta formal

Desarrollar proceso de gestión contractual - llevar a cabo proceso de libro abierto

Revisar política	10 días	Documento de política - guardar en archivo proyecto
Definición proceso segundo nivel	5 días	Documentación del proceso
Revisar proceso segundo nivel	6 días	Documentación del proceso
Documento en conformidad con Manual del Proyecto	6 días	Documentación del proceso a revisar por la dirección
Implementar proceso	56 días	No requiere meta formal

Autor: Leif Edvinsson - Michael Malone   **I.S.B.N.:** 8480883081

Formato: 16,5x23   **Páginas:** 256

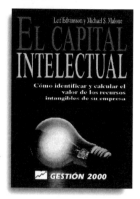

Uno de los más serios problemas a los que tiene que hacer frente en la actualidad cualquier empresa es la gran diferencia entre lo que muestra su balance de situación y su valor de mercado. Esa diferencia, que constituye el grueso del verdadero valor de la compañía, está en los activos indirectos: conocimiento organizacional, satisfacción del cliente, innovación de productos, espíritu de trabajo del personal, patentes y marcas registradas, que nunca aparecen en los informes financieros.

Esta obra transformará la manera de hacer negocios determinando el valor real de las empresas para aquéllos que las administran, trabajan e invierten en ellas. El resultado será una transformación revolucionaria de la economía moderna.

Autor: Mary F. Cook   **I.S.B.N.:** 8480883723

Formato: 16,5x23   **Páginas:** 280

Cuando asume el control del proceso de externalización de Recursos Humanos, asume el futuro de su organización. Su compañía conseguirá ahorrar y mejorar sus servicios. La externalización le deja libre para que pueda concentrar sus energías fuera de esas tareas administrativas tan laboriosas y hacia una función estratégica de alto nivel.
Esta obra le enseña cómo hacerlo correctamente -evitando los peligros y obteniendo los máximos beneficios. Las claras instrucciones del libro le ayudan a decidir sobre qué áreas externalizar... a desarrollar un plan de externalización efectivo... a elegir al mejor proveedor... a negociar el contrato... a comunicar abiertamente su decisión... a externalizar determinadas funciones de RR.HH... a controlar la relación con el proveedor, y mucho más.
La externalización de las funciones de Recursos Humanos también proporciona docenas de ejemplos prácticos, modelos, impresos y listas de chequeo.

Autor: Michel Fradette y Steve Michaud

I.S.B.N.: 8480883367

Formato: 16,5x23

Páginas: 232

Muchos son los bosques que se han talado últimamente para imprimir el alud de libros y artículos que nos explican cómo arreglar y rehacer nuestras organizaciones. Cualquiera que sea el parecer del lector al respecto, estamos convencidos que esta producción masiva no es una casualidad. Es una respuesta visceral a los sentimientos de confusión e incertidumbre que reinan en las organizaciones de hoy en día. El mundo de los negocios, acosado por los cambios tecnológicos y geopolíticos, inquieto ante un futuro desconocido e imprevisible, está buscando desesperadamente respuestas.

La mayor parte de las recomendaciones y planes propuestos hasta la fecha se centran en recortar costes, reducir personal, en la reingeniería de procesos y otros métodos similares. Han aceptado sin cuestionar un modelo organizativo esencial que ha regido a las organizaciones desde hace muchas generaciones. Creemos que los retos que afrontamos ahora son de una magnitud totalmente nueva y exigen una respuesta de igual medida.

Autor: Juan Roure - Miguel A. Rodríguez

I.S.B.N.: 8480883146

Formato: 16,5x23

Páginas: 200

Empresas que detectaban sólidas posiciones en el mercado han desaparecido, han sido desplazadas o han sido absorbidas por otras que, en algunos casos, ni siquiera existían. ¿Habríamos sido capaces de vislumbrar algunas de estas caídas tan asombrosas? ¿Habríamos sabido pronosticar algunos de los ascensos más espectaculares? La respuesta a estos interrogantes será probablemente negativa.

La experiencia y el pasado de muchas organizaciones pueden aportar algunas enseñanzas interesantes, sobre qué hemos de hacer y qué no hemos de hacer para competir con éxito, tanto en el presente, como en el futuro. Desde esta perspectiva, este libro permite: - Conocer cuáles son las características más importantes de las denominadas organizaciones transformadoras. - Comprender los elementos básicos del Modelo Europeo de Excelencia (EFQM). - Conocer el proceso de cambio y la excelencia en la gestión. - Conocer más de cien mejores prácticas de gestión correspondientes a más de treinta compañías consideradas mundialmente como modelos de excelencia.

Autor: Robert S. Kaplan - David P. Norton   **I.S.B.N.:** 8480881755

Formato: 16,5x23   **Páginas:** 330

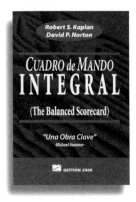

El cuadro de mando integral, más que un sistema de medición es un sistema de gestión que puede canalizar las energías, habilidades y conocimientos específicos del personal de toda la organización hacia la consecución de objetivos estratégicos a largo plazo.

Kaplan y Norton demuestran la forma en que la alta dirección está utilizando el Cuadro de Mando Integral, tanto para guiar la gestión actual como para marcar los objetivos de la actuación futura. Nos muestran la forma de utilizar indicadores en cuatro categorías: actuación financiera, conocimiento del cliente, procesos internos y aprendizaje y crecimiento, para alinear las iniciativas individuales.

Autor: Joaquín Trigo - Antoni Drudis   **I.S.B.N.:** 8480882948

Formato: 16,5x23   **Páginas:** 128

Las alianzas estratégicas constituyen un fenómeno cada vez más frecuente en el entorno competitivo actual. Sin duda, muchas empresas realizan acuerdos de colaboración para avanzar.

En este libro se exponen las variables más relevantes a considerar al evaluar y diseñar una alianza estratégica:

- características, ventajas e inconvenientes,
- aspectos relevantes a considerar,
- de la cooperación comercial a la Joint-Venture,
- circunstancias en las que es preferible colaborar.

Autor: Santiago Eguidazu

I.S.B.N.: 8480883715

Formato: 16,5x23

Páginas: 392

El gobierno de la empresa es relevante para su eficiencia a largo plazo y, en consecuencia, para la creación de riqueza para sus accionistas y para cuantos viven o se relacionan con ella. Un gobierno de la empresa eficiente es, pues, determinante para la salud de lo que conocemos como el lado de la oferta de una economía.

Creación de valor y Gobierno de la Empresa aporta las claves -sobre la base de una profunda investigación- del funcionamiento y problemas de los consejos de administración; analiza las causas y efectos de la competencia por el control de las empresas; y establece los fundamentos del nuevo modelo de participación de la banca en las empresas. El libro abre el debate sobre el futuro del sistema de gobierno de la empresa y los cambios que en el mismo se van a producir como consecuencia de la globalización de los mercados y de la llegada del denominado capitalismo institucional.

Autor: Oriol Amat

I.S.B.N.: 8480883642

Formato: 16,5x23

Páginas: 168

El EVA (Economic Value Added o Valor Añadido Económico) está revolucionando el mundo de los negocios, ya que permite a las empresas que lo implantan optimizar la gestión y aumentar la riqueza que generan. De acuerdo con la experiencia de empresas como Coca-Cola, Lilly, ATT, Endesa, Siemens, Unilever, Dun & Bradstreet, Marriot y muchas más, las principales ventajas de esta herramienta son: - Puede calcularse para cualquier empresa, ya sea grande o pequeña, de forma rápida. - Permite medir de una forma más precisa la riqueza que se obtiene, desde la perspectiva de los accionistas. - Permite evaluar cualquier departamento, unidad o filial de una empresa. - Es fácilmente comprensible por parte de cualquier directivo o empleado. - Posibilita que la contribución de los empleados se plasme en incentivos realmente motivadores. De esta forma, los empleados pueden actuar como si fuesen accionistas de la empresa. - Evita prácticas cortoplacistas que a largo plazo pueden perjudicar a la empresa.

Autor: R. Gibson

Formato: 16,5x23

I.S.B.N.: 8480880473

Páginas: 360

Preparando el Futuro reúne a los mejores gurús del Management. Sus ideas avanzadas han servido de guía a miles de corporaciones a través del cambiante panorama de los negocios. Ahora, en una serie de contribuciones originales e inspiradoras, definen el nuevo paradigma que revolucionará los negocios y la sociedad en el siglo XXI.

Hoy en día, todo está cambiando en el mundo que creemos conocer. Las tradicionales fronteras entre sectores económicos, disciplinas y países se están haciendo borrosas, y las viejas reglas de la gestión ya no tienen sentido en un mundo post-industrial.

Autor: Montaner&Asociados

Formato: 16,5x23

I.S.B.N.: 8480880473

Páginas: 272

En este manual encontrará respuestas de cómo debe gestionar actividades y personas, coordinar proyectos y afrontar o resolver situaciones específicas de su cargo.

Esta obra es fruto de la experiencia acumulada de 25 años de aportación al sector de los recursos humanos de la empresa Montaner & Asociados. Su equipo de consultores, altamente cualificado y bajo la dirección de Ramón Montaner han colaborado en su publicación.